벤저민 그레이엄의
투자강의

THE REDISCOVERED BENJAMIN GRAHAM: Selected Writings of the Wall Street
Legend by Janet Lowe
Copyright ⓒ 1999 by Janet Lowe
All rights reserved.
This Korean edition was published by Kugil Publishing, Inc. in 2009 by arrangement
with John Wiley & Sons International Rights, Inc.
through KCC(Korea Copyright Center Inc.), Seoul.

이 책의 한국어판 저작권은 (주)한국저작권센터(KCC)를 통한 저작권자와의
독점계약으로 국일증권경제연구소에 있습니다. 저작권법에 의해 한국 내에서
보호를 받는 저작물이므로 무단전재와 복제를 금합니다.

벤저민 그레이엄의
투자강의

자넷 로우 지음 | 박진곤 옮김

국일 증권경제연구소   WILEY

존슨즈 가족에게 바친다:
아트, 라이제, 로렐 앤, 그리고 A. J

■서문

세계에서 가장 성공한 투자자인 워런 버핏Warren Buffett이 마이크로소프트사의 창업자인 빌 게이츠에게 투자와 관련해 약간의 조언을 할 기회가 있었다. 빌은 얼마나 귀중한 조언을 받았을까?

수년 동안 버핏은 빌 뿐만 아니라 원하는 사람 누구에게나 똑같은 조언을 들려주었다. 그것은 바로 "벤저민 그레이엄을 읽어라"였다. 버핏은 "그레이엄에게서 배웠으며, 그 가르침 중 일부는 버렸고, 나머지는 확대했고, 거기에 내 생각을 첨가했다"고 고백한 최초의 사람이다. 버핏은 '가치투자'는 벤저민 그레이엄에서 출발했다고 계속 주장해왔다. 그레이엄의 1949년 고전인 《현명한 투자자The Intelligent Investor》는 모든 투자자의 서가에서 성경 바로 옆에 꽂혀 있다.

그레이엄은 1920년대부터 1975년 사망할 때까지 투자와 경제 관련 분야에서 많은 글을 남긴 인기 있는 저자였다. 1934년 《증권분석Security Analysis》을 시작으로 다섯 권의 책을 썼으며 학술지, 유명 일간지, 그리고 전문잡지에도 많은 글을 기고했다.

그레이엄은 두 번이나 기고문을 통해 커다란 증시 랠리를 촉발했다. 한 번은 1929년 대공황 이후였고, 또 한 번은 1970년대의 긴 약세장 이후였다. 월스트리트 전문가들은 반세기 동안 그레이엄의 강의를 통해 배우고 영감을 얻었다. 그가 쓴 논문 중 몇몇은 〈파이낸셜 애널리스트 저널Financial Analysts Journal〉에 '생각하는 사람The Cogitator'이라는 필명으로 게재되었다. 미국과 국제 경제에 대한 그레이엄의 생각은 케인스$^{\text{John Maynard Keynes}}$와 같은 위대한 학자의 관심을 끌기도 했다.

그레이엄의 평판이 높아지면서 미국 상원의 유명한 풀브라이트 위원회$^{\text{Fulbright Committee}}$(상원 은행 및 통화 위원회_편집자 주)는 그에게 증권산업의 새로운 발전에 대한 증언을 요청하기도 했다. 모든 면에서 그레이엄의 말들은 지성과 재치와 독창적인 아이디어로 번뜩인다. 또한 그는 항상 주주들이 정당한 대우를 받도록 힘썼다.

그레이엄의 기고문과 연설, 강의는 요즘에도 널리 인용된다. 그러나 자료들을 구하기가 쉽지 않아 초기 저술을 찾아 읽으려면 많은 수고를 해야 했다. 수많은 독자들이 내가 가지고 있는 그레이엄 관련 자료들의 사본을 얻기 위해 애썼다. 여기저기 흩어진 채 정리되지 않은 그레이엄 관련 자료들을 모아 한 권의 책으로 내는 까닭이 여기에 있다.

그레이엄의 모든 강의와 논문을 단행본으로 엮는 것은 사실상 불가능하다. 솔직히 그레이엄의 저작물 중 일부는 요즘 독자들에게 그다지 흥미롭지도 않을 것이다. 그래서 나는 그레이엄이 오늘날 우리에게 줄 수 있는 최고의 것들만 선별하되 거의 편집하지 않았다. 특히 '가치 판단'에 관한 부분은 그레이엄의 원칙에 충실하도록 최대한 노력했다.

다만 뉴욕금융연구소$^{\text{The New York Institute of Finance}}$ 강의들은 약간 편집되었다. 일부는 분량이 너무 많아서였고, 일부는 강의내용을 그대로 적어 놓아 현재로서는 거의 의미 없는 내용들도 다수 포함되어 있었기 때문이다.

한 강좌 동안 그레이엄이 한 가지 주제에 대해 여러 번 다룬 경우는 완성도나 설득력이 떨어지는 것들을 제외했다. 그러면서도 강의의 중요한 원칙과 방법들이 유지되도록 편집 과정에서 세심한 주의를 기울였다. 편집되지 않은 뉴욕금융연구소 강의 원본은 존와일리앤선즈[John wiley & Sons]의 웹사이트 www.wiley.com/bgraham에서 찾을 수 있다.

이 책 《벤저민 그레이엄의 투자강의[The Rediscovered Benjamin Graham]》은 투자의 고전으로 향하는 타임머신이다. 그레이엄은 쇠퇴하는 철도산업과 새로 부상하는 항공기산업을 이야기했고, 제2차 세계대전 직후 주택건설 붐에 대해 예측했다. 그러나 그레이엄은 종종 "미래를 예측하는 것은 위험하다"고 경고했다. 또한 그는 전후의 기술혁신과 뒤따른 경제호황은 제대로 예측하지 못했다. 그렇지만 항상 그러하듯이 과거는 우리에게 많은 것을 가르쳐준다.

그레이엄은 여전히 금세기 투자이론가 중에서 가장 충성스럽고 가장 많은 추종자를 거느린 투자이론가다. 가치투자에 대한 그레이엄의 원칙들을 연구하면 할수록 사람들은 더욱 충성스러워진다. 《현명한 투자자》의 4차 개정판 서문에서 워렌 버핏이 한 말은 그레이엄의 나머지 저작들에도 두루 적용된다.

"시장의 행동이 어리석을수록 수완 좋은 투자자들의 기회는 더 커진다. 그레이엄을 따라 하라. 그러면 어리석은 쪽에 가담하지 않고 그 어리석음에서 이익을 얻게 될 것이다."

이 책이 출간되기까지 꽤 오랜 기간 많은 사람들이 도와주었다. 내가 누군가의 이름을 생략했다면 이 자리에서 사과한다. 워렌 버핏, 월터 슐로스Walter Schloss, 어빙 칸Irving Khan 등 벤저민 그레이엄의 훌륭한 제자들에게 특히 감사의 마음을 전한다. 그들은 자료를 잘 보존함으로써 그레이엄의 기억을 생생하게 되살려내는 데 정말 많은 기여를 했다. 벤저민 그레이엄 주니어Benjamin Graham Jr. 박사는 부친의 개인소장품 중 몇몇 귀중한 자료를 출판하도록 허락하고 격려해주었다. 존와일리앤선즈의 마일스 톰슨, 제니퍼 핀코트, 마리 다니엘로는 비하이브 프로덕션 서비시즈의 베르니스 페티나토와 함께 이 책의 발간에 지대한 공헌을 했다. 오스틴 라이나스는 색인목록 작성에서 탁월한 재능을 보여주었다. 나의 전문지 원팀인 앨리스 프라이드 마텔, 졸린 크로웰, 필리스 케니에게도 감사를 표시하고 싶다.

내가 이 책을 만드는 동안 즐거웠던 만큼 독자 여러분께도 즐거운 독서가 되기를 바란다.

캘리포니아 델마에서, 1999년 3월
자넷 로우

Contents

서문 · 7
월터 슐로스의 추천사 벤저민 그레이엄과 증권분석: 회상 · 15

1부 비즈니스와 금융윤리

❖ 과연 미국기업은 청산가치보다도 못한 것일까? · 23
❖ 자본주의의 윤리 · 48

2부 주식과 주식시장

❖ 새로운 투기현상에 대한 우려 · 57
❖ 증시의 경고 : 전방 위험! · 72
❖ 가치의 부활 · 90
❖ 주식의 미래 · 99

3부 직업적 투자의 문제

❖ 과학적 증권분석의 길 · 121
❖ 미 상원 은행 및 통화위원회 증언:
  주식매매에 영향을 주는 요소에 대해 · 134

4부 투자전략

❖ 증권분석의 문제점 · 209

5부 상품 비축계획

❖ 국제 상품비축통화를 위한 제안 · 305
❖ 다중 상품비축 계획의 개요 · 311

6부 벤저민 그레이엄과의 인터뷰

❖ 가치투자의 아버지, 벤저민 그레이엄 · 321
❖ 저평가 주식을 찾아내는 가장 간단한 방법 · 335
❖ 그레이엄과 보낸 한 시간 · 346

벤저민 그레이엄과 증권분석: 회상

_월터 슐로스Walter J. Schloss

　　　　　　　　　　벤 그레이엄은 명석한 이론가이자 독창적인 철학자였다. 그는 높은 도덕기준을 가졌으며 신중하고 겸손했다. 그는 그런 사람이었다. 나는 증권분석가로서 거의 10년간 그를 위해 일했다.

《증권분석》의 초판 서문을 다시 읽으면서 나는 벤의 견해에 다시 한 번 감명을 받았다. 그는 이렇게 말했다.

"우리의 주된 목적은 현상을 단순히 소개하고 설명하는 것이 아니라 좀더 비판적으로 분석하는 데 있다. 개념, 분석 방법, 기준, 원칙 등을 비롯해 무엇보다도 논리적인 고찰 과정을 핵심 과제로 삼았다. 우리는 이론 자체보다 현실에서 이론의 가치를 살펴보는 데 중점을 두었다. 너무 까다로워 투자자가 활용하기 힘든 기준이나 효용가치가 떨어지는, 기술

위 내용은 월터 슐로스가 1976년에 작성한 개인 기록을 바탕으로 본인의 허락을 받아 재구성함.

적으로 복잡한 방법은 가능한 한 피하고자 했다."

《증권분석》은 이 모든 것을 다루고 있다. 벤의 아이디어를 실제로 적용하는 것은 애널리스트와 투자자들의 몫이다.

로브 로즈$^{Loeb\ Rhodes}$에서 일하던 1935년의 일이다. 내가 '통계부서'에서 일하려면 어떻게 해야 하는지 물었을 때 파트너 중 한 사람인 아만드 어프$^{Armand\ Erpf}$는 좋은 충고를 해주었다. 그때나 지금이나 승진하는 최선의 방법은 '영업'을 하는 것이었다. 당시에는 부자 친척이나 친구를 둔 사람이면 누구라도 수수료를 벌 수 있었다. 증권분석은 아직 시작단계였고 '누구를 아느냐' 하는 것이 '무엇을 아느냐' 보다 훨씬 중요했다. 만약 그러한 고객들을 가지고 있지 않다면 성공하기는 어려웠다. 어쨌든 어프는 벤 그레이엄이 쓴 《증권분석》이라는 새 책이 있다고 말해주었다. "그 책을 읽어요. 그 안에 있는 모든 것을 알고 나면 다른 것은 읽을 필요도 없을 겁니다."

나는 뉴욕증권거래연구소(뉴욕금융연구소)에서 벤의 증권분석 고급과정을 들었다. 벤은 훌륭한 교수였으며, 열정적이고 논리적이었다. 벤은 내가 자주 경험해보지 못한 것들에 대해 강의했다. 그는 볼드윈 로코모티브$^{Baldwin\ Locomotive}$의 파산채권과 같이 그 시점에 저평가된 종목들을 가지고, 그러한 증권들이 자신의 예상 수익력과 자산에 기초해 얼마만큼 가치가 있는지를 보여주었다. 그리고 이를 그 채권의 가격과 연결시켰다. 훗날 미국 최고의 아비트레이저^{arbitrageur}(일명 차익거래자로 시간, 장소, 상품 간의 가격차를 이용해 이익을 획득하고자 차익거래를 하는 사람-편집자 주)가 된 골드만삭스$^{Goldman\ Sachs}$의 거스 레비$^{Gus\ Levy}$ 같은 많은 똑똑한 월스트리트맨들이 당시에 그의 강의를 들었다. 나는 사람들이 벤의 아이디어를 투자에 이용해 지금까지 벌어들인 돈이 과연 얼마나 될까 가끔 궁금해진다.

벤은 자신의 생각과 시간 면에서 특히 젊은이들에게 아주 관대했다. 나는 1945년 말 군대에서 막 제대하자마자 그에게 증권분석가로서 일을 부여받았다. 그 후로 나의 인생은 바뀌었다. 그는 이런 방식으로 다른 사람들도 많이 도와주었다.

벤을 기념하는 어느 자리에서 《증권분석》의 공저자인 데이브 도드[Dave Dodd]는 다음과 같은 말을 한 적이 있다. 컬럼비아 대학에서 투자이론 강의를 요청받은 벤은 "누군가가 기록을 맡아주면 강의를 하겠다"는 조건으로 수락한 모양이다. 젊은 교수인 데이브 도드는 자원해서 벤의 강의를 매번 그대로 기록했다. 벤은 그 기록노트를 보충해 《증권분석》을 썼다. 그러니까 그 책을 쓴 것은 어디까지나 벤이지만 데이브에게 '공저자'의 명예를 나눠준 셈이다. 도드 교수는 나중에 투자자로 성공을 거두었으며, 1936년 벤이 동업자인 제롬 뉴먼[Jerome Newman]과 함께 설립한 투자신탁회사 그레이엄뉴먼의 이사가 되었다.

투자 분야에서 감정에 사로잡히지 않고 명료하게 생각하기란 쉽지 않다. 공포와 탐욕이 판단을 흐리기 십상이다. 하지만 벤은 돈을 버는 데 그렇게 적극적이지 않았기 때문에 다른 사람들보다 이러한 감정들에 영향을 덜 받았다.

벤은 대공황으로 피해를 입었다. 그래서 하락세를 방어할 수 있는 종목에 투자하기를 좋아했다. 그러려면 손실가능성을 줄이는 투자원칙을 정하는 것이 최선의 방법이다. 여기 좋은 사례가 하나 있다. 나는 우연히 그레이엄뉴먼에 있는 벤의 사무실에 들른 적이 있다. 마침 그는 자기 회사가 정부근로자보험회사[Government Employee Insurance Co.; GEICO]의 지분 50퍼센트를 샀다는 전화를 받고 있었다. 벤이 나를 보며 말했다.

"월터, 이번에 매수한 것이 잘 안되더라도 우리는 언제든지 그것을 청산해서 원금을 회수할 수 있어."

GEICO는 그가 상상했던 것보다 훨씬 더 잘됐지만, 사실 그는 그 정도까지는 기대하지도 않았다. 월스트리트의 격언에 "잘 산 주식이면 절반은 판 셈이다"라는 말이 있다. 벤이야말로 이런 분야에서는 전문가였다. 그레이엄뉴먼은 벤이 설정한 투자지침들을 충실히 따랐고, 펀드는 날로 번창했다. 물론 오늘날의 투자회사들과 비교하면 매우 작은 규모였다. 1946년 1월 31일 현재 회사의 총순자산이 330만 달러에 불과했으니 말이다.

벤은 최소의 위험으로 이익예상치를 방어하는 것을 강조했다. 만약 1947년부터 1956년까지 무디스의 투자편람$^{Moody's\ Investment\ Manuals}$을 보고 싶다면 그레이엄뉴먼의 보유종목을 보면 된다. 그중 대부분은 작고 일반적으로 잘 모르는 회사인데다 가격도 싼 편이었다. 1946년 1월까지의 회계년도 연차보고서를 읽으면 큰 도움이 될 것이다. 그것은 그들의 일반 투자원칙이 이중적이었음을 보여준다.

1. 청산가치보다 싼 증권의 매수에 중점을 두면서 신중하게 분석하여 결정된 내재가치보다 싼 가격에 증권들을 살 것
2. 차익거래^{arbitrage}나 헤지거래^{hedging}에 참여할 것

나는 1951년에 나온《증권분석》3차 개정판을 작업할 때 벤을 도왔다. 부록에는 1946년〈애널리스트저널$^{The\ Analysts\ Journal}$〉에 처음 기고한 특수상황에 대한 논문이 있었다. 논문에서 벤은 37년이 지난 요즘에나 적용 가능한 위험보상성과$^{risk\ reward\ results}$에 관한 대수식$^{algebraic\ formula}$을 사용했다.

1949년《현명한 투자자》가 출간되었다. 이 책은 일반투자자들을 위한 것이었으나 '증권분석가'의 역할을 부각시켜 그들이 전문 분야에서

명성을 얻을 수 있게 만들었다. 그리고 이 책의 4차 개정판은 여전히 잘 팔리고 있다.

어느 날 나는 주가가 아주 싼 루켄스스틸$^{Lukens\ Steel}$을 우연히 보게 되었다. 나는 그 종목을 약간 사놓은 다음에 추가매수를 기다렸다. 이즈음 벤은 "이 종목이 좋다, 저 종목이 좋다" 떠들고 다니기를 좋아하는 어떤 사람과 점심을 하러 나갔다. 식사가 끝날 즈음에 그 사람은 벤에게 어떤 주식을 좋아하는지 물었고, 벤은 루켄스스틸을 조금 가지고 있다고 말했다. 그 사람은 벤과 헤어지자마자 루켄스스틸을 엄청 사들였다. 그 주식이 우리의 매수 가능 가격대를 벗어나기까지 하루도 채 걸리지 않았을 정도였다. 그때 벤은 이렇게 말했다. 자신은 단지 결례를 범하고 싶지 않아 대답했을 뿐이고, 자신의 말이 얼마나 중요한지를 미처 깨닫지 못했다고. 그의 말을 듣고 나는 큰 감명을 받았다.

벤은 모든 것을 단순하게 보려고 했다. 그는 모든 증권분석가들이 투자결정을 위해 많은 수학과 심지어 약간의 대수^{代數}를 사용해야 한다고는 생각하지 않았다. 교양 있고 다재다능한 사람이었던 벤은 이 분야의 다른 사람들처럼 투자에 그리 많은 시간을 할애하지 않았다. 다만 그는 항상 새로운 아이디어를 시도하기를 좋아했다.

1930년대 말 그는 '항상성 곡물이론$^{ever\text{-}normal\ granary\ theory}$'을 개발하는 데 관여했고, 일부 상품과 금속 등이 우리의 통화를 지탱하는 데 사용되어야 한다는 내용을 담은 《비축과 안정$^{Storage\ and\ Stability}$》을 저술했다. 그의 아이디어는 파운드당 6센트였던 면화나 기타 저가 원자재들에 대해서는 매우 합리적이고 매력적인 제안이었다. 하지만 그는 자신의 주장을 관철시키기 위해 의회에 영향력을 행사하지는 않았다. 농가를 돕고 인플레이션 위협을 줄이는 유용한 방법이라는 점에서 그의 친구 버나드 바루크$^{Bernard\ Baruch}$가 적극 지지한 정도였다.

벤이 자신의 생애에 이룩한 모든 것들 중에서 《증권분석》은 가장 위대한 업적이다.

벤 그레이엄은 증권분석가들에게 사회적 지위를 부여해준 지도자였으며, 우리는 그를 알았다는 것을 키다란 은총으로 생각한다.

1부

비즈니스와 금융윤리

그는 진정 도덕적인 사람이었다.
_벤 그레이엄의 질녀, 로다 사나트 Rhoda Sarnat

◆ 벤 그레이엄의 3부작 〈미국기업은 죽어야 더 가치 있는가? Is American Business Worth More Dead Than Alive〉가 〈포브스 Forbes〉에 기고되었을 때, 미국을 비롯한 전 세계는 1929년과 1930년의 무자비한 주식시장 대폭락을 겪으면서 대공황의 늪에 빠져 있었다. 불황은 거의 1930년대 말까지 계속되었지만, 투자자들에게 그레이엄의 기고문은 '이제는 주식시장으로 되돌아가도 안전하다'는 신호였다. 당시 그레이엄은 뉴욕증권거래소에 상장된 회사들의 30퍼센트 이상이 '청산할 경우에 받을 수 있는 가치'보다 낮은 가격에 거래되고 있다고 지적했다. 이러한 일련의 기고문에서 그레이엄은 "기업경영자가 투자자들을 이용해 주주들의 이익보다 자신의 이익을 우선시한다"고 비난했다.

그레이엄의 기고문들은 투자자들에게 주식시장으로 돌아오라는 소환장이나 마찬가지였다. 물론 그레이엄이 이러한 기고문을 쓰는 데에는 용기가 필요했다. 그가 동업자 제롬 뉴먼과 함께 관리하던 펀드도 1929년과 1930년의 대폭락으로 원금의 50퍼센트를 손해 보았다. 이 기고문을 쓸 무렵 38세였던 그레이엄은 비교적 젊었지만 이미 투자이론가이자 저자로서 상당한 명성을 얻고 있었다. 기고문들을 통해 그는 투자업계가 정상화되는 데 절실히 필요한 리더십을 제공해주었다.

1부의 마지막 글은 그레이엄이 전문적인 투자세계에서 은퇴한 직후 캘리포니아에서 한 연설에서 발췌했다. 여기서도 알 수 있듯이 그레이엄은 기업윤리에 대한 열정을 전혀 잃지 않았다.

과연 미국기업은
청산가치보다도 못한 것일까?

부유해진 기업들과 가난해진 주주들 :
기업은 주주를 위해 제대로 일하고 있는가?

— *〈포브스〉에 기고한 벤저민 그레이엄의 3부작

이 기고문을 통해 편집진은 여태까지 미국의 기업과 금융업계가 목격한 상황들 중 가장 놀랍고 광범위하고 중요한 상황에 대한 연재를 시작한다. 상황에 대한 해법은 모든 투자자들의 이익에 영향을 미친다. 부제가 언급하는 요점을 읽어내면 이 연재물이 왜 가장 시기적절하고 중요한 제언인지를 금방 알 수 있다.

수년간 실무경험을 하고 기업, 금융, 주식시장에 대해 연구했으며 컬럼비아 대학의 교수이기도 한 필자는 탁월한 현실분석을 통해 주주의 책임과 의무에 관한 놀라운 결론으로 독자제위를 인도할 것이다.

이 글에서 언급된 대부분의 사실들은 논리적이고 명백한데도 대중언론에서 제대로 관심을 받지 못했다. 이에 〈포브스〉는 주식과 기업의 세계에 관한 불공정과 불균형을 폭로할 수 있게 된 데 자부심을 느끼며,

---

*〈포브스〉1932년 6월 1일자

대담하고 솔직한 본 연재물을 게재한다. 이것이 그 첫 번째 연재물이다.

1달러짜리가 50센트에 팔리는 미국

모든 주식 중에서 3분의 1 이상이 기업의 순당좌자산$^{net\ quick\ assets}$보다 싸게 시장에서 거래되고 있다. 수십 종의 주식들이 기업의 현금잔고에 비해서도 싸게 팔린다.

상업대출에 대한 위험도가 낮은 기업들은 대출 받을 필요가 없다. 그들은 '신시대$^{New\ Era}$'에 주주들이 모아준 현금을 아직 사용하지 않은 채 가지고 있다.

주주들이 걱정으로 잠을 못 이루는 동안에 기업의 회계담당자들은 깊이 잠들어 있다.

은행들은 더 이상 대기업들에 직접 대출하지 않는다. 은행들은 대기업들에 과도하게 비싼 자금을 투입한 주주들에게 대출한다.

기업과 기업의 경영진과 주주의 책임은 무엇인가? 무엇이 적절한 해결책인가? 주주들은 그 기업의 지분소유자인가 아니면 '봉' 인가?

기업들은 1929년 방식을 거꾸로 적용해야 하는가? 주주들에게 주식을 되팔 권리를 주어 자본을 줄임으로써 기업과 주주의 부담을 똑같이 해야 하는가 말이다.

만약 시장이 장기간 지속될 미래의 손실가능성 때문에 기업의 막대한 현금잔고를 과소평가한다면, 주주들은 기업의 자금이 고갈되기 전에 청산을 요구해야 하지 않는가?

과연 기업들은 주주들을 정당하게 대우하고 있는가?

여러분이 대형 제조업체의 소유주라고 가정해보자. 다른 많은 사람들처럼 여러분은 1931년에 손실을 보았다. 단기 전망은 희망적이지 않았다. 여러분은 비관하면서 싸게라도 기업을 처분해버리고 싶다. 인수희망자가 여러분에게 재무제표를 요청하고, 여러분은 다음과 같이 아주 건실한 대차대조표를 보여준다.

현금과 미국 국채	$ 8,500,000
외상매출금과 제품	15,000,000
공장설비, 부동산 등	14,000,000
	$ 37,500,000
경상채무 차감	1,300,000
순자산	$ 36,200,000

인수희망자는 대충 훑어본다. 그리고 여러분에게 현금, 자유채권Liberty Bonds(미국 국채), 기타 전 자산을 포함해 매수가격으로 500만 달러를 제시한다. 여러분은 팔겠는가? 우리가 보기에는 농담 같다. 제정신인 사람이라면 다른 자산 2,900만 달러는 별도로 하더라도 현금 850만 달러를 500만 달러와 바꾸겠는가? 그러나 실제로 화이트모터스White Motors의 주주들은 그 회사를 주당 7달러 내지 8달러에 매각하는 어처구니없는 거래를 했다.

위에 예시한 수치들은 지난해(1931년) 12월 31일 현재 화이트모터스의 재무상태를 나타낸다. 주당 7.37달러라는 싼 가격으로 화이트모터스의 주식 65만 주가 480만 달러에 팔렸다. 현금 및 현금등가물에 비해 겨우 60퍼센트 수준이며 순당좌자산에 비하면 5분의 1 수준이었다. 보통주보다 선순위인 어떤 채무도 없었고, 유일한 부채라면 미지급 경상채무current account payable에 관한 것뿐이었다.

유서 깊은 대기업이 시장에서 당좌자산의 일부에 불과한 가격에 팔리는 광경은 믿을 수 없으리만큼 놀라웠다. 게다가 시장가격이 '예금잔고' 보다도 싸게 형성된 기업들이 수십 개나 되는 상황을 고려하면 경악을 금치 못할 정도다. 더 심각한 장면은 산업 전반에서 공장설비나 기타 고정자산을 제외한 당좌자산보다 싸게 팔리는 회사들의 비중이 아주 높다는 사실이다. 이는 많은 미국기업들의 시세가 청산가치보다 싸게 형성된다는 의미다. 월스트리트에서 "이러한 회사들은 사느니 죽는 편이 더 낫다."고 판단하고 있는 것이다.

보통 기업이라면 제대로 청산할 경우에 적어도 당좌자산 정도의 가치는 있어야 한다. 공장설비, 부동산 등이 장부가격에 훨씬 못 미친다 하더라도 외상매출금과 제품을 장부가격 이하로 평가한 것은 분명히 문제가 있다. 그렇지 않다면 대기업들의 회계방법 자체에 지극히 잘못된 부분이 있다는 말이 된다.

컬럼비아 대학 경영대학원에서 저자의 지도하에 연구한 바에 따르면, 뉴욕증권거래소에 상장된 600여 제조업체 중 거의 3분의 1인 200개가 넘는 기업이 순당좌자산가치보다 싸게 팔리는 것으로 나타났다. 특히 그중 50개 정도는 현금과 유가증권에도 못 미치는 가격에 팔렸다. 〈표 1〉은 그중 일부로, 이 범주에 속하는 대표적인 회사들을 포함하고 있다.

이 같은 상황이 의미하는 바가 무엇일까? 노련한 금융업자들은 "투자열기가 식으면 으레 주식들은 부당할 정도로 낮은 가격에 팔리게 마련"이라고 답할 것이 분명하다. 뉴욕증권거래소 이사장이 말했듯이 "시대는 늘 우리처럼 놀라서 겁먹은 사람들을 좋아한다." 다르게 말하자면, 기업을 가진 사람들은 돈이 없고 돈을 가진 사람들은 최대한 낮은 가격에 사려고 하기 때문에 이러한 상황이 발생한다. 예를 들어 1921년 같은 약세장에서도 우리는 똑같은 현상을 보지 않았던가?

물론 실상은 전혀 다르다. 그때도 주식들은 극심한 전후戰後 불황으로

■ 표1. 현금자산보다 싸게 팔리는 주식들

(단위: 달러)

회사	1932년 저가	최저 시가총액	현금 및 유가증권	부채 차감한 유동자산	주당 현금자산	주당 순당좌자산
아메리칸 카엔파운드리*	20 1/4	9,225	14,950	32,341	50	108
아메리칸 로코모티브	30 1/4	14,709	14,829	22,630	41	63
아메리칸 스틸*	60	8,021	8,046	11,720	128	186
아메리칸 울렌*	15 1/4	8,354	14,603	40,769	30 1/2	85
콩골리움	7	10,078	10,802	16,288	7	12
하우 사운드	6	2,886	4,910	5,254	10	11
허드슨 모터스	4 1/8	6,377	8,462	10,712	5 1/2	7
허포 모터스	2	2,664	7,236	10,000	5 1/2	7 1/2
리마 로코모티브	8 1/2	1,581	3,620	6,772	19	36
마그마 코퍼	4 1/2	1,836	3,771	4,825	9	12
매들린 로크웰	7 1/2	2,520	3,834	4,310	11 1/2	13
모터 프로덕츠	13	2,457	2,950	3,615	15 1/2	19
먼싱웨어	10 7/8	1,805	2,888	5,769	17	34
내시 모터스	10	27,000	36,560	37,076	13 1/2	14
뉴욕 에어브레이크	4 1/2	1,170	1,474	2,367	5	9
어뱀 콜린스	5	1,050	2,016	3,150	9 1/2	15
레오 모터스	1 1/2	2,716	5,321	10,332	3	5 1/2
에스 오브 켄자스	7	2,240	2,760	4,477	8 1/2	14
스튜어트 워너	2 3/8	3,023	4,648	8,303	3 1/2	7
화이트 모터스	7 3/4	4,938	8,620	22,167	13	34

* 는 우선주

낮은 가격에 팔렸다. 그러나 당좌자산보다 싸게 살 수 있는 종목은 거의 없었고 당연히 회사의 현금잔고보다 싼 것은 하나도 없었다.

대표적인 기업들에 대한 두 기간의 비교수치를 보면, 1921년에 비해 1931년의 영업실직이 부진하시 않았다는 사실이 특히 놀라웠다. 왜 이런 기업들이 운전자본working capital의 절반 가격에 팔리고 있을까? 10년 전의 운전자본은 현재 최저가의 겨우 절반 수준이었다. 현금자산으로 비교해도 현재 가격은 1921년에 비해 상대적으로 6배나 낮다.

요즘 같은 상황은 모든 약세장의 전형적인 모습이 아니라는 점을 깨달아야 한다. 전반적으로 전혀 새롭고 예기치 못한 현상이다. 이는 1928년부터 1929년까지 신시대의 광기에 대한 이상하고도 아이러니한 결과다. 미국 금융계와 국민의 투자심리에 관한 극도로 이해하기 어려운 변화의 결과다.

첫째, 좋은 주식은 좋은 투자. 둘째, 가치는 수익력에 의존한다. 이 두 가지 정설 또는 완벽해 보이는 생각은 광적인 투자신조로 변질되고 이용되었다. 모든 투자자들이 투기자로 변하고, 상업대출과 월스트리트 대출의 상대적 중요성을 역전시키고, 완전히 비합리적인 가치평가기준과 뒤죽박죽인 회계관행을 양산했다. 우리가 처한 모순투성이의 불황에 대해서도 상당 부분 원인을 제공하고 있다.

아주 많은 주식들이 운전자본 이하로 팔리는 단순한 사실의 이면에는 복잡한 인과관계와 시사점이 내포되어 있다. 지금부터 이 글에서 이 독특한 상황의 원인을 분석하고, 이어지는 다음 편에서는 이와 관련된 여러 측면들에 대해 논의할 예정이다.

현재 시장가격과 유동자산의 차이는 대부분 최근의 유상증자로 인해 주주들이 기업에 쏟아부은 막대한 신규 현금에 기인한다. 1928년부터 1929년까지 강세장의 두드러진 특징 중 하나인 이러한 현상은 전혀 다른 두 가지 결과를 가져왔다. 한편으로는 추가유입된 자금이 기업들의 현금이나 운전자본 상황을 크게 개선시켰다. 다른 한편으로는 추가발행된 주식들이 주식의 공급을 크게 늘려 스스로 위상을 떨어뜨리고 시장하락을 심화시켰다. 그리하여 동일한 조건이 주식의 내재가치는 개선하는 한편, 가격은 하락시키는 모순된 결과를 초래했다.

지난 10년 동안 투자자들이 대차대조표를 챙겨 보는 습관을 잃지 않았다면 약세장이 이렇게 길게 지속되었을지 의심스럽다. 과거 대부분의 주식 매도는 필요보다 두려움에 따른 것이었다. 만약 기업 유동자산의 일부에 지나지 않는 가격에 주식을 거래한다는 사실을 분명히 알았다면 소심한 투자자들은 분명 다르게 행동했을 것이다. 주주들은 주식의 가치가 오로지 수익력과 관계있다고 생각하기 때문에 은행예금을 포함해 그 기업이 가지고 있는 것에는 전혀 관심을 기울이지 않는다.

과거의 투자자들이 장부가치를 지나치게 강조하고, 그 자산이 벌어들일 이익은 지나치게 간과한 것도 틀림없는 사실이다. 그러나 원칙적으로 기업들이 상응하는 수익력을 보이지 않으면 그들이 재무제표에 기록하는 수치들도 무시하는 편이 옳다.

월스트리트에서 통용되는 대부분의 원칙들과 마찬가지로 이는 도가 지나쳤다. 그것은 일시적이면서 때로는 신뢰할 수 없는 '보고된 이익'을 지나치게 강조하고, 증권가치에서 가장 중요한 요소로 간주되어온 것, 즉 회사 운전자본의 규모를 완전히 무시하는 결과를 낳았다.

월스트리트의 상장기업에 대한 평가는 비상장기업에 적용하는 방식과 완전히 다른 기준을 적용하게 되었다. 호황기에 증권거래소에서 거래되는 가격은 정상적인 기업평가기준으로 볼 때 환상적으로 높았다. 그리고 이제는 그것을 보상하려는 듯이 동일한 기업의 자산이 환상적으로 과소평가되고 있다.

주식들이 유동자산가치 이하로 팔리는 세 번째 이유는 미래의 영업손실에 대한 두려움 때문이다. 많은 독자들은 이것이야말로 현재 저평가된 시장가격의 암묵적인 요인이라고 주장할 것이다. 이처럼 낮은 시세는 수익력의 부족뿐만 아니라 매일 운전자본을 잠식할 우려가 있는 '손실력$^{losing\ power}$'의 개념도 동시에 반영한다.

미국기업 셋 중 하나는 주주가 아무런 지분도 남지 않을 때까지 돈을 계속 잃을 운명이라는 말이 사실일까? 주식시장은 이를 확신에 찬 어조로 외치고 있다. 물론 미래에 대해 중요한 판단을 내릴 때는 언제나 모든 가능성을 고려해야 하지만, 앞의 확신은 틀렸다. 월스트리트의 논리는 다소 빈약하다. 예를 들어 트럭이 운송시장의 대부분을 잠식할 것이기 때문에 철도회사가 절망하고 있다는 사실과, 트럭회사 주식의 대부분이 유동자산의 일부에 불과한 가격에 거래되고 있다는 사실 사이에는 전혀 일관성이 없다.

호황기에도 많은 기업들이 중도하차하는 판에 기업들의 불운은 이제 더욱 늘어날 것이다. 불리한 위치에 놓인 회사들은 생존하기 더 어려워지고, 결국에는 생존 자체가 아예 불가능진다. 결국 많은 기업들이 '시장의 사멸 예언'을 입증하게 될 것이다. 하지만 아무리 그렇더라도 주식을 청산가치의 일부에 할인매도하는 것은 기본적으로 잘못이다.

만약 어떤 기업이 돈을 잃을 수밖에 없는 운명이라면 어째서 계속 존속하는가? 기업의 미래가 너무나 절망적이어서 청산하는 것보다 존속하는 가치가 더 적다면 왜 청산하지 않는가?

기업 소유자에게는 현금이 언젠가 고갈될 것이 두려워 기업을 포기하는 것보다 확실히 더 나은 대안이 있다. 앞에서 언급한 화이트모터스의 소유자와 개별주주들 간의 거래관계를 되짚어보자. 이것은 매우 간단한 논리일 뿐이다. 화이트모터스는 은행예금보다 계속기업$^{going\ concern}$으로서 가치가 더 크거나 그렇지 않을 수 있다. 만약 계속기업으로서 가치가 더 크다면 주주들이 예금보다 훨씬 싸게 파는 것은 어리석은 짓이다. 그렇지 않다면 기업은 청산되어야 하고, 주주들은 현금에다 다른 자산에 대한 지분까지 돌려받아야 한다.

주주들은 대차대조표 보는 법을 아예 잊어버린 게 분명하다. 자신들이 주식시세의 주인일 뿐만 아니라 그 '회사의 주인'이라는 사실도 잊어버렸다. 이제는 주주들도 일일 증시보고서에서 눈을 돌려 자신이 기업의 주인이며 기업은 주주들의 이익과 즐거움을 위해 존재한다는 원칙을 기억해야 할 시점이 되었다.

물론 기업들에 대한 감독은 이사회에 위임했고 운영은 경영진들에게 맡겼다. 그러나 자신의 돈이 영업손실로 고갈되고 있는 것은 아닌지, 회사는 긴급하게 자금이 필요한데 자신의 돈이 과도한 현금잔고를 위해 비생산적으로 묶여 있지나 않은지에 관한 문제는 개별주주들이 자신을 위해 깊이 생각하고 결정해야 할 주요한 정책사항이다. 이러한 것들은 '경영 문제'가 아니라 어디까지나 '소유권 문제'다. 이러한 문제들과 관련한 경영자의 견해는 주주들보다 오히려 부당하거나 혼란스러운 것일 수도 있다.

지금 주주들에게 필요한 것은 '대차대조표에 대한 인식'만이 아니다. 그 이상으로 '소유권에 대한 인식'이 필요하다. 만약 주주들이 '주인으로서의 권리'를 자각한다면, 우리는 현금으로 넘쳐나는 금고와 그것을 내버리기 위해 노심초사하는 주인들의 미친 광경을 보지 않아도 된다. 아이러니의 백미는 기업이 스스로 시장에 풀어놓은 주식을 회수할 때 정작 주인(주주)들은 자기 돈을 들여 충분한 대가를 되돌려 받지 못한다는 점이다.

한 이발사가 이발소 간판에 이렇게 썼다.

What, do you think……

We shave you for nothing and give you a drink!

(뭐라고? 우리가 공짜로 면도도 해주고 음료수도 줄 거라고?)

What do you think……

We shave you for nothing and give you a drink!

(어때요? 우리는 공짜로 면도도 해주고 음료수도 준다니까요!)

'What' 뒤에 오는 쉼표를 빼면 의미는 정반대가 된다. 후자의 경우는 바로 오늘날 주주들의 구호로 쓰일 수 있다. 오늘날의 주주들은 공짜나 다름없이 외상매출금과 재고에 대한 지분을 넘기고 부동산, 건물, 기계설비, 기타 자산들을 경품이나 경품교환권으로 내던지고 있는 것이다.

이러한 상황에 대한 유머는 좀더 생각해볼 수도 있겠지만, 지금 필요한 것은 재담이 아니라 주주, 경영자, 은행이 직면한 정말 중요한 문제에 관한 솔직한 설명이다. 이에 대해서는 다음 글에서 다룬다.

**돈 많은 기업들은 주주들의 현금을 되돌려주어야 하는가?

첫 번째 글에서처럼 여러 기업들의 현금자산 잔고와 주가 사이에 불균형이 발생한 이유는 막대한 신주 발행 때문이었다. 이는 자본을 주주에게서 기업의 금고로 급격하게 옮긴 셈이다. 뉴욕증권거래소 편람에 따르면, 1926년부터 1930년까지 상장기업에 흡수된 자금은 50억 달러가 넘었다. 이 기간에 기업의 공모총액은 290억 달러를 초과했다. 그중 일부분은 개인들에게 이전되었으나 대부분이 기업에 유입되어 공장설비 확장이나 운전자본 증가로 이어졌다.

이외에도 막대한 금액이 유보이윤의 형태로 고스란히 쌓여 있음을 잊어서는 안 된다. 엄청난 현금유입 이후, 상당한 돈을 지출하고 손실을 보고 배당으로 지급했는데도 기업의 금고에 여전히 현금이 넘쳐나는 현상은 결코 이상한 일이 아니다.

그러나 뭉칫돈을 제공한 사람들은 어찌되었을까? 즉, 신규 공모에 참여한 투자자, 증자를 받은 투자자들은 어찌되었을까? 그들은 지금도 부자가 아니며 재산은 묶여 있고 과다한 휴면자금의 부담을 지고 있다. 그들은 기업의 금고를 불리는 데 현금을 강탈당했고, 기업들이 부채를 갚도록 하기 위해 너무나 많은 부채를 빌렸다.

돈 많은 기업을 가진 주인들이 가난한 현실은 다분히 기형적이다. 기업들은 현금더미 위에서 구르고 있는데 그 기업의 주인들은 금전적 압박을 받고 있다. 주주들은 절망과 걱정으로 잠을 못 이루는데 기업의 재무담당자는 편안히 잠을 자고 있는 것이다.

일반투자자들은 많은 주식증서를 가지고 있고, 각 주식증서는 해당 기업이 보유한 현금에 대한 소유권을 의미한다. 그러나 이러한 증서들은 주주들에게 별반 도움이 되지 못한다. 주주들은 주식이 의미하는 현금을 기초로 은행에서 돈을 빌리거나 기존 대출을 증액할 수 없다. 만약 주식을 팔고 싶으면 시장의 시세를 받아들여야 한다. 자신이 보유한 권리 중 일부만 돌려달라고 기업에 간청해봐야 기업은 비웃을 것이다. 물론 적정가격의 극히 일부에 지나지 않는 '현시세'로 주식을 되사주는 자비 정도는 베풀지도 모른다.

일반인에게서 기업으로의 경이로운 현금 이전은 증권보유자들에게

**〈포브스〉, 1932년 6월 15일자

심각한 문제가 되었을 뿐 아니라 은행업계의 심각한 타락을 불러왔다. 상업대출은 항상 미국 신용시스템의 핵심이자 보루였다. 증권대출이 그 다음이었지만 중요성은 그리 크지 않았다. 그런데 최근 기업들과 투자대중은 서로 무슨 짓을 했는가? 그들은 상업대출을 갚아버리고 그 자리를 증권대출로 대체했다. 은행들은 대기업에 직접 대출해주는 대신에 그 기업들의 주주들에게 주식을 담보로 대출해주거나 주주들 계좌의 증권을 샀다.

■ 표2. 은행대출 구성의 변화 1920~1930 (단위: 백만 달러)

	상업대출	증권대출	총계
1920년 10월	9,741	7,451	17,192
1932년 5월	6,779	12,498	19,277

은행대출이 얼마나 이런 방식으로 전환되었는지는 연방중앙은행이 회원사 은행들을 비교한 수치를 통해 파악할 수 있다.

대략적인 결과는 주주들에게 가장 비참한 것으로 판명되었고, 은행도 꽤 난처한 상황에 놓인 것으로 드러났다. 가장 최선이었던 차입 형태가 가장 최악의 것으로 대체된 꼴이었다. (어느 정도 은행의 지급능력이 결정하는) 대출의 안정성은 대기업의 재무건전성이 아니라 주식시장의 등락에 좌우되었다.

수많은 주주들, 즉 기업의 주인들은 현재 모순된 입장에 처해 있다. 예를 들어 주식시가총액은 겨우 1,000만 달러로 대출가치가 기껏해야 800만 달러인 기업의 금고에 무려 1,500만 달러가 쌓여 있을뿐더러 수백만 달러의 당좌자산으로 더 많은 추가대출을 받을 수도 있는 상황이다. 만약 '주인'들이 실제로 회사를 관리한다면, 현금 1,500만 달러에다 추가로 500만 달러의 은행대출을 받을 수 있으며 충실한 자기자본까지 갖춘 훌륭한 회사를 얻게 된다. 주식에 대해서라면 주당 10달러의 대출조차 주저했던 은행들도, 주주들에게 주당 15달러를 지불할 수 있는 기업에는 기꺼이 대출해줄 것이다.

막대한 현금과 신용자산을 가진 전형적인 기업을 보자. 그리고 이 기업을 소유하려고 수백만 달러를 쏟아부은 사람들이 정작 회사 현금가치의 극히 일부분에 지나지 않는 가치 이상은 현금화하거나 대출할 수 없는 점을 생각해보자. 이것이 바로 호황기에 주주들이 자기 회사에 필요 이상 관대했던 결과이자 기업들이 주주들에게 필요 이상 인색했던 결과다.

이러한 상황에서 은행은 조직폭력배나 마찬가지다. 그러나 그들 역시 현재 상황과 조화를 이루지 못하면서도 건전하다고 간주되는 시스템의 제약을 받는 환경의 희생자다.

원래 은행들은 상업대출을 우선적으로 고려하라고 지시받고 교육받았다. 하지만 지금은 누가 상업대출의 차입자인가? 최근에는 그렇지 않지만 과거 실적이 좋았던 건실한 기업들이 일시적인 이유로 자금을 필요로 하고 있는가? 전혀 그렇지 않다. 그러한 기업들은 사실상 은행이 필요없다. 그들은 자금을 조달하기 쉬웠을 때 이미 주주들에게서 필요한 자금을 모두 조달했기 때문이다.

은행 차입자는 세 부류다. 1) 상황이 좋을 수도 나쁠 수도 있는 중소기업이나 비상장기업들 2) 지난 호황기에도 부진한 실적을 보인 대형 제조업체들 3) 장기부채의 변제를 위해 일시적인 현금수요가 나타난 철도회사나 유틸리티 회사(가스, 전기, 통신 등 필수공익성이 강한 기업-편집자 주).

상업대출을 주식담보대출로 전환하는 것은 은행업계와 주주들에게 똑같이 해롭다는 점을 인식해야 한다. 그렇다면 이러한 상황에 대한 해법은 있을까? 분명히 있다. 그리고 아주 간단하다.

기업들로 하여금 정상적인 영업활동에 필요치 않은 잉여 현금잔고를 주주들에게 돌려주도록 해야 한다. 일단 이 정책은 직접적으로 주주들의 긴급한 현금수요를 충족시킴으로써 주주 개인들에게 혜택을 줄 수 있다. 이차적으로는 투자대중으로 하여금 현재 미국기업들이 보유한 막대한 현금가치의 효과적인 활용방법을 깨닫게 함으로써 주식시장 전체와 관련 주식의 가격을 개선하는 효과가 있다. 세 번째 효과는 건전한 상업대출의 비중을 확대하고(특히 경기가 다시 확장될 때) 동결된 주식대출의 일정 부분을 변제하게 함으로써 은행대출구조의 균형을 회복하는 것이다.

어떻게 하면 이러한 '현금반환'이 이루어질 수 있을까? 일단은 현재의 위험상황으로 우리를 이끈 금융 프로세스를 직접 거슬러 올라감으로써 가능하다. 주식을 살 권리 대신에 주식을 지정가격에 일정 부분 팔 권리를 기업이 주주들에게 부여하는 것이다. 이때 가격은 현재 시장가격보다 높아야 한다. 그러나 대부분의 경우에 주당 순당좌자산보다는 적어야 하며, 따라서 장부가치보다 훨씬 낮아야 한다. 기업이 할인하여 주식을 재매수하면 잉여금과 잔여주식의 주당 순유동자산이 모두 증가하는 효과를 얻을 수 있다.

몇몇 회사들은 실제로 이러한 과정을 밟아나갔다. 가장 먼저 시작한 회사 중 하나가 심즈페트롤리엄Simms Petroleum이다. 최근에는 해밀턴울런Hamilton Woolen이 발행주식의 6분의 1을 대략 순당좌자산가치와 비슷하고 이전 시세보다는 훨씬 높은 65달러에 매수하겠다고 주주들에게 제안했다. 이는 1929년에 주주들이 납입한 신규 자금의 상당 부분을 반환하는 조치라고 할 수 있다. 다른 회사들은 주식소각 없이 특별배당의 형태로 잉여현금을 주주들에게 반환했다. 피어리스모터스Peerless Motors가 한 예다. 또 다른 사례인 유레카 진공청소기Eureka Vacuum Cleaner는 다른 회사들도 불황을 극복하는 데 동참하도록 권유하는 성명서를 발표했다. 스탠더드오일 파이프라인Standard Oil Pipe Lines과 뉴잉글랜드 제분소 같은 회사들은 주식의 액면가를 낮춤으로써 주주들에게 잉여 현금잔고를 반환했다.

모든 방법들이 같은 목적을 달성했으며 이들 사이의 차이점은 대부분 기술적인 것들이다. 우리가 권유한 비례적인 주식 재매수는 대개 액면가 감소보다 좀더 실용적이다. 그리고 직접적인 특별배당보다 회계상 비교우위를 차지한다. 이 과정은 신주인수권을 발행해 주주들에게서 자금을 조달한 과정의 정반대 과정으로서 분명 논리적으로도 강력한 호소력을 지닌다.

상당수 기업들이 공개시장매수로 주식을 사기 위해 잉여자금을 확보해놓고 있다. 이 또한 기업자금이 주주에게로 이전되는 것이다. 틀림없이 시장가격에도 도움이 되고 매도를 삼가고 있는 사람들에게도 도움이 될 것이다. 할인가격으로 주식을 재매수하는 것은 살아남은 주주들에게 혜택을 준다. 이러한 방식으로 잉여자금을 활용한 기업들은 모든 현금을 고집스럽게 은행예금으로 가지고 있는 기업들보다 행동이 더 자유롭다.

그러나 이러한 과정은 여러 가지 면에서 난관에 직면한다. 만약 지불한 가격이 너무 높았다고 판명되면 이미 혜택을 본 사람들은 더 이상 관심이 없는 반면, 아직 혜택을 보지 못한 사람들은 경영진을 비난할 것이다. 그렇다고 위험을 피하기 위해 주가가 지나치게 낮을 때만 산다면 주주들의 곤경을 부당하게 이용한다는 비난을 피하기 힘들다. 게다가 비공개적인 시장조작은 이사들이나 내부자들이 의심쩍은 이익을 얻는 기회를 제공할 수도 있다.

벤딕스 항공회사Bendix Aviation Company는 최근에 배당을 하지 않는 동시에 대규모 공개매수 계획을 발표했다. 현금이 풍부한 다른 회사들도 주식 매수 계획을 발표하지는 않았지만 같은 전략을 따랐다. 그런데 이러한 절치에 대해 주주들은 중대한 불공정 행위의 가능성을 생각할 수 있다. 과도한 누적현금이 생겼을 때 이사들의 첫째 의무는 자유로운 현금을 이용해 합리적인 배당을 유지하는 것이기 때문이다.

호황기에 잉여금을 축적하는 첫째 이유는 불경기에도 배당을 계속하기 위해서였다. 따라서 이익이 없다는 이유만으로 주주에 대한 배당을 중지하는 것은 절대 정당화될 수 없다. 배당을 중단함으로써 주주의 돈을 유보하고, 그 돈으로 비정상적으로 낮은 가격에 주식을 매수하는 것은 거의 사기행위나 마찬가지일 만큼 위험한 것이 사실이다.

이러한 이유로 필자는 공개시장 매수를 기업 내 현금을 주주들에게 반환하는 가장 최선의 방법으로 간주하지 않는다. 그에 비해 비례적인 주식소각은 매도하는 사람과 남아 있는 사람 사이에 어떠한 이해갈등도 없다. 경영자 입장에서 부당한 책략적 판단으로 인해 실수할 가능성도 거의 없다.

첫 번째 글의 〈표 1〉에서 언급했듯이, 현재 순유동자산가치 이하로 시장에서 팔리는 회사들은 분명히 현금보유가 지나치게 많은 사례들이다. 주주들이 경영자들에게 충분한 압력을 행사하면 잉여현금 중 상당 부분에 대해 반환을 보장받을 수 있다. 이는 주주와 주식시장의 정서, 전체 은행 상황 등 모든 면에서 이익이다.

바람직한 결과를 얻기 위해 주주들은 우선 잉여현금의 존재 여부를 알아야 한다. 그러려면 자기 회사의 대차대조표를 적어도 한 번 이상 살펴봐야 할 것이다. 최근에 금융 관련 서적의 저자들은 이구동성으로 수익력에 비해 자산가치는 별로 중요하지 않다고 지적해왔다. 자산을 무시하고 이익을 지나치게 강조해 재앙에 가까운 결과에 다다랐다는 사실을 어느 누구도 깨닫지 못하고 있는 듯하다.

신시대와 블루칩 광기는 이익에만 집착한 데에서 비롯되었다. 단순히 주당이익이 4달러에서 5달러로 1달러 증가하면 이익배수를 10배에서 15배로 정당화하는 낙관적인 가정에 기초해 주식의 가치는 40달러에서 75달러로 상승한다. 가치평가를 자의적이거나 주로 심리적인 것에 근거를 두고, 그 결과 '투자'라는 미명 아래 모든 사람들이 마음대로 '도박'을 하게 되는 결과를 낳았다.

투자자들 사이에 만연한 투기심리가 1928년과 1929년 사이에 유례없는 상승폭과 상승기간을 낳았고, 재앙과도 같은 대폭락이 뒤따랐으며, 결과적으로 기업구조가 악화되어 주식시장의 붕괴로 이어졌다. 이익에 대한 집착은 감가상각비를 줄이고 이익을 과다계상하기 위해 고정자산을 1달러라도 줄이려는 새로운 관행을 낳았다. 자산가치를 저평가함으로써 수익력을 키우고 그에 따라 시장가치를 높일 수 있다는 논리다. 어느 누구도 자산에는 관심을 기울이지 않는데 왜 자산을 장부에 남겨두겠는가? 이는 〈이상한 나라의 앨리스〉 같은 금융논리의 또 다른 사례다.

이는 한 세대 전에 몹시 비난받던 주식 물타기^{stock watering} 관행과 대비된다. 그때는 장부가치를 높여 가공의 시장가격을 조작하기 위해 고정자산을 의도적으로 과대평가했다. 우리는 이제 자산 물타기 대신에 이익 물타기를 해야 한다. 과정은 정확히 반대지만 그 목적과 내포된 속임수는 정확히 똑같다. 손익계산서에 대한 투자자나 투기자의 미신에 가까운 믿음 때문에 회계방법의 자의적인 차이가 시장가격의 큰 변동을 불러올 수 있다. 악의적으로 왜곡할 가능성은 무수히 많아서 무시하기 힘들 정도다.

뉴욕증권거래소에 상장된 한 회사는 최근에 영업손실을 이익으로 전환했다. 번거롭게 자세히 설명할 것도 없이 이 회사는 영업권 가치를 올리고 그만큼 이익에 더하는 간단한 편법으로 이익전환을 한 것이다. 경영자들은 주주들이 그 술책을 알아낼 만큼 대차대조표를 충분히 검토하지 않는다는 점을 이용했다.

자산의 무시는 구조조정이나 합병에 새로운 유행을 가져오기도 했다. 채권자들은 더 이상 청구권 변제를 직접 현금으로 받으려고 하지 않는다. 주주들은 이전에 자기들 것이었던 현금에 대해 다른 증권들에 선순위 청구권을 내주어야 한다.

예를 들어 피스크러버$^{Fisk\ Rubber\ Co.}$는 만기도래한 채무 1,000달러에 대해 공장설비를 제외하고도 400달러의 현금과 약 900달러어치의 순당좌자산을 가지고 있었다. 그러나 구조조정 계획안에 따라 채권자들에게 현금 대신에 새로운 회사의 주식을 주었다.

프레리 파이프라인$^{Prairie\ Pipe\ Line}$도 비슷하다. 갑자기 주주들은 그 어떤 현금도 자기 것이라고 할 수 없는 새로운 회사의 주주가 되었다. 비록 새로운 주식이 주당 12달러의 현금등가물로 인정받은 사실에 위안을 얻었지만 시가총액은 이전에 소유했던 현금등가물의 절반 이하였다.

필자가 보기에 이처럼 이상한 현상들은 주주들이 비상장 개인기업 소유자와 똑같은 법적 권리를 가졌다는 점을 깨닫지 못했기 때문에 발생되었다. 월스트리트의 웅장함과 화려함은 이러한 단순한 사실을 감추고 있다. 만약 수백만 투자자들이 분명히 자각하기만 한다면 주식가치에 대한 현명한 태도와 건전한 기업관행으로 나아가기 위한 긴 여정이 새롭게 시작될 것이다.

기업청산의 문제와 주주들의 권리

어느 쪽이 옳은가? 시장인가, 기업인가?

현재 기업과 주주 사이에 불균형을 가져오는 또 다른 측면은 청산가능성에 대한 문제다. 시장이 미래의 영업손실이 현금을 고갈시킬 것이라고 판단하기 때문에 많은 주식들이 현금가치 이하로도 팔리고 있다.

만약 그것이 사실이라면 주주들은 현금이 고갈되기 전에 기업의 청산을 요구해야 하지 않을까? 경영자들은 당연히 "No"라고 강변하겠지만 시장은 "Yes"라고 말하고 있다. 어느 쪽이 옳은가? 이 문제에 대한 양측의 두드러진 차이는 무엇인가?

이에 〈포브스〉는 문제투성이인 현 상황의 뿌리를 파헤치는 그레이엄의 3부작 중 마지막이자 세 번째 글을 게재한다.

우리는 예기치 못한 상황에 직면했다. 셋 중 하나의 기업이 순유동자산보다 싸게 팔리며, 그중에는 '현금가치'보다 싸게 팔리는 기업도 많다. 이러한 상황에 대해 우리는 앞에서 세 가지 이유를 지적했다. 1) 사실에 대한 무지 2) 어쩔 수 없는 매도 및 매수 능력의 부족 3) 현재 유동자산이 소진될지 모른다는 두려움으로 인해 매수를 주저하는 것 등이다.

앞글에서 우리는 첫 번째와 두 번째 이유, 그리고 그 시사점에 대해 논의했다. 그러나 일반투자자들의 무지나 궁핍만으로 현재의 시장수준을 완벽하게 설명하기는 어렵다.

만약 아무런 조건 없이 1달러짜리 금화를 50센트에 파는 가게가 있다면 당연히 문전성시를 이룰 것이다. 실제로 기업의 1달러짜리 금화를 50센트나 그보다 더 싼 가격에 다량으로 살 수 있다. 다만 기업들은 조건을 내건다. 비록 현금이 주주에게 속한다 하더라도 주주는 그 현금을 관리하지 않는다. 그들은 뒷전에 앉아 영업손실이 커지면서 현금이 소진되는 모습을 지켜보게 될 것이다.

예리한 독자들은 성급히 물을 수도 있다.

"회사는 청산하지도 않았는데 왜 자꾸 청산가치에 대해서만 이야기하는가?"

주주에게 회사 현금에 대한 지분은 공장설비에 대한 지분과 마찬가지로 단지 개념일 뿐이다. 주주들은 회사가 청산되어야만 현금을 받을 수 있다. 회사가 수익을 내야만 공장설비도 장부가치를 인정받는다.

"우리에게 약간의 현금이 있었더라면…… 기타 등등."

비판은 그럴듯하다. 하지만 이에 대한 답이 있다. 주주들은 사업이 수익을 내도록 만들 힘이 없다. 그러나 청산할 힘은 있다. 이것은 단순히 이론적인 문제가 아니다. 아주 현실적이면서 매우 긴박한 문제다. 또한 매우 모순되는 문제다. 이는 분명 기업과 주식시장 사이에 존재하는 판단의 갈등을 의미하며, 또한 경영자와 주주 사이에 존재하는 이해의 갈등을 의미하기도 한다.

가장 간단히 말하자면 바로 이것이다. 이러한 기업이 틀렸는가? 아니면 시장이 틀렸는가? 낮은 가격은 단순히 비합리적인 공포의 산물인가? 아니면 아직은 아니지만 곧 청산될 거라는 강력한 경고를 의미하는가?

요즘 주주들은 다른 모든 기업문제와 마찬가지로 이에 대해서도 그 대답을 경영자의 손에 맡기고 있다. 그러나 경영자의 판단이 공개시장의 판단에 의해 거세게 도전받을 때, 경영자가 옳은지 시장이 옳은지를 경영자 스스로 결정하라고 하는 것은 유치해 보인다. 이러한 문제가 회사에서 급료를 받는 임직원 및 투자자본, 위험에 처한 주주들 사이의 심한 이해갈등과 연계될 때는 더욱 그러하다. 여러분이 경영난에 처한 잡화점을 하나 소유하고 있다고 하자. 그것을 계속 운영할지 그만둘지에 대해 점원이 결정하도록 내버려두겠는가?

중대한 문제에 직면했을 경우에 투자대중의 고질적인 무기력은 해로운 기업경영원칙 두 가지를 받아들임으로써 더욱 악화된다. 첫째는 경영자들이 증권의 시장가격에 관심도 없고 책임도 없다는 것이다. 둘째는 외부 주주들은 사업에 대해 아무것도 모르며, 주주들의 견해는 경영자가 후원하지 않는 한 고려할 가치도 없다는 것이다.

첫째 원칙에 의해 경영자들은 주가에 관한 모든 문제를 회피하는 데 성공한다. 둘째 원칙은 "경영자가 일은 제대로 하지 않고 임직원의 이익만을 최우선으로 여긴다"며 따지는 주주들을 제압할 때 탁월한 비교우위를 제공한다. 청산이 더 낫다는 주주의 의견에 대해 사업지속을 정당화하는 과정에서 이 두 가지 원칙은 경영자들에게 완벽한 방어수단이 되어준다.

경영자들이 주식의 시장가치와 아무런 관계가 없다는 생각은 틀렸다. 두말할 필요도 없이 경영자들은 시장변동에는 책임이 없다. 그러나 경영자들은 주식의 가격수준이 지나치게 높거나 낮은 상황을 잘 인식하고 시장가치의 불가피한 하락, 이익이나 자산의 불가피한 손실로부터 가능한 한 주주를 보호해야 할 의무가 있다.

이러한 의무를 주장하고 또 그것이 받아들여진다면 시장가격과 청산가치 사이에 현재와 같은 불합리한 관계는 결코 나타나지 않을 것이다. 경영자들과 주주들은 모두 주식의 진정한 가치가 무슨 일이 있어도 기업의 실현가치(현금화할 수 있는 가치)보다 낮아서는 안 되며 적어도 순당좌자산보다는 높아야 한다는 점을 인정할 것이다. 경영자들은 기업이 계속기업의 실현가치만큼도 안 되면 청산되어야 한다는 사실을 인정할 것이다. 결국 경영자들은 기업의 실현가치가 위축되지 않도록 보존하고 가격수준이 항상 실현가치 이하로 내려가지 않도록 해야 할 책임을 인정해야 한다.

경영자들은 지나치게 낮은 수준까지 주가가 붕괴되는 것에 지속적으로 관심을 기울이고, 이 같은 하락을 경영에 대한 심각한 도전으로 간주해야 한다. 우선은 적어도 주식의 최소 실질가치에 비례한 배당을 유지하기 위해 모든 노력을 기울여야 한다. 기업의 금융상황이 나빠지지 않는 한 경영자들은 누적잉여금을 자유롭게 인출해야 한다. 둘째로 경영자들은 시장가치를 넘는 최소 청산가치에 대해 주주의 관심을 환기시키고 신뢰감을 주는 데 주저하지 말아야 한다. 셋째, 앞글에서도 말했듯이 가능하다면 적정가격에 자사주 매입이나 주식소각을 통해 잉여 현금자본을 반환함으로써 주주들을 도와야 한다.

마지막으로, 주식의 실현가치가 본질적으로 하락하지 않도록 경영자들은 경제 상황과 전망을 주의깊게 살펴야 한다. 그리고 심각한 미래 손실의 위험이 발견되는 경우에는 매각이나 청산으로도 주주이익을 최대한 보장하기 어려울 수 있음을 솔직하고 공정하게 판단해야 한다.

현재 주식시장에서는 일반적으로 청산이 바람직하다고 강하게 주장할 수도 없고, 경영자가 이 문제와 관련해 진지한 판단을 내리고 있다는 어떤 신호도 없다. 사실 소유권이 복잡한 기업의 자진해산이 드문 이유는 의심이나 냉소주의 때문일지도 모른다. 개인기업인 경우에는 사업철수가 일상적이지만 주식이 공개된 기업에서는 극히 드물다.

물론 부도 후 청산은 좀더 빈번하다. 하지만 강제공매 이전에 문을 닫는다는 생각은 월스트리트의 규범에 크게 어긋난다. 기업경영자들은 중도에 쉽게 포기하지 않는다. 숭고한 열정으로 조국의 제단에 처가 식구까지도 희생시키는 애국자들처럼, 임직원들은 회사를 살리기 위해 주주들의 마지막 동전 하나까지도 기꺼이 희생하려고 들 것이다.

봉급 받는 임직원들은 원칙적으로 주주를 대표하며, 필요하다면 기업의 이익에 반하더라도 주주이익을 최우선으로 생각해야 하는 이사회의 결정을 따라야 한다. 이론적으로 맞는 말이다. 하지만 실제로는 그렇지 않다.

그 이유는 전형적인 이사회(중역회의)의 특성을 보면 알 수 있다. 1) 임직원들의 밥그릇이 최우선이고, 주주들은 그 다음이다. 2) 투자은행들의 최대 관심사는 증권발행수익이다. 3) 상업은행들의 최대 관심사는 대출과 관리다. 4) 구성원들은 개인적으로 그 회사와 다양한 비즈니스를 한다. 5) (늘 극소수인) 이사들만 주주들의 이익에 관심을 둔다. 또한 이사들은 대체로 임직원들과 맺는 우호관계에 속박된다(임직원들이 이사를 지명하고 선출한다!). 따라서 이사회는 경영진의 의도에 반해 주주의 권리를 주장하기 어려운 분위기다. 이사들이 불성실한 것은 아니지만 그들도 어디까지나 인간이다. 필자는 몇몇 기업의 이사회에서 활동한 경험을 통해 이러한 사정을 잘 알고 있다.

결론은, 기업청산이란 주주들의 문제라는 것이다. 기업청산 여부는 독립적인 판단과 이해를 바탕으로 결정해야 할 뿐만 아니라 가능한 한 청산에 영향을 미치는 주도권과 영향력은 이사회가 아니라 주주에게서 나와야 한다. 이때 주주들의 원칙은 '어떤 기업의 주식이 지속적으로 청산가치 이하에 팔릴 경우에 청산 문제를 기업에 제기해야 한다' 는 것이다.

다만 가격이 낮다고 해서 무조건 청산이 바람직하다는 증거는 아니라는 점에 주의하자. 이러한 원칙은 주주의 문제 제기가 정당화될 수 있으며, 그러한 견해가 주목받을 만한 가치가 있다는 것을 확인한다는 의미로 이해해야 한다.

주주들은 이와 관련해 열린 마음으로 판단해야 한다. 그리고 사실에 기초해 최선의 결정을 내려야 한다. 공정하고 적절한 연구였다면 대개 청산이 바람직하지 않다는 사실이 드러날 것이다. 정상적인 조건에서는 계속기업의 가치가 현재의 영업손실을 고려하더라도 (불황이 계속된다는 근거에 따른) 청산 시 실현 가능한 총액에 비해 아주 크다.

현재의 어려운 상황 때문에 많은 주주들이 기업을 유지하기 보다 청산하는 편이 더 낫다는 결론을 내릴 수도 있다. 경제상황 전반에서 이 같은 정서는 어떤 의미를 지니는가? 기업청산이 추가 디플레이션, 추가 실업, 추가 구매력 감소를 의미하는가? 결과적으로 주주들은 스스로를 망치려고 하는가? 피상적으로 보면 그럴지도 모른다. 그러나 강력한 논리로 정반대의 효과를 주장할 수도 있다.

부실기업의 존속은 국가에 비교우위가 아니라 손해를 끼친다. 과잉설비로 고통받을 뿐만 아니라 생존가능성이 거의 없는데도 존속함으로써 주주에게 손실을 안겨주고, 해당 산업에 불안을 초래하는 자기파괴적인 기업 간 경쟁으로 훨씬 더 많은 상처를 남긴다. 그들은 전혀 이익을 내지 못하면서도 다른 기업들이 이익을 낼 가능성마저 파괴한다. 차라리 이를 제거하면 수요에 대한 공급을 더욱 효율적으로 조정할 수 있다. 살아남은 건실한 기업들은 한결 낮아진 비용으로 더 많이 생산할 수 있을 것이다. 현재 미국에서는 면직물 산업에서 이러한 효과를 만들어내기 위한 노력이 진행중이다.

고용 측면에서 보면, 상품 수요는 부실기업을 정리해도 줄지 않는다. 생산이 다른 분야로 이전되더라도 전체적인 고용은 감소하지 않을 것이다. 이와 관련해 개인이 겪어야 할 고통을 부인할 수는 없지만, 이를 최소화하려는 노력을 해야 한다. 건실하지 못한 기업의 고용사정은 극도로 불안할 수밖에 없다. 근로자들의 어려운 사정도 고려해야 한다. 우리의 경제원칙이 고용보장만을 목적으로 주주자본이 파괴되는 것을 용인할 수는 없다는 점 또한 지적하고 싶다.

우리는 호황 속에서 갑자기 닥쳐온 불황에 대처하는 방법을 아직 발견하지 못했다. 그러나 분명히 많이 가졌으면서도 그것을 전혀 모르는 주주들을 곤경에서 구할 방법은 있다. 이 문제에 대한 새로운 견해는 사기가 꺾인 미국의 주주들에게 기적을 선사할 수도 있을 것이다.

자본주의의 윤리

세 가지 주요 요점:

1. 미국 자본주의는 경제와 윤리 측면에서 공히 '혁명'이라고 할 만한 커다란 변화가 있었다.
2. 이러한 변화들은 체계적인 이론의 부재로 시행착오를 겪어왔다. 기업가들이 이 같은 변화에 대해 단체로 심하게 반대했다. 새로운 시스템의 최종 승인은 아마도 대통령 선거에서부터 비롯되었을 것이다. 특히 총선에서 민주당이 승리한 의회 환경 속에서도 공화당의 아이젠하워^{Dwight D. Eisenhower}가 크나큰 승리를 쟁취했다.
3. 지속적인 번영을 위한 우리의 새로운 방법론은 세 가지 토대에 그 성패가 달려 있다. 1) 미국기업의 역동적인 성장 2) 초과수요를 통제하고 불황에 대한 위협을 높은 수준의 고용으로 이끄는 정부의 책임 3)

1956년 11월 10일 UCLA 대학에서 한 연설임.

정부가 모든 국민에 대해 윤리 또는 민생복지에 대한 책임을 인정하는 것이다. 어쩌면 경제요소들보다 윤리적 토대가 우리의 번영을 더욱 강력하게 지원할지도 모른다.

나는 최근에 제목이 비슷한 책을 두 권 읽었다. 갤브레이스[J. Kenneth Galbraith]가 1929년에 쓴 《대폭락[The Great Crash]》과 앨런[F. L. Allen]의 《대변혁[The Big Change]》이다. 첫 번째 책은 무시무시한 시장폭락을 묘사하고 있으며, 두 번째 책은 여러 가지 측면에서 중요한 발전을 다루고 있다. 그러나 두 책은 모순되지 않는다. 새로운 미국 자본주의의 발전은 틀림없이 대공황에 의해 가속화되었다.

1929년 절정에 다다른 미국 자본주의에는 몇 가지 특징이 있었다.

1. 이윤추구에 대한 완전한 자유를 의미하는 자유방임원칙 때문에 절도나 독점 정도만을 법으로 제한했다. 일부 공공부문 통제도 포함되었다.
2. 재벌들은 엄청난 재력뿐만 아니라 막강한 정치, 경제, 심지어 사회 권력까지 집중시켰다.
3. 사회복지사업은 기본적으로 개인의 자선활동에 전적으로 의존했다. 빈민구제원은 예외였지만, 그들은 진정한 의미의 복지사업이나 자선사업을 하지 않았다.
4. 이상과 같은 특징들의 부정적인 결과로 경제와 사회복지에 관한 정부의 역할이 최소화되었다. 그나마 교육 분야는 예외였다.

그러나 현재 이러한 특징들은 모두 극적으로 바뀌었다. 대부분의 변화는 대공황 이후에 시작되었는데, 아마도 후버[Herbert C. Hoover] 대통령의 부

홍개발금융회사Reconstruction Finance Corporation: RFC에서 비롯되었을 것이다.

이제 노동입법, 임대료 통제, 증권거래위원회법, 공공부문 규제 강화, 세율 인상 등 자유방임 흐름에 일련의 제한이 가해졌다. 재벌은 그야말로 사라졌다. 물론 윌리엄 제켄도르프William Zeckendorf나 울프슨woolfson처럼 대부호가 되거나 대기업을 만드는 것은 여전히 가능하다. 그러나 권력은 그들의 영업이나 사업 분야로 엄격하게 제한되었다. 사업을 계속하기 위해 모든 월스트리트 기업이 고려해야 했던 '길모퉁이 집House on the Corner'(월스트리트는 한때 'House of Morgan'으로 불렸다. 수십 년간 JP모건의 본사는 미국 금융의 가장 중요한 주소지였다)은 더 이상 없다.

우리는 이제 개인소유주가 아니라 전문경영인이 경영하는 대기업들을 목도하고 있다. 자본주의라기보다는 전문경영주의managementism다.

모든 형태의 사회보장을 포함한 인간의 복지는 연방정부와 지방정부의 영역이 되었으며, 결과적으로 세금이 이를 지원했다. 결국 정부는 경제 분야에서 막대한 권력과 책임을 넘겨받았다. 호황이든 불황이든 자유방임에 대한 모든 제한은 기업에 대한 더 많은 간섭을 의미했다. 그러나 이제 불황이면 기업은 정부가 도와주기를 기대한다. 슬리히터S. H. Slichter는 "자유기업은 정부지도기업으로 전환되었다"고 말했다.

대부분의 변화는 기업가들의 격렬한 반대에 직면했다. 일부는 공정한 원칙에 기초하거나 경제적으로 민감한 고통 때문일 수도 있었겠지만, 분명 일부는 기득권과 편견에 따른 견해차에서 기인했다. 새로운 자본주의에 반대하는 타당한 이론적 근거도 있었는데, 이는 폰 하이에크F. A. Hayk의 《농노제로 가는 길The Road to Serfdom》에 잘 나타나 있다. 하이에크는 "정부의 힘이 강해지면 사회주의국가로 나아가, 결국 공산주의국가에 이르게 된다"고 주장했다. 앞서 언급했던 《대변혁》의 저자 앨런이 이 주장을 반박하면서 "우리는 사회주의와 완전히 다른 독특하고 새로운 체제로 진화해가는 중"이라고 설득력 있는 주장을 펼쳤다.

〈그레이엄은 여기서 앨런을 인용했는데, 그 인용 부분은 연설문에서 누락되었다.〉

나는 자본주의의 변화에 대한 기업들의 적대감에 관한 한 루스벨트 Franklin D. Roosevelt 대통령에게 큰 책임이 있다고 생각한다. 기업에 대한 그의 적대적인 태도 때문이다. 루스벨트의 역사적 지위를 둘러싼 논란은 정말로 흥미롭다. 내가 보기에는 미국식 삶의 방식을 유지하는 데 필요한 것들에 대해 그는 '합리적'이라기보다 '직관적'인 이해에 바탕을 두었던 듯하다. 판단하기 어렵지만 그는 본질적으로 자본주의의 적敵이었다. 그러나 자본주의의 적이든 아니든 나는 상상력에 넘치될 정도에서 벗어난 그의 전략들이 결과적으로 미국 자본주의를 구제했다는 점을 짚고 넘어가고 싶다.

이러한 견해를 좀더 확장하면, 나는 아이젠하워의 사회 및 경제 정책에서 기업에 대한 적개심만 제거한 루스벨트를 본다. 공화당이 의회 선거에서 패배했는데 아이젠하워가 대선에서 승리한 것은 그의 개성이 설득력을 지녔다는 의미일 수도 있다. 그러나 나는 이 점에 의문이 생긴다. 나는 차라리 아이젠하워의 승리가 새로운 복지윤리와 사회적 책임을 포함해 미국 자본주의의 극적인 변화를 국민 대다수가 받아들였다는 명백한 신호라고 보고 싶다.

아이젠하워의 승리는, 미국의 대통령이 되기 위해 루스벨트와 같이 굳이 반기업적일 필요가 없었음을 보여준다. 다른 한편으로 나는 민주당이 의회에서 승리한 것〔비록 AFL_CIO (미국 노조총연맹 산업별회의 American Federation of Labor and Congress of Industrial Organizations로 1955년 AFL과 CIO가 통합 발족함)의 치열한 선거운동에 크게 도움을 받았을지라도)은 국민 대다수가 1933년부터 시작된 정치, 경제, 사회의 변화를 지지하면서도 여전히 공화당 의회가 전적으로 안전하지는 못하다고 느꼈기 때문이라고 생각한다.

나의 마지막 결론은 이렇다. 국가정책 면에서 "좋은 윤리가 좋은 경제학이다$^{good\ ethics\ is\ good\ economics}$." 기업의 측면에서도 마찬가지다.

1933년 이후 기업가들이 처한 경제상황을 약간 긍정적인 관점에서 살펴보자. 그 당시 기업가들은 박해받고, 규제에 속박당하고, 관료주의에 시달렸으며, 불가능할 정도로 높은 세율을 감당해야 했다. 그러나 기업과 기업가는 살아남았다. 살아남았을 뿐만 아니라 오히려 더욱 번영했다. 이러한 역설은 무엇을 의미하는가?

비판론자들은 우리 경제의 급격한 회복세가 제2차 세계대전과 한국전쟁 그리고 냉전 같은 전쟁활동에 따른 것이며, 기업을 질식시키고 파멸시키려는 뉴딜$^{New\ Deal}$(루즈벨트가 대공황 극복을 위해 주도한 수정자본주의 정책_편집자 주) 같은 노력에도 이러한 외부조건들이 기업의 번영을 가져왔다고 말할지도 모른다.

그에 비해 나의 견해는 좀더 낙관적이다. 우리는 실업보험을 포함해 다양한 형태의 사회보장에 집중된 정부의 기본적인 복지사업이 세금부담보다 기업에 더 유익하다는 점을 배웠다고 생각한다. 빈곤층의 구매력과 생활수준의 향상보다 전체 기업들에 더 큰 혜택을 주는 것은 없다. 앨런은 바로 이 점을 지적했다.

〈여기서도 인용문이 누락되었다.〉

우리는 1929년 이전에 대학에서 가르쳐온 (아담 스미스$^{Adam\ Smith}$라기보다는 정확히 말해 그의 책들이 주장한) '자유방임 자본주의'의 원래 원칙에서 멀리 벗어난 듯하다. 여러분은 아담 스미스의 유명한 개념인 '보이지 않는 손'을 기억할 것이다. 기업가는 항상 자기 이윤을 목적으로 결정을 해야 하고, 그러면 보이지 않는 손이 사회 전반에 바람직한 결정을 내리도록 이끌어준다고 그는 말했다. 즉, 기업가는 사회가 원하는 상품을 생산하고, 그 비용을 절감하는 방법을 개발하고, 그 가격으로 사회에 공급하고자 해야 한다는 것이다. 이러한 견해는 여전히 유효하다. 그러나 자유방임주의자들이 주장하는 것처럼 근거없이 과도한 방법을 통해서는 아니다. '기업의 옹호자'인 피터 드러커Peter D. Drucker는 이렇게 말했다.

"사회에 유익하지 않으면 그 어떤 정책도 기업에 유익하기 어렵다."

2부

주식과 주식시장

건실한 주식들로 포트폴리오를 구성한 투자자는 가격변동을 예상해야 하며
큰 폭의 하락을 두려워하거나 큰 폭의 상승에 흥분해서는 안 된다.
시장가격은 활용하거나 무시하기 위해 편의상 존재하는 것임을
투자자들은 항상 명심해야 한다.
_《현명한 투자자》 제3차 개정판, 1959년

◆ 투자자들에게 주식시장의 변동(결국 장기적으로 주가를 결정하는 것은 회사의 기초적인 재무상태다)에 관심을 가지지 말라고 끊임없이 경고하면서, 그레이엄은 시장 전체와 개별 주가의 움직임을 분석하는 데 많은 시간을 할애해왔다. 그는 월스트리트의 많은 미스터리들을 고찰했다. 저평가된 주식의 가격이 갑자기 상승하는 이유는 무엇일까? 무엇이 정확하게 투기이고 투기는 언제 허용되는가? 그레이엄이 고수하는 몇 가지 기본 개념을 살펴보는 동안, 일부 독자들은 그의 사고영역이 많은 사람들이 생각하는 만큼 제한적이지 않다는 사실을 알고 놀라게 될 것이다.

다음 일련의 글들이 보여주듯이 그레이엄은 생을 마칠 때까지 계속해서 새로운 아이디어를 제기하고 탐구하고 조사했다. 이와 관련하여 특히 흥미로운 것은 1974년에 출간된 《가치의 부활*Renaissance of Value*》이다. 일생에서 두 번째로, 그레이엄은 "매수할 용기를 지닌 사람들이 살 수 있는 저평가된 주식*bargain stocks*들이 넘쳐나는 시점에 도달했다"고 발표했다. 그 글이 〈배런스*Barron's*〉에 기고되었을 때 그레이엄은 시장반등을 고무했고, 그의 말을 들은 사람들은 엄청난 이익을 얻었다.

새로운 투기현상에 대한 우려

— *전국재무분석사협회 오찬회 연설, 1958년

나는 나를 소개할 때 내가 고령이라는 사실을 강조해달라고 주최측에 부탁했다. 나는 내가 월스트리트에서 많은 세월을 보냈고 그에 따른 다양한 경험을 했다는 점을 말해두고 싶다. 경험 자체의 가치에 도전하는 새로운 조건들이나 새로운 환경들이 계속해서 대두되었다는 점도 여기에 포함된다. 사실 경제학, 투자론, 증권분석을 다른 실용학문들과 구별짓는 중요한 요소 중 하나는 과거 현상이 현재와 미래에 대한 지침으로써 유효한지가 불확실하다는 것이다. 우리는 적어도 과거의 교훈을 분석하고 이해한 다음에야 비로소 그에 대해 반성할 권리가 있다. 오늘 나의 연설은 일부 한정된 분야를 이해하려는 노력이다. 특히 주식투자와 투기에 대한 기본 태도에서 현재와 과거 사이에 대비되는 몇몇 관계들을 지적하려고 한다.

*〈애널리스트 저널〉 1958년 6월호

나의 논제를 요약하는 것으로 이야기를 시작해보자. 과거 주식의 투기요소는 거의 전적으로 기업 자체에 있었다. 그것들은 불확실성, 변동요인, 산업요인, 기업의 개별요인 등에서 기인했다. 물론 이러한 투기요소는 여전히 존재한다. 그러나 산업경제의 장기적인 발전으로 이러한 투기요소들은 눈에 띄게 줄어들었다고 할 수 있다. 그 대신에 새롭고 중요한 투기요소가 기업 외부에서 주식세계로 소개되었다. 이는 주식을 사는 일반투자자들과 그들의 자문가들, 주로 우리 증권분석가들의 태도나 관점에서 발생한다. 이러한 태도는 '미래 예측에 대한 우선적인 강조$^{primary\ emphasis\ upon\ future\ expectations}$'라는 한 문장으로 표현 가능하다.

첫째, 여러분은 주식이 기업의 미래 예상 실적에 기초해 가치를 평가받고 시세가 형성되어야 한다는 생각을 매우 논리적이고 자연스럽게 받아들일 것이다. 하지만 이처럼 단순해 보이는 개념은 많은 모순과 함정을 수반한다. 예를 들어 이러한 선입견은 오래전에 검증된 투자와 투기의 차이를 상당 부분 무효화한다. 사전적 의미로 '투기^{speculate}'는 파수꾼 또는 망루를 의미하는 라틴어 '스페쿨라^{specula}'에서 유래했다. 높이 솟은 망루에서 보초를 서며 다른 사람들보다 먼저 다가올 미래 상황을 보는 사람이 투기자다. 하지만 지금은 투자자도 자기 망루를 가지거나 투기자들과 견줄 만한 망루에 올라야 한다. 아무리 현명하고 훌륭한 자문을 받는다 하더라도 말이다.

둘째, 대부분의 사람들이 최고의 투자특성, 즉 최고의 투자등급을 가진 기업들은 찬란한 미래가 보장되었다고 간주하기 때문에 투기의 커다란 관심을 끌기도 쉽다.

셋째, 미래 전망, 특히 미래에도 계속되는 성장 개념은 관심종목의 현재가치를 입증하기 위해 고차원의 수학 방정식을 적용해야 한다. 매우 부정확한 가정과 정확한 방정식의 결합은 정말로 탁월한 종목에 대해 사람들이 원하는 가치를 실제적으로 (그러나 비싸게) 입증하거나 정당화하는 데 활용된다. 그러나 역설적으로 정밀한 분석은 특정 성장회사에 대한 어떤 가치평가도 제대로 입증하고 설명할 수 없다는 점을 암시한다. 시장은 가끔 의도적으로 성장요소를 놀라우리만치 낮게 평가하기도 한다.

주식에서 과거와 현재 투기요소의 차이를 구분하면, 우리는 그것을 색다르지만 편리한 두 단어, 즉 내생endogenous과 외생exogenous으로 특징지을 수 있다. 1912년에서 1913년까지의 아메리칸 캔American Can과 펜실베이니아 철도Pennsylvania Railroad 관련 자료를 바탕으로, 옛날 투기주식을 투자주식과 구별함으로써 간략하게 살펴보자(이는 《증권분석》 1940년판 2~3쪽에 나온다).

3년 동안 펜실베이니아 철도회사의 주가범위는 53달러에서 65달러 사이, 또는 당시 평균이익의 12.2배 내지 15배 사이에서 움직였다. 이 회사는 안정된 수익을 거두고 확실하게 3달러의 배당을 지급했다. 투자자들은 회사가 고정자산으로 액면가치 50달러를 훨씬 넘게 담보하고 있다고 확신했다. 이와 대조적으로 아메리칸 캔의 주가는 9달러에서 47달러 사이를 움직였다. 회사의 이익은 7센트에서 8.86달러 사이를 오갔으며, 평균이익 대비 주가배수는 1.9배에서 10배 사이였고 배당은 전혀 지급하지 않았다. 드러나지는 않았지만 정밀한 투자자들은 보통주의 액면가 100달러가 단지 '휴지조각water'에 불과하다는 사실을 잘 알고 있었다. 우선주 발행이 그에 상응하는 고정자산을 초과했기 때문이다.

아메리칸 캔의 보통주는 대표적인 투기종목이었다. 아메리칸 캔은 변동이 심하고 불확실한 산업에서 투기자본화된 기업이었던 것이다. 그러나 아메리칸 캔은 펜실베이니아 철도보다 장기적으로 훨씬 미래가 밝았다. 이러한 사실에 대해 당시 투자자나 투기자들은 의심하지 않았다. 의심했다고 하더라도 투자자들은 그러한 사실이 1911년에서 1913년 사이의 투자전략이나 투자방법하고는 기본적으로 관계가 없다고 치부했을 것이다.

이제 투자에 대한 장기 전망의 중요성이 시간이 지남에 따라 커지고 있다. 지난해 매출 10억 달러 그룹에 진입한 IBM^{International Business Machines}이 한 예다.

논의를 부드럽게 하기 위해 이쯤에서 한두 가지 개인적인 경험담을 이야기해보자. 1912년 나는 US익스프레스^{U.S. Express Co.}의 연구프로젝트를 맡아 한 학기 동안 학교를 떠나 있었다. 우리의 목표는 운임료^{express rates}를 계산하는 혁신적인 시스템이 수익에 미칠 영향을 파악하는 것이었다. 이를 위해 소위 홀러리스 머신^{Hollerith machines}(천공카드를 사용한 초기의 전자계산기-편집자 주)을 CTR사^{Computing-Tabulating-Recording Co.}에서 임대해 사용했다. 당시 기업가들에게는 거의 알려지지 않고 정부의 인구통계국에서 주로 사용하던 이 기계는 카드 천공기, 카드 분류기, 도표 작성기로 구성되어 있었다. 나는 1914년 월스트리트에 진출했고, 이듬해 CTR사의 주식과 채권이 뉴욕증권거래소에 상장되었다.

나는 그 회사에 대해 일종의 정서적인 유대감이 생겼다. 게다가 나는 제품을 사용해본 얼마 안 되는 금융계 인사로서 스스로 그 제품에 관한 한 기술적으로 전문가라고 생각했다. 1916년 초에 나는 직장의 보스인 A. N.을 찾아가 CTR의 주식(발행주식수 10만 5,000주)이 40달러대 중반에 팔리고 있으며, 1915년에는 주당 6.5달러의 이익을 거두었고, 장부가치(약간 구분이 모호한 무형자산을 포함해)는 130달러, 이제 3달러의 배당을 시작한 그 회사의 제품과 전망을 아주 높게 평가한다고 설명했다. 그러자 A. N.은 나를 불쌍하게 쳐다보며 말했다.

"벤, 나에게 그 회사에 대해 다시는 이야기하지 말게. 나는 그런 회사를 10피트짜리 장대로도 건드리지 않는다네(그가 즐겨 쓰는 표현이다). 회사의 표면금리 6퍼센트의 채권은 80달러대 초반에 팔리고 있어. 그런데 어떻게 그 주식이 좋을 수 있겠나. 그 회사는 '물밖에 없다nothing but water'는 것을 모르는 사람이 없다네." (당시에 이는 최고의 비난이었다. 그것은 대차대조표의 자산계정이 거짓이라는 의미다. 실제로 많은 제조업체들이 주식은 액면가 100달러인데도 '물밖에' 없었으며 서류상의 설비계정으로 위장하고 있었다. 수익력과 미래 전망 이외에는 회사의 가치를 담보할 만한 것이 없었기 때문에 자존심 있는 투자자라면 재고의 여지도 두지 않았다.)

나는 풋내기처럼 풀이 죽어 나의 골방으로 돌아왔다. A. N.은 경험이 많고 성공한 사람이었을 뿐만 아니라 굉장히 똑똑했다. 나는 CTR에 대한 그의 신랄한 비판이 뇌리에 깊이 박혀 이후 내 생애에 그 주식을 단 한 주도 사지 않았다. 1926년에 IBM으로 이름을 바꾼 이후에도 말이다.

이제 주식시장이 활황을 맞이한 1926년에 새로운 이름을 갖게 된 바로 그 회사를 다시 한 번 살펴보기로 하자. 그때 그 회사는 처음으로 대차대조표에 1,360만 달러라는 상당한 규모의 영업권을 공개했다. A. N.이 옳았다. 실제로 1915년까지 주식 지분상의 가치는 '물'뿐이었다. 그러나 IBM은 그때부터 왓슨 시니어T. L. Watson, Sr.의 지휘하에 경이로운 기록을 만들어냈다. 회사의 순이익은 69만 달러에서 370만 달러로 거의 5배 증가했는데, 11년이라는 기간으로는 당대 최고의 기록이었다. 그들은 주식에 대한 유형자산을 구축하고 1주를 3.6주로 분할했다. 또한 신주에 대해 3달러 배당을 확립했으며 주당이익은 6.39달러였다.

여러분은 1926년 주식시장이 이러한 성장역사와 강력한 매매조건을 가진 회사에 상당히 열광했으리라고 기대할 것이다. 그렇다면 한번 알아보자. 그해 IBM의 주가범위는 최저 31달러였고 최고 59달러였다. 평균 45달러로 1915년과 똑같이 이익배수 7배, 배당수익률 6.7퍼센트에 팔렸다. 저가 31달러는 유형자산의 장부가치를 크게 초과하는 수준이 아니었고, 이러한 측면에서라면 11년 전에 비해 훨씬 더 보수적인 주가 수준이었다.

누구라도 알 수 있듯이 이러한 수치들은 과거의 투자관점이 1920년대 호황이 절정에 달할 때까지 지속되고 있음을 보여준다. 그때부터 일어난 일들은 IBM의 10년 단위 역사를 이용해 요약할 수 있다. 1936년에는 순이익이 1926년의 2배로 증가했고, 평균이익배수는 7배에서 17.5배로 높아졌다. 1936년부터 1946년까지는 이익이 2.5배 증가했으나 평균이익배수는 1946년에도 17.5배에 머물렀다. 그러고 나서는 성장이 가속화되었다. 1956년 순이익은 1946년의 거의 4배였고 평균이익배수는 32.5배로 상승했다. 그리고 지난해 이익은 더욱 증가했으며, 해외 자회사의 통합되지 않은 지분을 고려하지 않더라도 평균이익배수가 다시 평균 42배 수준으로 상승했다.

최근의 주가를 주의해서 살펴보면, 우리는 40년 전과 비교해 몇 가지 재미있는 유사점과 차이점을 발견할 수 있다. 기업들의 대차대조표에 만연하여 과거 문제가 되었던 '물'들이 첫째는 재무제표 공개, 둘째는 장부 삭제로 모두 탈수되어버렸다. 그런데 투자자와 투기자들에 의해 다른 종류의 '물'이 주식시장의 올바른 가치평가를 다시 방해하기 시작했다. IBM이 이익의 7배가 아니라 장부가치의 7배 수준에서 팔릴 때, 실제로는 장부가치가 거의 없는 것이나 마찬가지였다. 또한 낮은 장부가치는 주가의 우선주 요소로 간주될 수 있고, 그 나머지는 옛날 투기자들이 울워스^{Woolworth}나 US스틸을 수익력과 미래 전망만으로 매수하던 때와 똑같은 종류의 기대를 의미했다.

말이 난 김에 IBM이 이익의 7배에서 40배로 변화하는 30년 동안, 대형기업들의 소위 내생적인 투기요소들 중 많은 부분이 사라지거나 적어도 크게 감소하는 추세였다는 점은 언급할 가치가 있다. 재무상태가 건전해지고 자본구조는 보수화되었으며 훨씬 전문적으로 경영되고 이전에 비해 훨씬 솔직해졌다. 게다가 완전한 정보공개 요건은 수년 전 가장 중요했던 (무지와 의혹에서 생겨나는) 투기요소들을 제거해버렸다.

여기서 개인적인 여담을 하나 더 하고 넘어가기로 하자. 내가 월스트리트 초기에 선호하던 미스터리 주식 중 하나는 지금의 컨솔러데이티드 에디슨Consolidated Edison인 뉴욕컨솔러데이티드 가스Consolidated Gas of New York였다. 이 회사는 수익성 높은 뉴욕에디슨New York Edison Co.을 자회사로 보유하고 있었다. 그러나 이 회사는 자회사의 전체 이익이 아니라 자회사에서 받는 배당만을 보고했다. 보고되지 않은 뉴욕에디슨의 이익은 의혹을 제공했으며 숨은 가치가 되었다. 그런데 놀랍게도 나는 이러한 수치가 실제로는 정부의 공공서비스위원회에 매년 보고된다는 사실을 알았다. 그 기록들을 분석해 컨솔러데이티드 가스의 진정한 이익을 잡지에 발표하는 일은 간단했다(부연하자면 추가이익은 크지 않았다).

옛 친구 중 하나가 나에게 이렇게 말했다.

"벤, 자네는 그런 누락된 수치를 알아내고 스스로 대단한 사람이라고 생각할지도 몰라. 그렇지만 월스트리트는 자네에게 고마워하지 않을 걸세. 비밀을 가진 기업이 비밀이 없는 기업보다 좀더 흥미롭고 더 가치가 있지. 쓸데없이 아무 일에나 간섭하기 좋아하는 자네 같은 애송이가 결국 월스트리트를 파멸시킬지도 몰라."

그 당시 투기의 불꽃에 연료를 제공하던 이른바 '3M'은 이제 거의 사라진 것이 사실이다. 3M이란 비밀Mystery, 조작Manipulation, 신용Margins이었다. 그러나 증권분석가들은 예전의 투기요소들을 상당 부분 대체할 수 있을 정도로 매우 투기적인 가치평가방법들을 다시 만들어내고 있다. 이제 우리는 저마다의 3M(여기서는 '3M'이 'Minnesota Mining and Manufacturing

Co.'라는 기업명칭을 의미한다. 즉 당시의 3M이 투기성이 강한 종목이라는 경고의 의미다-편집자 주)을 버려야 할 때가 되었다. 또한 이러한 종목이 옛날과 또 다른 투기의 사례가 되지 않도록 노력해야 한다.

몇 가지 수치를 보자. 3M 보통주가 지난해 101달러에 필릴 때 시장은 1956년 이익의 44배로 평가했다. 회사의 이익은 1957년에 전혀 증가하지 않았다. 회사 자체는 17억 달러로 평가되고 그중 2억 달러는 순자산에 해당한다. 나머지 15억 달러는 '영업권'에 대한 시장의 평가를 반영한다. 우리는 어떻게 그러한 영업권 평가가 도출되는지 계산과정을 알지 못한다. 몇 개월 후에 시장은 회사에 대한 평가를 약 4.5억 달러로 30퍼센트 수준까지 하향조정했다. 화려한 회사의 무형자산을 정확히 계산하기란 불가능하다. 영업권이나 수익력의 요인이 중요해질수록 회사의 진정한 가치는 더 불확실해지고, 그 결과 주식은 내재적으로 더 투기화된다는 것은 일종의 수학법칙이나 마찬가지다.

우리는 무형요소의 가치평가에서 나타나는 지금과 옛날의 중대한 차이점을 인식하는 것이 중요하다. 한 세대 전만 해도 무형자산은 유형자산보다 더 보수적인 기준으로 평가되어야 한다는 것이 표준규칙이었으며 평균 주가 및 비공식적인 가치평가, 법적인 가치평가에서 모두 인정받았다. 우량한 제조업체는 유형자산에 대해 6퍼센트 내지 8퍼센트의 이익산출을 요구받으며 이는 전형적으로 채권이나 우선주로 대표된다. 그러나 그 이상의 초과이익이나 그에 따른 무형자산은 15퍼센트 기준으로 평가되었다(1911년 울워스 우선주 및 보통주의 신규 공모와 기타 많은 경우에서 대략 이와 비슷한 비율을 발견할 수 있다).

그런데 1920년대 이후에 무슨 일이 벌어졌는가? 이제 본질적으로 이와는 정반대 현상이 나타나고 있다. 기업들은 시장에서 장부가치만큼의 주가를 인정받기 위해 보통주 자본에 대해 약 10퍼센트의 이익을 거두어야 한다. 그러나 자본에 대해 10퍼센트를 넘는 초과이익은 일반적으로 시장에서 장부가치를 유지하는 데 필요한 기초이익보다 좀더 적극적으로 평가되고 더 높은 이익배수를 적용받는다. 자본에 대한 기업이익 15퍼센트는 이익의 약 13.5배로 순자산의 2배 정도에서 가격이 형성된다. 자본에 대해 10퍼센트 이익을 얻는 회사는 10배로 평가받지만, 추가적인 5퍼센트는 사실상 20배의 가치로 평가받는다는 의미다.

이러한 가치평가의 역전에는 논리적인 이유가 있다. 그것은 성장전망이라는 개념을 새롭게 강조하는 것과 관련이 깊다. 자본 대비 높은 이익을 내는 회사들의 경우, 좋은 수익성 자체나 그와 관련된 상대적 안정성 때문만이 아니라 '자본에 대한 고수익'이 좋은 성장 기록 및 전망과 대개 병행된다는 것이 훨씬 더 설득력 있다는 이유로 적극적인 평가를 받는다. 수익성이 높은 회사인 경우에 요즘 사람들이 기꺼이 지불하고자 하는 것은 유망한 기업의 전통적인, 그러나 협의인 '영업권'이 아니라 '미래의 이익증가'에 대한 탁월한 '예상'이다.

주식의 가치평가에 대한 새로운 태도는 한두 가지 수학적 측면을 떠올리게 한다. 여기서는 간단한 제안의 형태로만 다루어보자.

많은 검증에서 드러나듯이 만약 이익배수가 수익성에 따라 증가하는 추세라면(다시 말해 장부가치에 대한 수익률이 증가함에 따라) 이러한 특징의 산술 결과는 가치가 이익의 제곱으로 증가한다. 장부가치에 대해서는 반대다. 실질적인 관점에서 유형자산은 평균시장가치의 원천이라기보다 차라리 장애물이 되어 왔다.

극단적인 예를 들어보자. 만약 회사A가 장부가치 20달러에 대해 주당 4달러를 벌고, 회사B는 장부가치 100달러에 대해 주당 4달러를 번다고 하자. 회사A가 더 높은 이익배수로 팔려야 하고, 따라서 회사B보다 더 높은 가격이어야 한다. 즉, 회사A의 주식은 60달러이고 회사B의 주식은 35달러이다. 주당순이익이 비슷하다고 가정했기 때문에 회사B가 가진 주당 80달러의 더 많은 자산은 주당 25달러라는 더 낮은 가격에 대해 책임이 있다고 말할 수 있는 것이다.

앞에서 이야기한 것보다 더 중요한 것이 새로운 주식평가방법과 수학의 일반적인 관계다. 1) 이익증가율에 대한 낙관적 가정 2) 미래의 이익증가율에 대한 충분히 장기적인 추정 3) 복리의 놀라운 효과. 이 세 가지 요소를 가지고 증권분석가들은 정말로 좋은 주식에 대해 바람직한 평가를 하거나 정당화하는 새로운 형태의 '현자의 돌중세 연금술사들이 비금속을 황금으로 바꾸는 재료가 있다고 믿어 거기에 붙인 명칭'을 제공한다.

〈애널리스트 저널〉의 최근 논문을 통해, 나는 강세장에서 유행하는 고차원 수학에 대해 논평했다. 아울러 200년 이상 수학자들을 곤란하게 만든 유명한 '피터즈버그의 역설 Petersburg Paradox'과 성장주 가치평가의 놀라운 유사성에 대한 데이비드 듀런드 David Durand의 설명을 인용했다. 내가 여기서 말하고자 하는 바는 주식투자의 태도와 수학 사이에 특별한 모순이 있다는 것이다. 결론은 다음과 같다. 수학은 대개 정확하고 신뢰할 만한 결과를 낳는다고 간주된다. 그러나 증시에서는 근거가 되는 수학이 정교하고 심오할수록 우리가 도출하고자 하는 결론은 더욱 불확실하고 투기에 가까워진다.

44년에 걸친 월스트리트 경험과 연구를 통틀어 나는 주식의 가치평가나 이와 관련된 투자전략에 대해 신뢰할 만한 '계산'을 본 적이 없다. 그러한 계산들은 단순한 산수나 가장 기초적인 대수의 범위를 뛰어넘는다. 만약 고등수학이나 고등대수가 등장하면, 여러분은 그 분석가가 경험을 이론으로 대체하고 투자를 빙자한 투기를 시도하고 있다는 경고신호로 간주해도 된다.

주식투자에 대한 오래된 아이디어들은 오늘날의 정교한 애널리스트들에게는 순진해 보일 수도 있다. 전통적으로 항상 강조되어온 것은, 지금 우리가 기업이나 종목의 방어 측면이라고 부르는 것이었다. 즉, 불황기에도 배당을 계속 줄이지 않는다는 확신이다. 50년 전에 표준 투자대상이었던 건실한 철도회사들은 실제로 최근의 공공부문 종목과 아주 똑같이 취급되었다. 과거의 실적이 안정성을 나타냈다면 투자에 필요한 필수요건은 충족된 셈이었다. 미래에 기본적인 특성이 반대로 변화하리라는 예상을 하는 데는 그렇게 많은 노력이 들지 않는다. 반면에 현명한 투자자들에게 '특별히 유망한 미래 전망'이란 투자한 후 기대해 볼 순 있지만 그것을 바라고 투자할 수는 없는 것으로 간주되었다.

결과적으로 이는 투자자가 탁월한 장기 전망에 대해 상당한 대가를 지불할 필요가 없다는 의미였다. 단순히 좋은 회사보다 최고의 회사를 고르는 것은, 추가비용 없이 투자자들의 탁월한 지성과 판단에 대해 보상한다는 의미가 컸다. 똑같은 재무건전성, 과거의 이익 기록 그리고 배당의 안정성을 지닌 주식은 모두 거의 같은 배당수익률로 팔렸다.

이것은 정말 근시안적인 태도였다. 그러나 과거 주식투자에서는 단순하면서도 건전하고 수익성을 높이는 데 큰 이점이 있었다.

다시 나의 개인적인 여담으로 돌아가자. 1920년 어느 날 우리 회사는 《투자자 교본 Lessons for Investors》이라는 제목으로 소책자 시리즈를 발간했다. 물론 나 같은 이십대 중반의 경솔한 분석가들에게는 너무나 주제넘는 제목이었다. 그러나 나는 책자들 중 하나에다 "주식은 좋은 투자이자 좋은 투기다"라는 글을 무심코 썼다. 만약 어떤 주식이 아주 건실해서 손실위험이 거의 없다면 대개 미래 이익에 대해서도 탁월한 가능성을 가진 게 틀림없다는 판단이 들었기 때문이다. 지금 이 생각은 전적으로 옳았고 생각보다 훨씬 값진 발견이 되었다. 그러나 아무도 그러한 진리에 주의를 기울이지 않을 때에만 유의미한 진리였다.

몇 년이 지나 대중이 장기적인 투자수단으로서 주식의 역사적 이점에 눈을 떴을 때, 그들은 오히려 오래지 않아 이러한 이점을 누리지 못하게 되었다. 대중의 열정이 주식의 가격수준을 높여버려 보통주에 내재하는 안전마진이 사라지고, 그 결과 주식들을 투자등급에서 벗어나게 만들었기 때문이다. 시계추는 반대의 극단으로 이동했고, 우리는 1931년 가장 존경받는 권위자 중 하나가 "어떤 주식도 투자일 수는 없다"고 선언하는 광경을 지켜보게 되었다.

균형 잡힌 시각으로 장기적인 경험을 조망할 때, 우리는 소득과 대비된 자본이득에 대한 투자자들의 태도 변화에서 또 다른 모순을 발견한다. 옛날 주식투자자들이 자본이득에 관심이 많지 않았다는 말은 진부해 보인다. 투자자들은 거의 전적으로 안전과 소득을 위해 투자했으며, '가격상승'은 투기자들의 관심영역이었다. 하지만 오늘날 우리는 노련하고 현명한 투자자들일수록 배당수익보다는 장기적인 가격상승에 더 많은 관심을 집중한다고 말할 수 있다.

옛날 투자자들은 미래의 자본가치 상승에 집중하지 않았기 때문에 적어도 제조업에서는 자본가치 상승을 얻는 것이 실질적으로 보장된다고 주장하는 사람도 여전히 있을 것이다. 오히려 오늘날의 투자자는 미래를 예상하는 데 집중한 나머지 '미리' 너무 지불하고 있다. 따라서 많은 분석과 주의를 통해 예측한 일들이 실제로 일어난다 하더라도 투자자에게는 아무런 이익도 발생하지 않는다. 게다가 예상한 정도로 구체화되지 않으면 상당한 일시적 손실, 그리고 아마도 영구적인 손실에 직면하게 될지도 모른다.

나의 1920년 소책자에서 주제를 다시 차용하자면, 1958년 현재 애널리스트들은 과거 경험에서 무엇을 배울 수 있을까? 누군가는 별로 가치가 없을 거라고 말할지도 모르겠다. 우리는 미래에 대해 아무것도 기대할 수 없을 때 향수에 젖어 '좋았던 옛날'을 돌아보게 된다. 우리는 고개를 가로저으며 슬프게 투덜거린다.

"그 시절은 영원히 가버렸다."

투자자들과 애널리스트들은 좋고 나쁜 '전망'이라는 선악과의 열매를 먹어버렸는가? 열매를 먹음으로써 합리적인 가격에 유망한 주식을 먹을 수 있었던 에덴에서 스스로를 영원히 추방한 것은 아닌가? 우리는 항상 좋은 등급과 전망에 대해서는 비합리적으로 높은 가격을 지불하고, 합리적인 가격으로는 등급과 전망이 더 낮은 주식을 살 수밖에 없는 운명에 처한 것은 아닌가?

확실히 그런 듯하다. 아직 많은 사람들이 그러한 비관적인 딜레마조차 확신하지 못한다. 나는 제너럴일렉트릭General Electric: GE이 최근에 발표한 1957년 보고서에서 59년 동안의 이익과 배당 차트에 자극을 받아 그 회사의 오랜 역사를 살펴보았다. 정통한 분석가라면 수치들에 놀랄 수밖에 없다.

한 가지 예로, 1947년 이전 GE는 성장이 상당히 미약하고 아주 불규칙하다. 1946년 조정된 주당이익은 1902년에 비해 겨우 30퍼센트 높은 수준(40센트에서 52센트로 증가)이었으며, 이 기간의 어느 해에도 1902년보다 2배의 이익을 보여주지 못했다. 그러나 주가수익률price-earning ratio: PER은 1910년과 1916년 9배에서 1936년과 1946년 29배로 높아졌다. 물론 1946년의 배수는 적어도 현명한 투자자들의 뛰어난 예지력을 보여준다고도 말할 수 있다. 분석가들은 앞으로 다가올 10년간의 그야말로 찬란한 성장시대를 예측할 수 있었다. 아마 그랬을 것이다. 그러나 이듬해인 1947년에 GE의 주당순이익이 인상적인 신기록을 수립하는 것과 동시에 회사의 PER은 유별나게 하락했다. 실제로 GE는 다시 경상이익의 겨우 9배인 32달러라는 저가에 팔리고 있었으며, 그해 평균가격은 대략

10배 수준이었다. 우리의 수정구슬은 분명히 12개월의 짧은 기간을 투명하게 보여주지 못했다.

놀라운 역전은 11년 전에 일어났다. 그것은 저명하고 유망한 기업들이 항상 높은 PER로 팔린다는 분석가들의 통념에 대해 의구심이 들게 한다. 이러한 통념은 투자자들에게 기본 상식이고, 모두 그러한 상식을 기꺼이 받아들인다. 이 점에 대해 나는 전혀 독단적이고 싶지 않다. 다만 말할 수 있는 것은, 나는 의구심을 아직 해결하지 못했고 여러분 개개인들도 그것을 스스로 해결해야만 한다는 사실이다.

결론적으로 나는 투자와 투기의 특성과 관련해 다양한 주식들의 시장구조에 대해 구체적인 무엇인가를 말할 것이다. 옛날 주식투자는 신용등급 면에서 높게 평가된 기업 자체와 다소간 같거나 비례했다. 채권이나 우선주 수익률이 낮을수록 주식은 만족스러운 투자의 모든 기준을 더 잘 충족할 수 있었고 매수와 관련된 투기요소는 더 줄어들었다.

주식의 투기성과 기업의 투자등급의 관계는 좌에서 우로 하향하는 직선 차트로 쉽게 표현할 수 있었다. 지금은 그 차트를 U자 형태로 다시 그리고 싶다. 좌측에서 기업 자체는 투기적이고 투자등급이 낮으며 주식은 과거에도 항상 그랬듯이 매우 투기적이다. 하지만 우측에서 기업은 투자등급이 가장 높고 과거 실적과 미래의 전망이 모두 뛰어나다. 주식시장은 상당한 정도의 위험을 수반할 만큼 높은 주가를 통해 매우 간단히 투기요소를 지속적으로 주식에 도입하는 경향이 있다.

셰익스피어의 소네트 125, 캐노피^{Canopy}의 한 구절에서 최근의 상황과 놀라울 정도로 관련 있는 구절을 여기에 소개한다.

보지 않았던가 총애를 좇는 불쌍한 아첨꾼들이
모두 잃고 자신들의 정신까지도 팔아먹는 것을

다시 나의 'U차트'로 돌아오면, 주식투자의 투기요소를 최소화하는 것은 가운데 영역이다. 이 영역에서 우리는 국가경제와 일치하는 과거의 성장실적과 명백한 미래 전망을 가진 안정되고 건실한 기업들을 많이 발견할 수 있다. 이러한 주식들은 강세장의 끝자락을 제외하고는 내재가치에 비해 저렴한 가격으로 아무 때나 살 수 있다. 사실 투자자와 투기자들이 모두 인기 있는 종목에만 집중하는 현재의 유행 때문에 중간영역의 주식들이 독립된 확정가치보다 훨씬 싸게 팔린다고 감히 말할 수 있다. 중간 영역의 종목들은 안전마진이 소멸된 유망한 인기종목과 달리 시장의 선호와 편견이 제공하는 안전마진 요소를 지니고 있다. 또한 폭넓은 중간영역에 속한 기업들이 오히려 미래 전망에 대한 예리한 선택이나 과거 기록에 대한 통찰력 있는 분석의 여지가 더 많다. 이러한 특성은 분산투자가 주는 안전성에 대한 확신을 더해줄 수 있다.

파에톤이 태양의 수레를 몰아보겠다고 간청할 때 아버지 아폴론(혹은 헬리오스)은 초보자 아들에게 몇 가지 충고를 해주었다. 하지만 파에톤은 수레를 몰고 하늘의 궤도를 벗어나 달리다가 태양의 불로 지상을 태워 제우스에게 벼락을 맞고 죽는다. 결국 아버지의 충고를 따르지 않았기 때문이다. 그의 탓이다. 오비드는 아폴론의 조언을 아래와 같이 요약했다.

가운데 길이 가장 안전하다. *Medius tutissimus ibis*

이 원칙은 투자자와 애널리스트들에게 모두 유효하다.

증시의 경고: 전방위험!

_*1959년 12월 17일 UCLA에서 한 연설에 기초하여

                        1950년대 내내 주식시장은 단 한 차례를 제외하고는 상승을 지속했다. 그것은 비록 1920년대의 상승률에는 못 미치지만 상승 기간 면에서 신기록을 수립했다. 1921년부터 1929년까지는 450퍼센트 상승한 데 비해 1950년대에는 325퍼센트 상승했다.

  놀라운 상승추세가 투자자와 투기자들의 미래에 무엇을 경고하는가? 이러한 의문에 접근하는 여러 가지 방법이 있다. 그리고 나는 그 대답을 위해 의문을 두 부분으로 나누겠다. 첫째, 과거의 경험은 우리에게 무슨 지표를 주었는가? 둘째, 과거의 경험이 현재상황과 전망에 어떻게 연관되는가?

  첫째 의문에 대한 대답으로서 나는 몇 가지 분명한 진단을 할 것이다. 그것은 재미있는 반전이 될 것이다. 그러나 과거 기록이 현재에도 적용

---

*〈캘리포니아 경영 리뷰 California Management Review〉 Vol. 11, No. 3, 1960년 봄호

가능한지에 대해 나는 단정적으로 판단을 내리기 힘들다. 나는 한편으로 특정 사실을 설명하고, 다른 한편으로 특정 예상을 보여줄 것이다. 가능한 해답에 대한 나 자신의 견해를 밝히겠다는 말이다. 하지만 여러분 모두 그 질문에 대해 스스로 해결점을 찾아야 한다.

과거로부터의 암시

오늘날 시장수준을 판단하기 위해 과거 행동에 대한 명확한 그림을 그리는 것은 바람직할 뿐만 아니라 꼭 필요하다. 투기자들은 종종 무지를 이용해 번영한다. 흔히 무서운 상승장에서 지식은 불필요하며 경험은 오히려 약점이라고 말한다. 그러나 투기자의 전형적인 경험이란 일시적인 이익과 궁극적인 손실이다. 만약 과거 경험이 오늘날의 투자자를 도울 수 없다면, 논리적으로 '주식투자'라는 것은 없으며 주식에 관심이 있는 이들은 모두 스스로 '투기자'라고 고백해야 한다는 결론에 도달한다. 이는 최근 몇 년 사이에 실제로 벌어진 일이다. 그런데도 엄청난 수의 투기자들을 포함해 모든 사람들이 이제 스스로를 투자자라 부른다.

투자클럽들Investment Clubs의 연차총회를 묘사한 〈비즈니스위크BusinessWeek〉 최근호에서 어떤 글의 서두에 이러한 사실이 적절히 묘사되어 있다. 저자는 "크든 작든 모든 투자자들은 시장이나 특정 주식이 다음에 움직일 방향에 주로 관심을 기울인다"고 했다. 만약 그 문장이 정확히 1960년의 '진정한' 투자자를 묘사했다면, (흐루시초프로 인해 유명해진 문장을 빌려) 새우가 산꼭대기에서 실제로 휘파람을 불기 시작한 것이다. "새우가 산꼭대기에서 휘파람을 불 때까지 우리는 결코 공산주의의 세계정복을 포기하지 않을 것이다"라고 한 흐루시초프^{Mr. Khrushchev}의 말에서 인용했다).

강세장인가 새로운 장세인가?

투자자에게 주요한 이슈는 이것이다. 우리가 강세장에 있는가, 아니면 새로운 종류의 장세에 있는가? 만약 강세장이라면 용어 자체가 전제하는 약세장이 언젠가는 뒤따를 것이다. 전통적인 약세장에서 가능한 하락의 폭은 얼마일까? 여기에 몇 가지 수치가 있는데, 1874년 이후 최근 다우존스 산업평균지수의 고점인 685p까지 열두 번의 약세장 경험에 적용한다(표 3 참조).

열두 번의 하락 평균(모두 콜스 스탠더드^{Cowles Standard} 지수 기준)은 400p 정도가 시장 저점임을 암시한다. 현재 고점 685p에서 40퍼센트 정도 하락하는 것이다. 투자자들은 자신들이 심리적으로 주가의 40퍼센트 하락에 대비되어 있다고 생각할지도 모른다. 특히 하락이 현재 평균보다 훨씬 높은 수준에서 발생한다고 상상한다면 그렇다. 하지만 이 시점에서 과거 경험의 두 번째 요소가 개입한다. 기록에 따르면 하락은 이전의 상승에 어느 정도 비례하는 경향이 있다. 여섯 번의 상승폭 상위의 강세장은 평균 63퍼센트 정도 상승하는데, 곧이어 평균 46퍼센트 하락하는 약세장이 따라온다. 반면에 나머지 여섯 번의 강세장은 평균 38퍼센트 상승하고 약세장의 평균 하락도 37퍼센트였다.

경험은 우리에게 약세장 하락의 또 다른 기준을 보여준다. 이 기준은 시장의 상승폭이 계산된 정상수준보다 높을수록 그러한 정상수준보다

■ 표3. 열두 번의 약세장 하락 비교

기간	하락률	현재 885p에서 하락한 지수
1874~77	36	435
1881~84	26	500
1889~97	40	410
1901~03	44	385
1906~07	45	375
1909~14	29	485
1916~17	36	435
1919~21	44	385
1929~32	85	115
1937~38	44	385
1939~42	39	415
1946~49	27	490

아래로 하락할 가능성이 더 크다는 원칙에 기초한다. 로저 뱁슨$^{Roger\ Babson}$이 오래 전에 분명히 밝힌 이러한 원칙이 미래에도 현재처럼 유지된다면, 지금 수준에서의 추가상승은 그 자체로 매력적인 가능성일지언정 미래에는 강력한 패널티가 된다.

최악의 상황을 보여주기 위해 몇 가지 충격적인 가정을 통해 경험사례를 살펴보자. 다우존스 산업평균지수가 천 단위인 1,000p 가까이 상승함으로써 주식시장이 모든 이들을 행복하게 해주었다고 하자. 또한 이것이 1920년대와 매우 유사한 투기적인 상승이며, 이때 다우존스 산업평균지수의 중심값$^{Central\ Value}$이 겨우 400p이라고 한번 가정해보자. '작용과 반작용 – 동일값과 역방향$^{action\ and\ reaction-equal\ and\ opposite}$'이라는 뱁슨의 오래된 경제원칙을 적용하면, 되돌리는 하락은 평균수준으로 최저 160p까지 거의 84퍼센트 손실을 볼 수도 있다. 그런데 나의 가정과 유사한 상황이 1929년에 실제로 벌어졌다. 다우존스 산업평균지수는 정확히 382p에서 42p로, 86퍼센트가 아니라 89퍼센트 하락했다.

현재의 낙관주의

카산드라(트로이의 마지막 왕 프리아모스의 딸 카산드라는 아폴론의 구애를 받아들이는 조건으로 예인능력을 얻었다. 그러나 예인능력만 빋고 약속을 지키지 않자 성난 아폴론은 아무도 그녀의 예언을 믿지 않는 형벌을 내린다. 아무리 진실을 이야기해도 곧이 들어주는 사람이 단 한 명도 없었다)의 예언 같은 말은 이쯤 해두고 대부분의 투기자, 투자자, 그들의 자문가들의 마음에 강하게 새겨진 주식시장의 미래상으로 돌아가 보자. 과거 경험은 이 그림에서도 완전히 퇴장하지 않고 조용히 작동하고 있다. 물론 기본은 낙관주의다. 우리는 향후 10년간의 기업전망에 열광한다. 사실 이 시기는 시작되기도 전에 '전설적인 60년대$^{Fabulous\ Sixties}$'라는 이름을 얻었다. 헤로도토스는 부유한 크로이소스 왕이 처형 전에 슬프게 회상했다는 솔로몬 왕의 말 –어떤 사람의 인생도 끝나기 전까지는 행복하다고 확신할 수 없다–을 자세히 소개한다. 아마도 1960년대를 정확하게 특징지을 시점은 1960년대가 막 시작하는 때가 아니라 그 시기가 끝났을 때일 것이다.

대부분의 사람들이 주식시장에 대해 낙관적이다. 뛰어난 분석가인 내 친구는 최근에 〈월스트리트저널$^{Wall\ Street\ Journal}$〉에 "강세장이 19년째에 접어들었으며 결정이 임박했다"는 내용의 글을 썼다. 해석하자면 강세장이 1942년을 포함한 시기부터(1946년부터 1949년까지의 폭락과 정체를 무시한 채) 1963년까지 이어졌다고 생각한다는 의미다.

기업과 주식시장 모두에 대한 낙관주의는 중요한 긍정적 요인인 '가격상승'이 지속될 가능성을 포함해 여러 가지 긍정적인 사실과 예상에서 기인한다. 이에 대해서는 조금 뒤에 논의할 것이다.

이론상으로 투자자들은 주식시장이 미래에 침체를 겪을 수도 있다는 전제를 받아들인다. 그러나 과거 10년간 최대하락이 겨우 19퍼센트

(521p에서 420p로)에 불과했다는 경험을 통해 그 전제를 구체화한다. 사람들은 하락이 급격히 이루어질 것이고, 따라서 약간의 인내심과 용기만 있으면 곧 더 높은 가격수준으로 상승하여 커다란 보상을 받게 된다고 확신한다.

투자자들은 이를 두고 과거 경험에 기초해 미래를 전망하는 것이라고 생각할지도 모른다. 그러나 이 부분에서 그들은 분명히 실수하고 있다. 1949년에서 1959년 또는 모든 강세장을 포함하여 시장경험이란 오직 '좋은 시절'만 반영한다. 시장이 항상 하락 후 반등해서 더 높은 고점을 만든다고 흔히 말하는 것도 그중 하나다. 그러나 또 다른 측면에서는 시장이 1929년의 고점에 다시 도달하기까지 25년이 걸렸으며, 다우존스 산업평균지수가 1919년과 똑같은 고점을 회복한 것은 23년이 지난 1942년이었다.

과거와 현재의 강세장 비교

지금까지 나는 한편으로는 과거 변동에 대해 이야기하고, 다른 한편으로 현재의 확신과 낙관주의에 대해 이야기했다. 이제 과거의 강세장과 비교해 현재의 주식시장을 계량적으로 평가할 수 있는 확실한 금융 및 경제 관련 자료로 그림을 그려봐야 할 시점이다.

우리는 업종별 목록에 더 많은 주안점을 두면서 시장 전체에 적용 가능한 가격과 이와 관련된 이익, 배당, 자산가치의 요소를 측정하는 많은 기준들을 가지고 있다. 나의 자료는 업종에만 적용할 것이다. 〈배런스〉에서 발간한 다우존스 구성종목 30개와 무디스의 125개 종목, 그리고 가장 포괄적인 S&P의 425개 종목에 대한 수치가 있다. 이상하게도 세

가지 지수 모두 현재와 과거 30년 전반에 걸쳐 아주 유사한 시사점을 던져준다. 1959년 고점에서 세 지수의 배당수익률은 겨우 3퍼센트 정도였다. 과거 12개월간의 PER은 대략 19배였다. 이제 이러한 비율들을 과거 강세장 고점에서의 수치들과 비교해보자(표4 참조).

■ 표4.

	무디스 125개 종목		장기채권 수익률 (신용평가 AAA등급)	S&P 425개 종목	
	주가이익배수	배당수익률		주가이익배수	배당수익률
1959년 고점	19.0(배)	3.06(%)	4.55(%)	18.2(배)	2.95(%)
1949년 저점	(평균) 7.1	(평균) 6.82	2.65	5.6	7.50
1946년 고점	15.9	3.58	2.49	16.1	3.55
1937년 고점	17.3	4.15	2.27	17.6	4.08
1929년 고점	19.4	3.23	4.95	19.0	3.10

이제 이것들을 이번 강세장이 시작되기 직전인 1949년의 상황과 비교해보자(표5 참조).

■ 표5.

	다우존스 30개 종목			S&P 425개 종목		
	이익	배당	주가	이익	배당	주가
1949년(역년曆年)	23.54	12.79	저가 161	2.46	1.03	13.9
1959년 9월(12개월간)	35.14	20.00	고가 678	3.50	1.92	65.3
증가율(5)	49	322	322	42	86	370

수치들은 두 가지 중요한 사항을 보여준다. 첫째, 배당과 이익에 대한 주가의 비율이 1946년, 1937년, 1929년의 시장 고점인 때와 거의 같고

10년 전의 수치에 비해서는 2.5배였다. 둘째, 1949년과 1959년 사이의 이익증가는 50센트 정도로 매우 완만했다. 이 기간에 최고등급 채권의 이자율은 2.65퍼센트에서 4.55퍼센트로 약 75퍼센트 상승했다. 만약 현재 이익의 적절한 자본화 계수가 장기 이자율에 따라 변해야 한다면 (이는 받아들이기 어려운 이론이 아니다) 보통주는 비록 4배나 높게 팔리고 있지만 실제로 1949년보다 지금 가치가 더 낮아져야 한다.

가치평가는 그만큼 나쁘지 않다. 한편 배당이 이익보다 더 증가했으며 적어도 무디스와 S&P지수에서는 10년 만에 거의 2배가 된 사실을 알 수 있다. 만약 과거 12개월의 이익이 아니라 과거 10년간의 평균이익을 자본화하면, 우리는 1940년부터 1949년까지의 10년과 1950년부터 1959년까지의 10년 사이에 약 120퍼센트 증가한 사실을 발견하게 된다. 가장 중요한 것은 아마도 1947년부터 1949년까지 가격수준이 명백히 너무 낮았다는 점이다. 심지어 이 세 가지 요인들을 감안하더라도 실제 수치들은 다우존스 기준으로 1949년 말 200p에 비해 가치가 100퍼센트 이상 증가하지는 않을 것이다.

이자율 상승을 고려하지 않는다면 (다우존스에 적용하는 대부분의 평가방법은 그렇게 하지 않는다) 여러 기법들이 대개 더 높은 수치를 나타낼 것이다. 이러한 수치들은 넓은 범위를 포괄한다. 그러나 모두 한 가지 공통점이 있다. 현재 시장가격보다는 상당히 낮다는 점이다.

《현명한 투자자》1959년판에서 언급한 평가방법을 몇 가지 요약해보자. 1959년 초에 대해 적용한 것인데 거스타인^{Gerstein} 383p, 몰로도프스키^{Molodovsky} 560p, 밸류라인$^{Value\ line}$ 471p, 웨스턴^{Weston} 600p, 그레이엄^{Graham} 365p이다. 이러한 방법이 모두 과거에 지속적으로 적용된 것은 아니다. 가장 높은 수치는 분명히 주식에 대해 더 새롭고 더 우호적인 입장의 영향을 받았다. 나는 1955년 이전까지 사용되던 오래된 평가방법이 현재의 평균수치를 기껏해야 450p, 다시 말해 현재 수준보다 3분의 1 정도 낮게 평가하는 것으로 추정한다.

두 곳의 대형 투자자문회사는 평가한 날부터 4년이 지난 1963년까지 적용 가능한 평가를 했다. 하나는 다우존스를 664p로 평가했고, 다른 하나는 634p로 평가했다. 이 회사들은 이후 4년간 상당히 낙관적인 이익성장을 가정했다. 그들이 내린 결론이 건전하다고 가정한다면, 주식시장이 1963년에 예상되는 더 나은 이익과 배당에 대해 우리는 이미 충분한 가격을 지불하고 있다는 점을 알아야 한다. (1963년에 대한 이 같은 평가는 제시된 다른 수치들의 추정방식에 비추어볼 때 과거 경험에서 도출되었다고 말할 수 없다는 데 주의해라.)

이는 과거 경험의 시사점을 현재 시장수준에 적용하는 데 목적이 있다. 나의 결론은 우호적이지 않다. 현재의 강세장은 과거 강세장의 과열국면을 반복하고 있으며, 그에 상응하는 심각한 대가를 치러야 할 운명이다. 논평의 둘째 부분으로 넘어가야 하는 지금, 나는 동료들에게 묻고 싶다.

"과거 경험을 현재 상황에 적용하는 것이 얼마나 적절하며 얼마나 유용한가?"

새로운 경제요인들

대부분의 투자자, 기업가, 경제학자들은 지금 우리가 보는 기업세계가 과거와 많이 다르고 훨씬 긍정적이라고 확신한다. 현 상황을 개선하는 방법에는 두 가지가 있다. 첫째, 경제확장을 적극적으로 추진하는 것이다. 이는 인구증가, 더 많은 기술개발, 더욱 지속적인 자본투자, 소비

지출 확대 등 경제의 모든 주요 분야에 걸쳐 확신에 찬 공격적인 태도가 필요하다. 우리는 경기후퇴에 대비해 새로운 방어수단을 확보했으며, 이는 과거에 비해 더 많은 안정성을 보장할 것이다. 1946년 고용법이 요구하는 높은 수준의 고용을 유지해야 하는 정부의 책임과 실업보장, 사회보장, 농업지원 같은 자동적인 경기 안정장치들이 여기에 포함된다. 또한 두 가지 다른 요인이 경제를 확장하고 유지하는 데 도움이 된다고 생각하는 사람들이 많다. 하나는 인플레이션이다. 과도하지만 않으면 기업에 혜택을 준다고 여겨진다. 다른 하나는 냉전으로, 막대한 국방비 지출을 수반한다.

이러한 일련의 긍정적인 요인들이 노련한 경제학자들의 상상력을 사로잡아왔다. 1960년대에 아주 좋은 기업의 사례는 덱스터 키저^{Dexter Keezer}와 맥그로 힐^{McGraw-Hill}이 펴낸 《미국기업의 새로운 힘^{New Forces in American Business}》에서 의욕적으로 다루어졌다.

기업에 대한 낙관주의는 틀림없이 주식시장에 대한 현재의 낙관주의를 생산하는 가장 중요한 요인이다. 다만 여기서 '인플레이션 요인'은 매우 강력하되 그 성격은 좀 미묘하다. 사람들은 미래의 불가피한 인플레이션은 주식에 대해 지속적인 이익과 가격상승을 보장해준다고 믿고 싶어 한다. 반대로 만약 그들의 포트폴리오가 채권이나 다른 현금등가물로 이루어졌다면 구매력 측면에서 실질가치는 끊임없이 줄어들게 될 것이다. (좋은 기업과 꾸준한 인플레이션을 혼합한) 1960년대에 대한 전망들의 조합은 나이나 투자경험에 상관없이 모두 만취하여 무조건 받아들이게 되는 강력한 증시칵테일을 만들어냈다.

장밋빛 전망

　주식시장과 기업의 미래에 대한 장밋빛 전망의 유효성과 신뢰성에 대해 과거 경험은 우리에게 무엇을 말해줄 수 있는가? 사실 어떠한 예측도 (그것이 과거 패턴의 반복이거나 과거 패턴과 완전히 다르거나에 상관없이) 미리 옳다고 확정할 수 없기 때문에 이는 결론이 나기 어려운 문제다. 그러나 과거 경험에는 적어도 우리의 문제와 관련이 있다고 말할 만한 무엇인가가 분명히 있다. 첫째, 낙관주의와 확신은 항상 강세장을 수반했다. 낙관과 확신은 강세장이 진행됨에 따라 커지고 또 커져야 했다. 그러지 않으면 강세장은 그렇게 아찔한 수준까지 계속될 수 없다. 과거의 강세장이 붕괴되었을 때 낙관주의와 확신은 회의주의와 불신으로 대체되어버렸다.

　미국의 경제전망에 어느 때보다 열광했던 시기는 1920년대 후반의 몹시 고조되었던 강세장이었다. 그런데 모든 과거 경험을 무시해가면서까지 현재 다시 지속적이고 역동적인 번영의 신시대에 진입했다고 모든 사람들이 확신하고 있다. 여러분은 모두 '신시대'가 1928년부터 1929년까지의 미국경제를 상징하는 공식 표현이 된 저간의 사정을 알고 있다. 지금 모든 사람들이 다시 신시대에 진입했다고 믿으면서도, '신시대'란 말이 1929년 전후의 불행한 기억을 떠올리게 만든다는 이유로 그 표현을 가능한 한 사용하지 않으려고 주의한다는 것은 아주 역설적이다.

　1920년대에도 역시 '좋은 주식은 내재적으로 채권보다 더 건실하다'는 생각이 새롭게 지지를 얻었다. 결과적으로 금융기관들은 '성장요인이 주식투자자에게 현재 희생한 소득보다 더 많은 보상을 해준다'는 이론으로 채권수익률보다 낮은 주식수익률의 명백한 위험성에 대해 교묘하게 변명을 했다.

인플레이션의 영향

인플레이션 요소는 1920년대 시장에 영향을 미치지 않았다. 왜냐하면 물가수준이 이 기간 내내 안정을 유지했기 때문이다. 그러나 1936년부터 1937년 사이에 인플레이션은 비로소 투자자와 투기자들의 뇌리에 자리를 잡았다. 1932년 6월 저점과 1937년 3월 고점 사이에 도매물가지수가 약 90퍼센트 상승했기 때문이다(이는 1949년 저점과 1959년 최근의 고점 사이에 겨우 19퍼센트 상승한 것과 대조를 이룬다). 1901년과 1910년 사이에 도매물가지수가 1950년대보다 다소 높은 총 17.5퍼센트로 안정적이었다는 사실은 흥미롭다. 그런데도 10년간 시장은 두 번이나 50퍼센트 정도 하락을 겪었으며, 1937년 3월까지의 상승도 거의 50퍼센트에 이르는 하락이 그 뒤를 이었다.

과거 경험은 우리에게 주식시장 변수로서 상품가격 인플레이션과 관련해 두 가지를 시사한다. 첫째, 인플레이션은 금세기 대부분의 시기에 존재했다. 그리고 1949년 이후에 우리가 경험한 것보다 평균적으로 훨씬 높은 편이었다. 이것이 큰 폭의 상승에 이어지는 급작스러운 하락에서 주식시장을 보호해주지는 못한다. 둘째, 인플레이션의 중요성에 대한 투자자와 투기자들의 견해가 이 시기에 너무나 다양하다. 역설적으로 1914년 이후 여섯 번의 약세장 중 세 번은 도매물가 상승을 수반했고, 그중 두 번은 매우 심했다. 아놀드 버나드$^{Arnold\ Bernard}$는 최근에 저서 《주식평가$^{The\ Evaluation\ of\ Common\ Stock}$》에서 "약세장이던 1949년 저점에서 많은 금융전문가들이 인플레이션은 주식투자에 불리한 요인이라고 설명했다"고 지적했다. 1946년부터 1949년까지 3년 사이에 물가수준이 거의 40퍼센트 상승했을 때였다.

과거 기록은 인플레이션이 독자적인 주식시장 요인이었음을 분명히 보여준다. 그것은 도매물가와 주식시장이 동시에 상승할 때에만 중요한 강세효과를 발휘한다. 투자자들은 주식이 확실히 하향전환할 때 인플레이션에 대해 잊어버리는 듯하다.

인플레이션 요인의 산술 측면과 관련하여 시청 사무국장인 윌리엄 밀러William Miller가 최근 나의 관심을 끌었다. 현재 수준에서 대부분의 투자자들은 면세채권으로 대표적인 주식의 세후수익률보다 거의 2배 가까운 수익을 낸다. 면세채권 투자자는 채권이자 중 연간 2퍼센트 정도를 미래 인플레이션에 대비해 펀드로 유보할 수 있으며, 여전히 오늘날 주식에서와 같이 충분한 순 가처분 소득 포지션을 유지할 수 있다.

현재의 경제상황에는 이전 강세장과 다른 요인이 몇 가지 있다. 여러분은 주식의 대중성이 특히 연금펀드와 기타 기관투자자의 진입으로 상당히 진보한 것을 새로운 요인으로 여길지도 모르겠다. 그런데 이 점에 약간 의문이 있을 수 있다. 1929년 주식의 대중성은 오늘날과 크게 다르지 않았기 때문이다. 뉴욕증권거래소는 증시의 지위가 크게 개선된 지표로서 주주의 수가 600만 명에서 1,200만 명으로 늘어 대략 2배가 되었다고 밝혔다. 이것도 장기 강세장의 특징적인 현상이다. 분명히 주주의 수는 1921년부터 1929년까지 강세장에서 비슷한 증가를 기록했다. 그러나 사실 과거 경험은 소액주주들의 증가가 미래 주식시장에 활력을 불어넣기보다 더 위험하게 만든다고 말해준다.

안정성의 제고

내가 새롭다고 인식한 요인들은 주로 경제안정성과 관련이 있다. 1946년 고용법, 실업보장제도, 고령연금 등에 따른 정부의 의무가 좋은 예다. 내가 '예측'하는 바는 거의 없다. 다만 한 가지 예측한다면 미래의 경기후퇴 또는 불황의 강도가 과거에 비해 낮아질 것이라는 점이다. 이것은 중요한 강세요인이다.

요즘 기업들의 대차대조표에서 볼 수 있는 또 다른 새로운 요인은 냉전이다. 이전 시대와는 정말로 다른 현상이다. 많은 권위자들과 달리 나는 냉전이 1950년대 우리 경제를 자극하는 데 상당한 기여를 했다고 생각한다. 그것이 1960년대에도 어느 정도 지속될지는 견해에 따라 차이가 있을 것이다. 지난 10년처럼 경제 전반에서 비슷한 비중을 차지하는 군사비 지출과 관계있는지 여부에 대해서도 견해에 따라 다를 것이다.

하락 가능성

만약 내가 말한 마지막 두 요인이 모두 기업환경에 새롭고 우호적이라면 그러한 요인들이 앞으로 투자자들에게 우호적인 주식시장 경험을 보장해줄지, 좀더 구체적으로는 그것들이 과거에 자주 경험한 대략 40퍼센트 내외의 시장하락으로부터 투자자를 지켜줄지 묻고 싶어지는 것은 당연하다. 이 질문에 대한 답을 얻으려면 과거 경험에서 어느 정도 벗어나 잠시나마 좀더 이론적인 근거에 몰두할 필요가 있다. 미래의 경기가 1950년 이전보다 더 안정적이라면 주식의 이익과 배당도 더 안정적이어야 한다. 주식에 대해 더 높은 정상가치나 중심값이 제시되더라도 과거 경험에만 근거하는 것보다 그 편이 더욱 설득력이 있다.

얼마나 높아질까? 만약 과거 경험만으로 판단할 때 다우존스가 현재 450p의 가치가 있다면, 새로운 안정화 요소를 감안하면 670p 내외의 가치를 지니게 될까? 나는 모른다. 나는 어느 누구도 모를 것이라 생각한다. 내가 알고 있는 것은, 오늘날 강세장 환경에서는 대부분의 금융전문가들이 긍정적으로 대답하기 쉽다는 것이다. 그래서 현재 수준이 정당화된다. 만약 시장이 450p로 하락해야 한다면 바로 그 전문가들은 옛날 평가방식이 여전히 유효하며 새로운 것은 단지 강세장에서의 환상일 뿐이라고 스스로 합리화할 것이다.

이처럼 상당히 회의적인 입장에서 강세장이 시작하기 직전인 1949년 상황에 대해 다시 한 번 살펴보자. 고용법은 발효된 지 3년이 지났지만 안정화 요인에서 완전히 무시되었다. 사실상 많은 기업들이 고용법에 격렬하게 반대했다. 실제로 좀더 본격적인 코울스 기록Cawles records이 1871년에 시작된 이후부터 3년 구간별로 볼 때 (당시의 이익이 일시적이라고 평가되던 1916년부터 1918년까지의 제1차 세계대전 기간을 제외하고) 10년 전쯤에 주식의 이익배수 또는 평가비율은 역사상 최저였다.

이제 가격수준이 이익의 6배 미만인 상황에 직면했던 1949년 9월, 즉 상승세가 시작되기 직전에 선도적인 투자회사 중 하나가 주식시장에 대해 했던 이야기를 살펴보자. 그들의 말을 요약하면 이렇다.

"현재 PER은 역사적으로 낮은 수준이다. 주식들도 재무상태에 비해 싼 편이다. 그러나 투자대중은 성장요소를 원한다. 신뢰회복이 필요하다. 이러한 문제들 때문에 우리는 당분간 투자펀드의 일정 비율을 준비금의 형태로 남겨둘 것을 추천한다."

마지막 문장은 일반적으로 주식시장에 대한 약세전망을 표현하는 전문가들의 수사학이다.

이제 1949년 최저 수준이던 PER에 대한 이같은 분석을 1959년 거의 최고 수준인 PER에 대한 다른 투자사의 분석과 비교해보자. 이 회사는 1929년부터 1959년에 이르는 이러한 비율들의 변화추이를 제공하면서 "주식은 이제 가치평가 범위의 상방한계에 와 있다"고 요약했다. 그러고 나서 "1960년에 대해 경기전망이 우호적이고, 이익과 배당이 훨씬 더 증가할 것이며, 그것들은 시장의 새로운 상승세를 지원할 것"이라고 덧붙였다. 그러나 다가올 강세 기간에 투자자들이 주식과 채권 사이에서 좀더 균형적인 포지션으로 전환해야 한다고 제안하지는 않았다. 이것은 약한 경고성 견해이며 분명히 비난받을 이유는 없다. 다만 여기서 내가 강조하고 싶은 것은, 1949년 최저 PER에 대한 한 회사의 견해와 현재 최고 PER에 대한 다른 회사의 견해가 모두 얼마나 애매한가 하는 점이다.

대부분의 투자자문가들이 주식가치에 대한 평가기준과 자신의 견해를 주식가격에서 얻는다는 것을 나는 경험을 통해 알고 있다. 주식시장에서는 평가기준이 가격을 결정하지 않는다. 가격이 평가기준을 결정한다.

새로운 경제상황이 과거에 비해 더 높은 이익배수와 배당을 정당화하느냐는 질문으로 돌아가자. 그리고 그 대답이 '그렇다'라고 가정해보자. 그러한 사실이 대가가 크고 실망스러운 약세장으로부터 투자자를 보호해주는가? 내 생각에는 아주 불가능해 보인다. 중심값의 수준은 상승할 것이다. 그러나 이 수준을 둘러싼 등락폭은 과거와 마찬가지로 넓은 범위다. 사실 누군가는 훨씬 더 크게 등락하기를 기대할 수도 있다. 어느 누구도 새로운 중심값이 어떻게 결정될지 분명히 알지 못한다. 상방으로의 투기과열과 하방으로의 부당한 비관주의가 이전 시기 대부분의 시장사이클보다 훨씬 큰 역할을 하는 시행착오의 과정을 거쳐 형성될 것이기 때문이다.

시장의 투기과열

이와 관련해서 나는 마침내 폐기하기에도, 수정하기에도 어려운 '인간본성에 관한 법칙'에 도달했다. 경험이나 탁월한 능력이 없는 사람들이 주식시장에서 많은 돈을 빨리 벌 수도 있지만, 결국 그들은 그 돈을 유지할 수 없고 대부분 순손실을 보게 된다는 것이다(주식가격이 장기간 확실한 상승세를 보이더라도 마찬가지다). 이는 훨씬 범위가 넓은 자연법칙의 특별한 적용사례다. 간단히 다음과 같이 말할 수도 있다 "세상에 공짜 점심은 없다." 공짜 점심식사는 아주 오랜 옛날 골목다방의 단골고객에게만 제공되었다.

현재의 주식시장은 분명히 많은 사람들이 공짜 점심을 즐기려는 단계에 도달했다. 전자업종이나 유사한 업종에서 아주 새로운 주식의 특별한 주가수준, 평균이익의 25배이고 순자산가치의 3배 가격으로(상장하자마자 가격이 급등하는) 새로이 상장하는 소형기업의 범람, 스튜드베이커패커드(1920년대에 난립하던 미국 자동차회사들이 대공황 이후에는 '빅3, 리틀4' 체제가 되었다. 리틀4인 내시Nash, 허드슨Hudson, 스튜드베이커Studebaker, 패커드Packard가 합병을 통해 업계 2위의 자동차 메이커가 되려고 했으나 대중차 중심의 내시와 허드슨은 AMC로, 고급차 중심의 스튜드베이커와 패커드는 스튜드베이커패커드Studebaker-Packard로 따로 합병했다)의 세 종목 사이에서 투기자들이 만드는 부당한 가격차……. 만약 과거 경험에 어떤 의미가 있다면, 이 모든 것들은 곧 다가올 심각한 문제를 예측하려는 현재 주식시장이 여전히 부주의하다는 사실을 방증한다.

내가 좋아하는 속담으로 결론을 맺기로 하자.

"많이 변할수록 더 닮아간다."

나는 이 말이 특히 증시에 잘 적용된다고 생각한다. 속담에서 정말 중요한 부분은 "많이 변할수록"이라는 구절이다. 경제계는 극적으로 변화해왔으며 앞으로 훨씬 더 극적으로 변할 것이다. 이제 대부분의 사람들은 주식시장의 본질이 그에 상응하는 변화를 겪고 있다고 생각한다. 그러나 이 속담이 여전히 유의미하다면, 주식시장은 과거에 항상 그랬듯이(큰 강세장은 필연적으로 큰 약세장을 수반한다) 앞으로도 그럴 것이다. 다른 말로 하면, 오늘 공짜 점심을 먹은 곳에서 내일은 2배를 지불해야 한다. 경험에 비추어 나는 현재의 주식시장 수준이 지나치게 위험하다고 생각한다.

가치의 부활

_전국재무분석사협회가 지난주 주최한 세미나에서 월스트리트 고전들의 저자이자 성공한 전문투자자인 벤저민 그레이엄이 '가치의 부활'이라는 주제로 연설을 했다. 다음은 그의 연설에서 발췌한 것이다.

세미나의 주제인 '가치의 부활'은 월스트리트에서 가치라는 개념이 이미 사라졌다는 암시다. 이것은 한때 분명했던 투자와 투기의 구별이 실질적으로 소멸한 것으로 규정할 수 있다. 최근 10년간 주식옵션 매수자와 공매도자를 포함해 모든 사람들이 투자자가 되었다. 내 생각에 투기의 중심에는 가격예상이 있다. 반면에 진정한 투자의 핵심은 안전마진과 함께 가치의 개념에 있다.

이 시점에서 우리가 그레이엄뉴먼 펀드를 관리할 때와 거의 비슷한 방법을 간략하게 알아보자. 그것은 운전자본가치 미만의 주식을 사는 것이다. 이 방법은 40년 넘는 기간 동안 우리의 의사결정에 좋은 성과를 안겨주었다. 결국 우리는 일반적인 가치평가방법에 근거한 다른 모든 종목 선정 방법을 포기했다. 그리고 자산가치 이하로 거래되는 주식에

〈배런스〉 1974년 9월 23일자

만 집중했다. 오늘 이야기할 '가치의 부활'은 이러한 종류의 투자기회가 재등장한 것과 관련이 있다. 지난달 〈밸류라인 Value Line〉에 비금융업에 포함되는 100개 종목의 리스트가 실렸다. 편집의도는 스탠더드앤푸어스 Standard&Poor's: S&P에서 발행한 〈월간 주식가이드 Monthly Stock Guide〉의 '운전자본 이하 종목 리스트'보다 적어도 2배를 제시하는 것이었다. (그러나 '운전자본 이하에 거래되는 100개 종목'이라는 광고에 혹해서 25달러를 낭비하지 마라. 그 리스트를 일반적으로 이용하려면 운전자본에서 부채와 우선주 지분을 차감해야 하는데, 이를 생략한 것은 변명할 여지도 없다.)

상식적인 결론이겠지만 누군가 운전자본 이하에서 살 수 있는 종목 30개의 포트폴리오를 구성할 수 있다면, 그리고 이러한 종목들이 우리의 가치평가기준(해당 기업이 논리적으로 훌륭한 장기 전망을 가지고 있다는 전문가의 분석을 포함하여)을 충족한다면 어째서 이러한 종목 선택을 마다하고 표준적인 가치평가방법을 무시하려 하겠는가?

나는 이 질문이 논리적이라고 생각하며 여러 가지 실제적인 문제를 제기하고 싶다. 〈밸류라인〉이 이름 붙인 이러한 '폭탄세일 종목'을 얼마나 오래, 계속해서 살 수 있을까? 만약 많은 의사결정자들이 내일 갑자기 그 그룹들에 관심을 집중하기 시작한다면 무슨 일이 벌어지겠는가? 주식들을 더 이상 살 수 없다면 분석가들은 이제 무엇을 해야 하는가?

이러한 의문들은 실제로 가치평가방법의 다양한 측면과 연관되어 있으며, 대부분의 투자자들과 자문가들이 원칙을 따를 경우에 한하여 매력적인 투자기회로 활용할 수 있다는 사실하고도 관계가 있다.

내재가치와 시장가치의 대비에 관련된 재미있는 문제들은 이제 일상이 된 공개매수의 현장에서 드러난다. 몇 주 전에 아주 굉장한 사건이 발생했다. 시가총액 상위의 두 대기업이 3위의 기업을 경쟁적으로 매수하려 했고, 그 결과 ESB Inc.의 주가는 한 달 만에 17.5달러에서 41달러로 상승했다. 우리는 어떤 종목을 평가할 때 항상 개인소유자의 기업에 대한 가치평가를 중요한 요소로 간주한다. 하지만 이제 우리는 증권분석가에 필적하는 실력자를 발견하게 되었다. 즉, 가격은 '인수사' 가 그 기업에 제시하는 것이다. 이런 측면에서 ESB 사례와 뒤이은 마코Marcor의 사례는 주식의 실질가치가 대개 현재의 시장가격 수준보다 훨씬 높다고 믿는 사람들에게 용기를 북돋아주었다.

지금 어느 정도 개인적인 차원에서 내가 제기하고자 하는 M&A의 또 다른 측면이 있다. 이는 적대적 인수합병에 대해 경영자 못지않은 태도로 열심히 싸우고자 했던 주주들의 실패사례와도 관계가 있다. INCO의 우선매수신청은 필사적인 대항을 맹세한 ESB 경영진에 의해 '적대적 인수행위'로 규정되었다. 최근에 일부 경영자들은 주주들에게 "주주들의 반대로 적대적 기업인수를 어렵게 만들 수 있도록 하는 정관 개정을 지지해달라"고 요청했다. 다르게 말하자면 이는 주주들이 자기 지분에 대해 더 매력적인 가격을 확보하는 데 방해가 된다. 하지만 보통 주주들은 순한 양 떼처럼 그 같은 제안을 승인한다. 만약 이러한 움직임이 확산된다면 정말로 투자자의 이익을 해칠 수도 있다. 증권분석가들은 이 문제와 관련하여 건전한 판단을 내림으로써 어리석고 부주의한 행동으로 주주들이 자멸하지 않도록 설득해야 한다. 이는 증권분석협회Financial Analysis Federation가 논의를 거쳐 공식입장을 밝혀야 할 문제다.

'최고 인기 50개 종목'으로 표현되는 우량종목을 인수하기 위해 제시된 가격과 이미 시장에서 통용된 가격 사이에는 피상적이나마 유사성이 있다. 대형 기관투자자들은 화려한 기업인수를 통해 제국을 확장하는 거대복합기업의 역할을 어느 정도 했다. 에이번 프로덕츠Avon Products의 PER은 1972년 평균 55배였으며 최고 65배인 140달러에 이르기도 했다.

이러한 배수는 어떤 보수적인 가치평가기준으로도 정당화될 수 없었다. 그것은 진행중인 강세장에서 투기자들이 만들어낸 결과가 아니라 에이번을 대량 보유한 기관투자자들의 적극적이거나 소극적인 지원에 따른 것이었다.

이처럼 기관투자자들은 세 가지 조건의 조합을 통해 에이번 같은 주식에 특이한 배수를 적용해도 된다고 믿는다. 첫째, 그들이 관리해야 하는 막대한 자금의 대부분을 주식에 투자하기로 결정했다. 둘째, 그들이 운용 가능한 종목의 수가 비교적 적었다. 그들은 대량거래를 위해 발행주식의 규모가 큰 회사를 선택해야 했고, 그중에서도 고성장 전망을 고집했기 때문이다. 셋째, 실적에 대한 숭배다. 특히 연금펀드에서 그랬다.

계산은 믿기 힘들 정도로 간단하다. 만약 어떤 회사의 이익이 금년에 15퍼센트 증가하고 PER은 변하지 않았다고 치자. 이런 경우에는 놀랍게도 '투자'가 15퍼센트의 성과를 보이고 게다가 약간의 배당도 있을 것이다. 에이번이 거의 매년 그랬듯이 PER이 상승한다면 결과는 그만큼 더 좋아진다. '성과'라는 것들은 종목을 인수하는 가격수준과 전적으로 독립적이다. 물론 이러한 환상은 기관투자자들이 자기 힘으로 만들어낸 것이다. 월스트리트에서는 그렇게 어려운 일이 아니지만 오래 지속되기는 불가능하다.

이러한 기관투자자들의 투자전략은 증권분석가들에게 두 가지 중요한 시사점을 제기한다. 첫째로 성급하고 무모한 고성장, 고PER 종목 시대에 보수적인 분석가는 무엇을 해야 하는가? 내 생각에는 안타깝게도 그들은 거의 불가능한 일을 해야 한다. 다시 말해 고성장, 고PER 주식에 등을 돌리고 그대로 놓아두는 것이다. 기관투자자들은 '투자형 기업'들을 점점 '투기형 종목'으로 변질시키고 있다. 반복하지만, 그 주식이 기업환경으로 인해 투기적이든, 아니면 높은 가격수준으로 인해 투기적이든 간에 정상적인 분석가라면 투기종목에서 장기적으로 만족스러운 성과를 기대해서는 안 된다.

둘째로 투자대중과 분석가들에게 비교적 긍정적이다. 소액투자자들은 기관투자자들의 엄청난 자원과 경쟁할 수 없기 때문에 주식시장에서 기관투자자의 지배적 우월성에 비해 불리하다는 불만을 가지고 있다. 그러나 오히려 정반대다. 물론 기관투자자들은 시장에서 투기하는 데 개인투자가들보다 훨씬 유리하다. 나도 그 점에 대해서는 달리 할 말이 없다. 그렇지만 건전한 투자원칙과 자문가를 확보한 개인투자가라면 장기적인 투자에서 대형 기관투자자들보다 확실히 유리하다.

투자신탁회사는 투자종목을 300개 내외로 제한받지만 개인투자가는 자신의 선호에 따라 3,000개까지도 투자할 수 있다. 게다가 대부분의 진정한 '할인종목'은 소형주이기 때문에 대량거래로 매매하기 힘들다. 바로 이러한 이유 때문에 기관투자자들은 할인주식 사냥꾼들의 경쟁에서 거의 제외된다.

모든 것이 사실이라면 처음의 질문으로 되돌아가야 한다. 얼마나 많은 분석가들이 저평가된 종목들을 잘 골라내고 그것을 개인투자가들에게 추천하여 높은 연봉을 받을 수 있는가? 솔직히 말해서 나는 이 분야에 종사하는 1만 3,000명의 분석가들에게 긍정적인 말을 해줄 수 없다. 그러나 과거에 저평가된 주식 분야로 분석가들이 몰려든 것은 과당경쟁으로 이익가능성을 낮출 만큼 그리 심각하지는 않았다고 확신한다. (가치분석가들은 외로움으로 인해 고통받기가 더 쉽다.)

사실 할인종목들은 강세장에서 특히 줄어든다. 모든 분석가들이 가치를 의식하게 되었기 때문이 아니라 전반적인 가격상승 때문이다. (아마도 혹자는 심지어 운전자본 이하로 팔리는 종목의 수를 계산함으로써 시장

수준이 너무 높거나 너무 낮다고 단정지으려 할지도 모른다. 과거 경험에 따르면, 이러한 기회가 완전히 사라졌을 때 투자자들은 차라리 주식시장에서 벗어나 미국 재무부 채권에 올인해야 한다.)

지금까지 나는 '랜덤워크 전략', '효율적인 포트폴리오', '베타계수' 같은 새로운 이론들에 대해 전혀 들어본 적도 없다는 듯이 오로지 가치평가방법의 이점에 대해서만 이야기했다. 물론 나는 그러한 신이론들에 대해 들어본 바 있다. 먼저 베타계수에 대해 잠시 이야기하고 싶다. 이것은 주식의 과거 가격변동에 대해 다소 유용한 평가수단이다. 하지만 나를 성가시게 하는 것은 요즘의 권위자들이 '베타'를 '위험' 개념과 동일시한다는 사실이다. '가격변동성'이라면 무난하다. 그러나 '위험'은 아니다. 실제 투자위험은 특정 기간에 발생한 시장 전체 주식가격의 하락비율이 아니라 경제변화나 경영악화로 수익력과 등급이 하락하는 위험으로 측정된다.

《현명한 투자자》제4차 개정판에서 나는 가격변동과 가치변화 사이의 기본적인 차이를 설명하기 위해 1936년의 A&P 주식 사례를 사용했다. 대조적으로 최근 10년 사이에 A&P의 주가는 43달러에서 8달러로 하락했으며 이는 업종 내 위치, 수익성, 내재가치의 손실에 상응해 상당히 비례적이다. 나는 투자위험을 가격변동으로 측정하는 것은 모순이라고 생각한다. 왜냐하면 그것은 주식시장이 말한 것과 주주지분에 대해 실제 발생한 것을 혼동하게 만들기 때문이다.

가치접근방법은 항상 보통주보다 선순위 증권에 적용할 때 좀더 믿을 만하다. 채권분석에서 가치접근방법의 특별한 목적은 기업이 적절한 안전마진을 제공하는지를 판단하는 데 있으며, 그 기업이 부채를 충분히 넘어서는 적정가치를 지녔는지 여부로 결정한다. 이자 보상의 표준 계산도 똑같은 함수관계에 있다.

채권과 우선주(어느 정도는 전환증권 영역에서도)의 광범위한 분야에서 애널리스트들의 전문적인 재능이 꼭 필요한 작업이 있다. 특히 채권 비중을 가져야만 바람직한 포트폴리오라고 인정받게 된 이후로는 그 작업이 더욱 중요해졌다. 제몫을 하는 애널리스트라면 어떤 선순위 증권이 투자요건을 충족하기에 충분한, 통계적으로 검증된 방어장치를 갖추었는지를 판단할 수 있어야 한다. 하지만 이러한 작업은 과거 10년간 종종 간과되어 왔다.

펜센트럴Penn-Central 채권의 경우에 가장 분명했다. 1968년 펜센트럴 채권들이 우량한 공공부문 채권들과 같은 가격에 팔린 것은 분석가들의 직업 역사상 용서받지 못할 오점이다. 회사의 전년도 실적들에 대한 조사, 무엇보다도 그 특이한 회계방식이나 법인소득세를 전혀 내지 않은 사실 등을 감안하면 당시 주가 86센트보다 훨씬 낮은 가격이라도 주식은 물론 채권도 안중에 두어서는 안 되었다.

이제는 모든 채권들이 높은 수익률에 팔리는 상황이다. 그러나 많은 회사들이 과중한 부채구조를 갖고 있다. 또한 많은 채권증서에는 보통주와 새로운 채무를 교환하도록 하는 방식을 강력히 방어하는 조항들이 없다(놀라운 사례는 시저스 월드Caesar's World의 주식관리를 위한 채권이다). 이처럼 광범위한 요즘 수법들은 가난한 채권자들의 몸에 지나치게 많은 단검을 박아 넣은 것이나 같다.

애널리스트들은 채권 분야에서도 일련의 가치 있는 변화에 대해 조언해야 한다. 심지어 안전성은 문제가 되지 않는 국채 분야에서도 모든 종류의 간접적인 미국정부 채권(세금이 면제된 것들을 포함해)은 투자자들이 수익률을 제고할 수 있는 다양한 기회를 제공한다.

마찬가지로 우리는 패리티가격(주식 워런트 증권의 내재가치를 알 수 있는 투자지표로서 권리를 만기일이 아닌 현재시점에서 행사했을 경우 투자자가 얻을 수 있는 이익 또는 손실을 나타냄._편집자 주)이 보통주 가격에 가깝게 팔리는 전환증권들도 많이 보았다. 대개 선순위 종목은 후순위 종목보다 높은 수익률을 제공한다. 그래서 보통주에서 선순위 종목으로 변경하는 것은 알기 쉬운 방법이다(사례: 스튜드베이커워딩턴Studebaker-Worthington과 엥겔하트 인더스트리즈Engelhard Industries의 보통주 vs. 우선주).

이제 다양한 강세장과 약세장을 경험한 여든 살 베테랑에게서 몇 마디 자문을 듣는 것으로 끝내자. 분석가로서 잘할 수 있는 것, 오직 그것만 해라. 여러분이 차트로, 점성술로, 또는 어떤 특이하고 천부적인 재능으로 시장을 이길 수 있다면 정말로 열심히 해볼 일이다. 만약 여러분이 향후 12개월 안에 가장 성공할 만한 종목을 고르는 데 정말로 능숙하다면 그러한 노력을 업무의 기초로 삼아라.

만약 여러분이 경제, 기술, 또는 소비자 선호에서 중요한 미래 상황을 예측하고 다양한 주식가치의 결과를 평가할 수 있다면 그 특별한 작업에 집중해라. 그러나 모든 경우에서 여러분은 스스로 정직한지, 허풍 없는 자기반성과 지속적인 실적검증으로 가치 있는 결과를 생산할 수 있는지 입증해야 할 것이다.

내가 항상 믿듯이 여러분 역시 '가치접근방법'이 태생적으로 건전하고, 실용적이고, 수익성이 있다고 믿는다면 그 원칙에 충실해라. 그러한 원칙을 고수하고 월스트리트의 유행이나 환상 그리고 대박에 대한 끊임없는 유혹에 빠지지 마라. 나는 가치분석가로 성공하기 위해 탁월한 재능이나 천재성이 필요하지는 않다는 점을 강조하고 싶다. 필요한 것은 합리적인 지성과 건전한 운용원칙이다. 그리고 무엇보다 중요한 것은 끈기와 확신이다.

금융분석가로서 어떤 길을 따르든지 윤리와 지적 성실성을 유지해야 한다. 과거 10년간 월스트리트에서는 한때 칭송할 만했던 윤리기준들이 현저히 부족해졌다. 도덕적 해이는 금융업 전체와 그들이 봉사해야 할 투자대중에게 크나큰 해를 입히고 있다. 내가 70년 전 초등학교에 입학했을 때 우리는 공책에 여러 가지 격언들을 써야 했다. 그중 첫 번째는 "정직이 최신이다"였다. 그것은 여진히 최선이다.

주식의 미래

내가 1914년 월스트리트에 오기 전에 주식시장의 미래는 이미 J. P. 모건$^{Morgan\ the\ elder}$의 유명한 말로 완벽하게 예측되었다.

"등락할 것이다$^{It\ will\ fluctuate}$."

이 말은 과거뿐만 아니라 미래에도, 보통주가 너무 오르거나 너무 빠지거나, 투기자나 투자자나, 기관투자가나 개인투자가나, 주식에 매료되거나 환멸감을 느끼거나에 상관없이 가장 안전한 예측이다.

이러한 예측을 지지하기 위해 나의 금융경험에서 전환점이 된 두 가지 일화를 인용하기로 하자.

첫 번째는 50년 전인 1924년의 일이다. E. L. 스미스^{Smith}의 소책자 《장기투자로서의 주식$^{Common\ Stocks\ as\ Long-Term\ Investments}$》이 발간되었다. 스미스의

〈파이낸셜 애널리스트 저널〉 1974년 9/10월호

연구는 일반적인 믿음과 반대로 지난 반세기 동안 주식 전체가 채권보다 훨씬 나은 투자수단이었음을 보여주었다. 이러한 분석은 1920년대의 지속적인 강세장을 이론으로나 심리 면에서 정당화하는 근거를 제공했다고 평가된다. 다우존스 산업평균지수는 1924년 중반에 90p였는데 1929년 9월에 381p로 상승했다. 내가 생생하게 기억하듯이 그 고점에서 1932년에는 악명 높은 저점 41p까지 붕괴되었다. 그날 시장수준은 30년래 최저점을 기록했다. GE와 다우지수 모두 1929년의 고점을 이후 25년 동안 갱신하지 못했다.

과거에는 완벽하게 건전했던 근거를 상황이 바뀐 지 한참 뒤에도 맹목적으로 따를 경우에 어떤 일이 일어나는지를 확인할 수 있는 사례가 이것이다. 다우지수가 90p이었을 때 주식투자가 매력적인 것은 사실이었고, 다우지수가 200p까지 상승했을 때는 다소 의심스러웠으며, 300p나 그 이상일 때는 완전히 불합리한 것이었다.

두 번째는 시장이 1929년부터 1932년까지의 폭락에서 오랜 회복세를 이어가던 끝무렵에 있었던 일이다. 일반투자자들의 투자태도에 대한 연방중앙은행의 1948년 보고서를 볼 필요가 있다. 그해 다우지수는 165p의 낮은 수준이었고 이익의 7배 수준이었던 반면, AAA급 채권은 겨우 2.82퍼센트의 수익률을 기록했다. 그런데 조사대상자의 90퍼센트 이상은 주식매수에 반대했다. 절반 정도는 너무 위험하다 생각했고, 나머지 절반은 잘 모르기 때문이었다. 물론 이 시기는 주식이 시장 역사상 최대의 상승세(다우지수를 165p에서 지난해 1,050p까지 끌어올렸다)를 시작하기 직전이었다. "투자전략이라는 측면에서 일반 대중의 투자습관은 전혀 가치가 없다"는 오래된 진리를 보여주는 아주 좋은 사례라고 할 수 있다. 이러한 진리는 1948년에 그랬던 것처럼 1974년에도 사실이었음을 쉽게 입증할 수 있다.

나는 주식의 미래가 과거와 거의 같을 것이라고 생각한다. 주식투자는 적절한 가격수준에서 매수만 한다면 대체로 만족스러울 것이다. 너무 형식적이고 피상적인 결론이라고 반박할지도 모르겠다. 인플레이션 문제, 예기치 못한 높은 금리, 에너지 위기, 환경 및 공해 문제, 심지어 소비절약운동과 제로성장 등 최근의 경제상황에 나타난 새로운 요인과 문제들을 고려하지 않는다고 비판하는 사람도 있을 것이다. 월스트리트 전체에 대한 광범위한 대중의 불신도 또 하나의 변수로 추가해야겠다. 그러한 불신은 최근의 도덕적 해이, 금융관행 및 사업감각 측면에서 불명예스럽다고 할 만한 행위들에서 기인했다.

물론 오늘날의 투자전략에서는 (주로 주식의 미래가치에 불리한) 이러한 요인들을 고려해야만 한다. 그러나 주가수준이 얼마나 낮아졌는지에 상관없이 무조건 주식이 투자에 바람직하지 않을 것이라는 결론은 불합리하다.

현실적인 의문은 과거에 항상 그랬던 것과 똑같다. 주식투자를 하기에 지금이 바람직한 시점인가? 또는 바람직한 가격수준인가? 우리는 이 질문을 나누어 살펴볼 필요가 있다. 내 생각은 이렇다. a) 다우존스나 S&P 500지수로 대표되듯이 주식 전반을 매수하기에 지금의 가격수준은 바람직한가? b) 비록 평균지수들이 매력적인 수준은 아니지만, 투자자들이 적어도 시장가격의 가치는 확실한 개별종목을 선택함으로써 만족스러운 성과를 기대할 수 있는가?

이러한 구분은 분명히 현재 상황과 관련이 있다. 왜냐하면 대형 고성장기업에 대한 기관투자자의 선호에 따라 최근의 '차별화 장세'가 도래했기 때문이다. 그 결과 투자등급 종목들 사이에 PER의 격차(10에서 1까지)가 생겨났다. 1929년 유명 블루칩 종목에 대한 투자열기가 정점을 이루던 때를 제외하고는 내 경험상 유례를 찾아보기 어려운 일이다.

방금 제기한 두 가지 질문에 대한 내 대답은 다음과 같다. 현재의 평균지수 수준에 대해서(다우지수 850p, S&P 500지수 93p) 증권의 가치 및 가격에 가장 직접적으로 영향을 미치는 요소는 모든 종류의 채권과 채무증서들에 대해 현재 설정된 높은 이자율임이 분명하다. 기관투자자들의 태도에서 눈에 띄는 문제점은, 아주 최근인 1973년 초 기관투자자들이 평균지수의 최고 가격수준을 떠받쳤을 때 AAA급 채권이 7.3퍼센트의 수익을 냈고 얼마 전에 8.5퍼센트를 상회했다는 점을 고려하지 않은 것이다(1974년에는 다시 8.5퍼센트를 초과하게 되지만). 1964년에 AAA급 채권의 평균수익률은 4.4퍼센트였다.

주식의 이익주가비율은 일반적으로 채권이자율과 관계있다는 것이 내게는 논리적으로 들린다. 만약 이러한 논리가 가장 단순한 형태로 받아들여진다면 우리는 결론을 내려야 한다. 채권수익률이 4.4퍼센트일 때 다우지수 이익 1달러가 17달러의 가치라고(즉 PER이 17배) 하자. 그러면 그 1달러는 지금 AAA급 채권의 경우 8.5퍼센트이기 때문에 17달러의 겨우 52퍼센트, 즉 8.8달러 가치에 불과하다. 결과적으로 이는 다우의 정상적인 경상이익에 대해 PER 9배가 정당화될 수 있음을 의미한다. 그러한 이익을 86달러라는 1973년의 기록적인 수치로 대체한다면 여러분은 다우지수에 대해 현재 775p의 가치평가를 하게 될 것이다.

여러분은 이 수치에 대해 여러 가지 근거를 들어 논박할 것이다. 그중 하나는 미래에 채권이자율이 하락할 것이라는 예상일 수도 있다. 그러나 예상은 확실하지 않은 반면에 현재 8.5퍼센트의 수익률은 실제 상황이다. 또한 채권수익률이 눈에 띄게 하락한다면 채권 가격은 주식만큼 상승할 것이다. 특히 표면금리가 낮고 할인율이 큰 채권일수록. 그러므로 이러한 채권들은 이자율이 하락할 경우에 다우보다 훨씬 나은 성과를 낼 것이다.

또 다른 각도에서 보자. 다우나 S&P가 채권투자에 비해 상대적으로 매력을 얻기 위해서는 AAA급 채권수익률보다 적어도 3분의 1 이상 수익률을 더 거두어야 한다. 이는 수익률 11퍼센트를 의미하며, 10년 전과 1974년 초의 상황을 비교해 얻은 다우지수 775p의 평가로 돌아가게 만든다.

지난 25년간의 성장률을 계산한 바에 따르면, 다우의 연간 성장률은 겨우 4.5퍼센트에 불과하다. 이 같은 성장률이 미래에도 계속된다면 성장과 배당을 결합한 예상수익률은 전체적으로 10퍼센트 미만이 되고, 4.5퍼센트의 성장과 5퍼센트의 배당수익률로 구성될 것이다. 이러한 두 번째 계산은 다우에 대한 현재의 775p 평가가 너무 후하다는 인상을 준다. S&P 500에 대한 동일한 분석은 현재의 다우 수준에 비해 더 불리한 결과를 보여준다. S&P 425와 S&P 500지수는 모두 과거 25년간 약 5퍼센트 성장해왔다. 그러나 비교우위는 다우존스와 비교해서 더 높은 PER로 인해 상쇄된다.

개별종목 선택의 문제

우리는 개별주식을 평가할 때 뉴욕증권거래소 상장목록에서처럼 세 가지 유형으로 나누기를 좋아한다. 그룹 I은 최근 12개월 이익의 20배 이상으로 팔리는 성장종목이다. 그룹 II는 최근 이익의 7배 미만, 즉 15퍼센트나 그 이상의 수익률에 팔리는 비교적 인기 없는 주식들이다. 그룹III은 이익배수가 7배에서 20배 사이이다.

뉴욕증권거래소 상장종목 1,530개 중에 내가 관심을 기울이는 대상은 이익의 20배 이상에 팔리는 종목들로서 전체의 4퍼센트인 63개 종목이었다. 그중 24개 종목은 30배를 넘었다. 이와는 대조적으로 3분의 1인 500개 종목 이상이 이익의 7배 미만에서 팔렸고, 전체의 1퍼센트인 약 150개 종목은 최근 12개월 이익의 5배 미만에서 시세가 형성되었다.

만약 이익배수의 기초인 '이익'이 성장에 관한 특별한 필요조건 없이 미래를 어느 정도 반영했다면, 뉴욕증권거래소의 많은 종목들이 수익률 8.5퍼센트인 채권과 매력적으로 경쟁할 만하다는 것은 분명한 사실이다. 선택범위를 넓혀보면 연금펀드로 투자할 만한 종목들이 많다. 확실히 저평가되었다고 볼 수 있는 종목들도 정말 많다. 이것들은 특히 단기적인 투기와 구별해 장기투자에 적합하다. 이익의 7배 미만인 종목들에는 매출 30억 달러인 파이어스톤Firestone 같은 대형주와 엠하트Emhart 같은 중형주가 있다. 엠하트는 72년간 배당을 계속했으며 최근에는 순유동자산가치 이하로 팔리고 있다.

장부가치 접근법

그렇게 많은 뉴욕증권거래소 종목들에 대해 이처럼 낮은 배수를 적용하는 상황은 또 다른 현상을 낳았다. 주식 선택의 출발점이자 가능한 지침으로서 장부가치 또는 순자산가치를 재평가하는 것이다. 현재 주식시장 대부분의 영역에서 우리는 꽤 유행이 지났지만 여전히 유용한 주식투자의 기본원칙으로 돌아갈 수 있다. 즉, 주식의 시장시세와 상관없이 개인소유주가 개인기업에 대해 평가하는 가치다. 만약 어떤 기업이 성장하고 있다면, 그리고 합리적으로 볼 때 미래에 유망하다면 적어도 그 기업은 순자산가치만큼의 가치는 있다. 그러므로 순자산가치에서 상당히 할인된 가격으로 지분을 살 수 있는 기회는 정말 매력적이다.

공교롭게도 뉴욕증권거래소 종목의 절반가량이 지난달에 장부가치 이하로 팔렸다. 그리고 4분의 1 정도인 약 400개 종목이 순자산가치의 3분의 2 수준 이하에 팔렸다. 역시 흥미로운 것은 모든 주식 중 약 3분의 1이 실제로 과거 12개월의 순자산가치 전후로 팔리고 있다는 점이다. 분명히 종목의 절반 이상이 지난 5년간 이 수치에서 오르내렸다. 장부가치 아래로 팔리는 종목들은 역시 대부분이 이익배수가 낮은 그룹이다.

나는 이러한 상황이 소액투자자부터 상당히 큰 연금펀드 매니저에 이르기까지 거의 모든 사람들에게 매우 단순한 투자전략을 제시한다고 감히 주장한다. 장부가치의 3분의 2 미만에 살 수 있고 순자산가치로 팔 때까지 보유할 수 있는 선별된 주식, 그리고 재무건전성 같은 추가기준을 충족하는 주식을 사면 된다는 것이다. 놀랄 만큼은 아니지만 상당히 만족스러운 50퍼센트의 승률을 보장할 것이다. 명백하고 너무나 간단한 이 투자 프로그램이 미래에 어떻게 작동할지 우리는 확실히 예측하기 힘들다. 그러나 나는 말할 수 있다. 1961년부터 1974년까지에 대한 나의 연구가 거의 매년 이러한 가능성을 확인했고, 이는 시뮬레이션을 통해서도 분명히 확인한 바다.

뉴욕증권거래소 종목들의 '세 그룹'에 대해 이야기했으니 이제 그룹 I과 그룹III에 대해서도 견해를 밝혀야 할 차례다. 중간 정도 배수에 팔리는 종목들은 '개별적인 기회'를 의미한다. 그러나 그것은 하나의 그룹으로서 내게 특별한 흥미를 유발하지는 않는다. 과거 경험에 비해 현재의 '우량 고성장 종목'들은 확실히 문제가 있다. 그러한 종목들을 장부가치나 그 두 배의 가격으로 살 수 있다면 상장종목이든 비상장종목이든 놀라운 투자가 될 것이 분명하다. 문제는 대부분이 장부가치의 5배 이상, 가끔은 10배 이상에 팔린다는 사실이다. 지난해에는 훨씬 더 높았다. 이러한 가격수준에서는 기업 자체의 어떤 취약점에 관계없이 전적으로 가격수준에만 의존하는 투기성격을 지닐 수밖에 없다(나는 오래전인 1958년 증권분석가협회 연설에서 바로 이 점을 지적했다. 그 내용은 《현명한 투자자》의 부록으로 실려 있다). 고성장 주식에 따르는 투기위험은 지난 18개월 동안 수많은 인기종목들의 가격하락을 통해 극적으로 드러났다. 일일이 사례를 들 필요도 없을 정도다.

주식시장과 관련하여 최근에 제시된 이론이 있다. 나는 그에 대한 간략한 검토와 연결지어 사례를 살펴보고자 한다. 이론이 현실과 일치할 경우에는 매우 중요해질 수 있다. 바로 '효율적 시장 가설 hypothesis of the efficient market'이다.

이 이론은 극단적인 형태로 두 가지 주장을 펼친다. 1) 거의 모든 시점에 대부분의 주식가격은 해당 기업의 사정에 대해 알 수 있는 모든 것을 반영한다. 그러므로 내부자 정보를 포함하여 어떤 추가정보를 찾고 이용하더라도 지속적인 수익을 내지 못한다. 2) 시장은 각 종목에 대해 완벽하거나 적어도 충분한 정보를 가지고 있기 때문에, 결과적으로 시장가격은 언제나 옳고 합리적이고 타당하다. 이는 '가격과 가치의 격차'를 찾으려는 증권분석가들의 노력이 쓸모없으며 충분히 보상받지 못한다는 뜻이다.

나는 1)의 결론에 대해 특별한 반론이 없다. 비록 분석가가 일반적으로 알려지지 않고 시장가격에도 아직 반영되지 않은 어떤 중요한 정보를 찾아낼 때가 종종 있다고 확신할지라도 말이다. 그러나 정확한 가격을 제시하는 데 필요한 모든 정보를 시장이 가지고 있기 때문에 시장이 제시한 가격이 현실적으로 항상 옳다는 결론은 단호하게 부인한다.

에이번 프로덕츠 같은 좋은 회사를 예로 들어보자. 1973년의 140달러도 옳았고 1974년의 32달러도 옳았다고 하는 것이 어떻게 상식적일 수 있는가? 회사의 가치가 77퍼센트, 그러니까 거의 60억 달러 감소했는데 시장의 심리요인을 제거한다면 도대체 무슨 일이 일어난 것인가? 시장은 에이번에 대해 필요한 모든 정보를 가지고 있을지도 모른다. 그러나 시장에 부족한 것은 자기 지식을 평가하는 올바른 판단력이다.

데카르트는 3세기 전에 《방법서설 Discours de la Methode》에서 바로 이 문제를 요약했다. "Ce n'est pas assez d'avoir l'esprit bon, mais le principal est de l'appiquer bien." 번역하면 이렇다. "훌륭한 지성(충분한 정보)만으로는 충분하지 않다. 그것을 잘 적용하는 것이 중요하다."

오늘날 이익의 7배 미만에 팔리는 뉴욕증권거래소 500여 종목 중에서, 그 가격이 '옳지 않은' 사례는 너무나 흔하다. 많은 종목들이 분명히 현재 팔리는 가격 이상의 가치를 가지고 있다. 제몫을 하는 애널리스트라면 이러한 종목들로 매력적인 포트폴리오를 구성할 수 있어야 한다.

인플레이션과 투자전략

이제 다시 인플레이션으로 돌아가 보자. 지속적인 인플레이션 전망이 현재 시장가격 또는 어떤 수긍할 만한 가격수준에서 하는 주식투자를 방해하는가? 사실 이러한 질문 자체가 약간은 이상하다. 모든 사람들이 "주식은 미래 인플레이션에 대한 주요 방어수단이기 때문에 심지어 아주 높은 가격이라도 채권보다 확실히 유리하다"고 말하던 것이 엊그제 같은데 말이다.

그러나 현재뿐만 아니라 수년간, 아마도 과거 수십 년간 주식만으로는 기대했던 인플레이션 방어수단을 제공하지 못했음을 인정해야 한다.

나는 높은 물가수준이 높은 기업가치와 이에 상응하는 높은 '원가 대비 수익률'을 낳는다는 당연한 가정에 대해 말하고자 한다. 물론 이는 통계적으로 증명되지 않는다. 장부상 지분 전체에 대한 수익률(재생산 비용으로 줄여 잡아도)은 기껏해야 항상 10배 내지 12배 수준으로 유지되었다. 1948년부터 1953년까지 다우가 이익의 겨우 7배 수준에서 팔릴 때 수익률은 하락했다.

다우존스 산업평균지수와 S&P 425 산업지수의 수익이 1947년과 1951년 사이부터 1969년과 1973년 사이까지 3배가 된 것은 사실이다. 그러나 같은 기간에 두 지수의 장부가치는 4배가 되었다. 전후 이익이 증가한 것은 내부유보된 이익의 재투자로 단순히 순자산이 늘어난 결과라고 말할 수 있다. 이 28년간 일반 물가수준이 2배 이상 뛰어오른 것은 거의 영향이 없었다. 인플레이션 자체는 주식 수익에 그만큼 기여하지 못했다는 말이다.

어떠한 시장환경에서도 무조건 주식에 열광하는 것은 어리석다(앞에서 말한 것 말고도 이유는 여러가지가 있다). 이러한 경고는 내가 오랫동안 견지해온 투자철학의 일부분이기도 하다. 하지만 현재 상황은 어떠한가? 인플레이션 전망 때문에 투자자가 강한 주식을 15퍼센트 수익률에 사는 것을 말려야 하는가? 내 대답은 "No"이다.

개인투자가든 기관투자자든 투자자들의 실제 선택은 무엇인가? 투자자들은 미래 인플레이션이 결국 모든 종류의 주식(배수가 낮은 주식들을 포함하여)에 대해 낮은 시장수준을 야기할 것이라 생각하고 그 대신 안정적인 수익이 예상되는 단기채권에 돈을 묻어두려 할지도 모른다. 이러한 선택은 주식이 제 가치보다 높게 팔린다고 투자자들이 확신할 때 정당화될 수 있다. 그렇지 않다면 미래 시장동향에 대한 일종의 도박인 셈이다. 혹은 전적으로 새로운 종류의 투자전략을 의도적으로 선택할 수도 있다. 주식이나 채권에서 실물자산, 즉 부동산, 금, 상품, 가치 있는 미술품 등등으로. 여기서 세 가지를 짚어보자.

첫째, 정말로 큰돈(수십억 달러 정도)이 고정자산이나 기타 부동산 시장에서 가격을 크게 올리다가 결국은 불가피한 하락충격으로 끝나는 전형적인 투기순환을 겪지 않고 투자되기는 어렵다.

둘째, 이러한 유형의 위험이 이미 부동산 분야에서는 명백하게 드러나고 있다. 부동산 분야에서 차입과 주식시세를 결합해 자금을 조달한 수많은 벤처기업들이 투자자들에게 대규모 주가손실을 입힌 것을 포함해 현재 여러 종류의 문제들에 직면하고 있다.

셋째는 긍정적인 측면이다. 모든 투자자들은 미래 인플레이션이 현재의 11퍼센트 또는 그 이상이 될 가능성을 인지해야 한다. 그리고 그들의 전체 투자방법에서 소위 '유형자산 요소 concrete-object factor'를 소개疏開해야 한다. 이는 재산의 대부분을 은행예금, 채권, 그리고 모든 종류의 외상매출금같이 '현금과 그 등가물 paper money and the equivalents'로 보유하는 데 만족해서는 안 된다는 의미다. 단기적이든 장기적이든(누가 정확히 구별할 수 있겠는가?) 토지, 빌딩, 기계설비, 재고 등과 같은 유형자산에서 (주식 포트폴리오를 통해) 간접적인 지분이라도 가지는 편이 더 현명하다는 사실이 입증될 수 있다. 일반적인 주식투자 전략을 실행해 성공하기는 비교적 쉽다. 요점은 누군가의 재산을 분석할 때 구체적이고 신중한 기준에 비추어 그 개념을 소개해야만 가치가 있다는 것이다. 이러한 아이디어는 다른 포트폴리오와 마찬가지로 연금펀드에도 쉽게 적용할 수 있다.

주식의 미래에 대한 나의 전반적인 접근방법에서 금융정책의 중앙집중, 에너지 위기, 환경문제, 외환의 불안정성 등 공론화된 많은 문제들을 고려하지 않은 것은 분명한 사실이다. 이러한 변수들은 일반적인 형태의 '가치 대 가격' 등식에서 1) 낮아지는 이익마진 경향이나 2) 채무 부담에 비례해 더 높아지는 이자율 같은 반대요인들과 동일한 형태로 대입된다. 경제학자나 애널리스트들은 그 같은 변수들이 미래에 미치는 영향이란 과거에도 그랬듯이 정확히게 예측할 수 없다고 평가할 것이다.

기관투자자, 효율적 시장, 그리고 애널리스트

투자관리자들 사이에 '주식 편애'가 있는가? 내 대답은 과거 10년간 틀림없이 편애가 있었고, 그것이야말로 채권수익률과 일치하지 않는 주식시장 전체의 높은 가격수준을 형성하는 강력한 힘이었다는 것이다. 그것은 주식투자의 높은 수익률에 기여해왔다. 왜냐하면 사람들은 더 높아진 PER로 기존 보유자에게서 주식을 매수하기 위해 채권시장에서 수십억 달러를 빼냈기 때문이다. 하지만 이제 주식에 대한 기관투자자들의 실망이 관심사가 되고 있으므로 이러한 편애가 빠르게 사라질 뿐만 아니라 역전되는 것도 당연하다. 그리고 지금은 오히려 가격수준이 낮은 주식에 대한 '부당한 편견'을 경고하는 것이 나 같은 구세대들의 역할이다.

주식에 들어 있는 2,000억 달러의 기관투자자 자금과 지수 평균 수익을 능가하려고 하는 1만 1,000명의 현직 증권분석가들의 성과에 영향을 미치는 것은 무엇일까? 독자들은 150년 전 조사위원회에 45명의 독일 교수를 임명한 것과 관련해 하인리히 하이네$^{\text{Heinrich Heine}}$가 쓴 이행시를 인용하는 것을 양해해주기 바란다.

45명의 교수들 때문에
조국이여, 그대는 파멸했습니다!

겨우 교수들 45명이 이런 골칫거리를 만들 수 있다면 1만 1,000명의 분석가들은 어떠하겠는가?

기관투자자가 주식시장에 대규모로 참여하고 증권분석가들이 적절한 가치평가를 위해 많은 노력을 기울인다면 적어도 이론적으로는 주가의 부당한 변동을 잠재우고 주식시장의 움직임을 안정시켜야 한다. 그러나 나는 시장에서 기관투자자가 압도적인데도 그러한 결과가 나타나는 것을 본 적이 없음을 고백해야겠다. 가격변동은 아마도 기관투자자가 시장에 대규모로 진입하기 전보다 오히려 더 커졌을 것이다.

이유는 무엇일까? 내가 아는 것은 기관투자자들과 그들의 증권분석가들은 일반 대중보다 더 나은 신중함과 전망을 보여주지 못한다는 사실이다. 그들은 주로 '성과지상주의'로 대표되는 똑같은 유혹에 굴복하는 듯하다. 그들도 투자와 투기를 구분하는 법을 대부분 잊어버렸다(이는 1968년부터 1973년까지 투자신탁회사들의 성과가 '선량한 관리자의 주의의무$^{prudent\ man\ rule}$'에 대한 엄격한 법적 요구사항을 충족하지 못한 데 대한 책임이 증가하는 가운데, 언제 어떤 은행에 대해 법적인 문제가 발생할지 궁금하게 만든다).

기관투자자의 투자가 주가의 안정성과 합리성에 모두 기여하지 못한다는 구체적인 사례로 아메리칸 에어라인$^{American\ Airlines}$을 살펴보자. S&P의 〈월간 주식가이드〉는 이러한 편입종목과 2,000여 개의 보험회사 및 투자펀드들(비록 은행과 은행신탁부까지는 아니지만)의 관심종목을 보여준다. 1970년 조사대상 기관투자자들은 아메리칸 에어라인의 전체 주식 중 22퍼센트인 430만 주를 보유했다. 이 회사는 1970년에 주당 1.3달러의 적자를 보고했다. 그러고 나서 1971년에 13센트의 이익을 냈고 1972년에는 20센트로 늘어났다. 소위 '효율적인 주식시장'은 그 주가를 1970년 13달러 저점에서 1972년에 사상 최고치인 49.84달러까지 끌어올렸다. 그해 이익의 250배였다.

무엇이 금융기관들로 하여금 주식에 대해 비합리적인 투기에 탐닉하도록 만드는가? 그들은 이익실현을 위해 명백히 고평가된 종목을 포트폴리오에서 제외하고 매도하였는가?

오히려 정반대였다. 〈월간 주식가이드〉는 이 기간에 143개의 기관투자자들이 50퍼센트나 많은 670만 주까지 보유를 늘렸음을 보여준다. 1974년 현재 117개의 펀드가 여전히 전체의 20퍼센트인 570만 주를 보유하고 있었다. (그동안 아메리칸 에어라인은 1973년에 4,800만 달러의 적자를 기록했으며 가격은 1972년의 50달러에서 1974년에는 7.5달러까지 붕괴되었다.)

이 이야기는 기관투자자들이 합리적인 주가와 '효율적인 시장'에 효과적으로 기여하지 못한다는 점을 암시한다.

뛰어난 증권분석가들의 비교우위가 없다면 주식 포트폴리오에서 시장평균보다 더 나은 성과를 기대할 수 없음을 점점 많은 기관투자자들이 깨닫기 시작했다. 논리적으로 이는 많은 기관투자자들이 S&P의 성과를 예상 가능한 성과의 기준으로 받아들이도록 만들었다. 이것이 사실로 입증되면 대부분의 고객들이 투자관리를 위해 금융기관에 지불하는 표준수수료에 의문을 제기하게 될 것이다. (그런데 S&P 인덱스 포트폴리오에 대한 나의 제법 진지한 예언이 실현된다면 역설적으로 우리는 50년 전의 주식투자 형태로 되돌아가야 한다. 최초의 투자펀드들은 현물신탁^{actual trust}과 고정신탁^{fixed trust}이었다. 그 포트폴리오들은 처음부터 정해진 원칙에 따라 설계되었다. 포트폴리오의 변화는 규정된 조건하에서만 이루어질 수 있었다.)

고정펀드fixed fund에 대한 나의 수정된 제안은 재무분석가의 작업에 더 많은 자율성을 부여한다. 이러한 수정은 S&P지수나 다우존스 산업평균지수를 따라 하거나 모방하는 포트폴리오 전략의 기초가 된다. 운영관리자나 의사결정자는 편입종목을 교체할 수 있다. 그러나 주가 면에서 교체된 종목이 탈락한 종목보다 더 큰 내재가치를 지닌다는 점을 확실하고 설득력 있게 보여주어야만 한다. 애초의 편입종목에서 출발하되 그 결과에 대해 무거운 책임감이 수반된다면 이러한 프로그램은 실제 성과를 크게 개선할 것이다.

이 글에는 다우존스지수와 S&P지수가 현재 낮은 PER로 살 수 있는 많은 종목들에 비해 너무 높게 설정되었다는 강한 암시가 있었다. 만약 이 견해가 옳다면, 능력 있는 분석가들은 평균지수와 관련해 특정 회사의 바람직한 대체종목을 추천함으로써 자기 밥값을 할 탁월한 기회가 생기는 셈이다.

제발 명심하자. 지금 나는 주식투자에 대해 이야기하고 있지만, 또한 기관투자자의 역할에 대해 환멸을 느끼지만, 나는 어떤 투자자에게도 주식에 100퍼센트 투자하라고 권하지 않는다. 오히려 나는 모든 사람들의 포트폴리오가 항상 주식에 최소 25퍼센트, 채권에 최소 25퍼센트를 투자해야 한다고 생각한다. 투자자산의 나머지 50퍼센트는 주식과 채권에 각각 50 대 50 기준(중대한 가격변동에 따른 변화를 반영하기 위해 조정 가능하다)으로 나누거나, 채권이 주식보다 더 매력적일 때는 채권의 비중을 50퍼센트 이상으로 늘리고 반대로 주식이 채권보다 매력적일 때는 주식의 비중을 50퍼센트 이상으로 늘리는 '일관되고 보수적인 전략'에 따라 운용할 것을 권한다.

주식 이외의 다른 투자상품에서는 가상의 유동성이 없기 때문에 결국 주식이 기권승을 거둘까? 이러한 질문에 대해서는 다양한 대답이 있다.

첫째, 자금을 단기나 좀더 장기인 채무증서에 투자하는 대안은 유동성 요소를 감소시키지 않는다. 둘째, 유동성 자체는 진정한 투자 프로그램에서 꼭 필요한 요소이지만 빠른 환금성에 대한 수요 때문에 지나치게 많은 가치요소들이 희생된다고 주장할 수도 있다. 그러나 셋째, 나는 유동성 요소가 주식의 대안으로서 미술품이나 상품처럼 '소득을 창출하지 않는 대상'을 어느 정도까지 고려해야 하는지 말하기 어렵다. 내가 예감하기에 소득 부족(채권의 연간 8.5퍼센트 소득과 비교해서)은 투자 결정에서 유동성 요소보다 더욱 중요하게 다루어져야 한다.

지수화한 경제와 관리되는 경제

'지수화한 경제 indexed economy'는 무엇을 의미하는가? 나는 이미 인플레이션이 주식에 미치는 영향에 대한 견해를 말했다. (밀턴 프리드먼 Milton Friedman이 최근 제안한 의미로서의) 지수화된 경제는 여기서 진지하게 논의하기에는 다소 현실과 거리가 멀다. 그것은 연금계획까지 포함하는 노동조합계약의 생활비 조정과도 부분적으로 연결되어 있다. 한때 지수화한 채권종목이 있었다. 레밍턴랜드 Remington-Rand Corporation가 어빙 피셔 Irving Fisher의 주장으로 발행한 것인데, 생계비 지수에 따라 이표 지급을 달리했다. 의도적으로 (아마도 그렇지는 않겠지만) 그러한 아이디어가 재연될지도 모른다. 그러나 은행 대출금리나 채권수익률의 변화에 따라 표면금리를 변경하는 채무증서의 수가 증가하고 있다. 1989년 만기인 시티코프 Citicorp 변동금리채 6억 5,000만 달러의 공모로 봇물이 터지기 시작한 듯하다.

40여 년 전 루스벨트 시대 이후로 어느 정도 관리경제에 친숙해진 우리는 주식을 포함한 모든 것에 대한 그 영향에 상당히 단련되었다. 기본적으로 정부의 경제 간섭은 주식가치에 두 가지 상반된 영향을 미쳤다. 주식 분야에서는 1935년 이전의 10년과 같은 대규모 침체와 금융공황에 대한 든든한 보장을 통해 상당한 혜택을 받았다. 그러나 기업경영에 부과되는 복잡한 제한과 여러 가지 다른 부담들은 기업이익을 해쳤다.

어쨌든 관리경제는 지금까지 주식가치, 혹은 적어도 주가에 우호적이었던 듯하다. 다우지수와 S&P지수를 1949년 전후를 기준으로 비교하면 한눈에 알 수 있다. 이러한 비교에서 1969년부터 1970년, 1973년부터 1974년의 주가하락은 대규모 상승추세에서 소규모 조정처럼 보인다.

그러므로 마지막 질문에서 암시된 '주식에 대한 다양한 위협들'은 과거에 극복했던 다른 장애물들과 크게 다르지 않음을 경험으로 알 수 있다. 주식은 미래에도 그러한 장애물들을 극복할 수 있을 것이다.

주식가치에 대한 또 다른 위협을 언급하지 않고는 이 주제를 마칠 수가 없다. 최근 금융업계의 행태가 일반 대중의 신뢰상실로 이어지고 있다. 나는 월스트리트 외부보다 내부에서부터 주식가치와 주식의 미래에 대해 더 많은 피해가 발생한다고 주장한다. 에드워드 기번Edward Gibbon과 올리버 골드스미스Oliver Goldsmith는 "역사는 인류의 범죄, 어리석음, 그리고 불행의 기록에 지나지 않는다"고 썼다. 1968년부터 1973년까지의 월스트리트 역사에도 적용되는 말이다. 그러나 불행보다는 범죄와 어리석음에 더 많은 방점을 두어야 한다.

지금 무분별하고 비효율적인 기업관행(이러한 불법행위에 대한 빈곤하고 무지한 해명도 없이 금융기관과 개인들이 저지르는 낡고 조잡한 윤리)의 눈부신 사례들을 모두 열거할 시간이 없다. 믿기 힘든 사례 하나만 살펴보자. 감당할 수 있는 것보다 더 많은 기업을 받아들였기 때문에 전체 사업이 거의 파산하게 된 사례를 본 적이 있는가? 그런 일이 1969년 우리의 자랑스러운 뉴욕증권거래소 업계에서 영업지원부서의 혼란과 분실증권 등으로 발생했다. 같은 기간에 많은 기업들의 금융관행상 부정도 똑같이 우울한 그림을 그렸다.

월스트리트가 대중의 신뢰를 회복하기까지 (아마도 새로운 입법으로) 수년이 걸릴 것이다. 그러는 동안에 주식가격은 부진을 거듭할 것이다. 그러나 진정한 투자자는 아주 만족스러운 조건으로 새롭게 투자할 수 있다는 전망에 실망하기보다는 기뻐할 것이다. 특히 매년 대규모 투자 증가분을 운용하는 연금펀드 매니저들에게 그러한 전망은 특히 매력적이다. 5년 전이라면 AAA급 채권을 8퍼센트 내지 9퍼센트의 수익률로 사거나 건실한 기업의 주식을 15퍼센트 이상의 수익률로 산다고 상상이나 할 수 있었겠는가? 기관투자자끼리 계속 더 높은 가격에 주식을 주고받음으로써(자가발전) 25퍼센트의 시장상승을 목표로 하고 있는 최근의 불합리한 아이디어보다, 이제는 더 유망한 투자방법을 이용할 기회가 있을 것이다.

내가 가장 좋아하는 시인인 베르길리우스의 인용문으로 끝내자. 워싱턴 농무부 현관의 큰 계단 앞에 있는 커다란 그림 아래에 새겨져 있는 문구다.

O fortunate nimium... Agricolae!
오! 샘이 날 정도로 운이 좋은…… 농민들이여!

베르길리우스는 그 당시 로마 농민들에게 연설하기 위해 이 글을 썼다. 그러나 나는 그의 시에 빗대어 현재와 미래의 주식투자자들에게 말한다.

오! 샘이 날 정도로 운이 좋은 투자자들이여,

여러분이 현재 자신의 이점을 깨닫기만 한다면!

3부

직업적 투자의 문제

우리는 증권분석가를 평가하는 시스템이 없다.
따라서 어떠한 타율batting averages도 없다.
오히려 잘된 일일지도 모른다. 그러나 어떤 경우에 누가 옳았는지
고객들이나 스스로한테 입증하지도 않은 채 고객들에게
구체적인 추천을 하는 데 평생을 바치려 한다면 정말 모순이다.
훌륭한 분석가라면 수년에 걸친 자신의 모든 추천 결과를
의심할 여지 없이 확실히 보여주어야 한다.

_ 〈애널리스트 저널〉 1946년 봄호

◆ 벤 그레이엄이 풀브라이트 위원회에서 증언했을 때, 그의 증언은 월스트리트가 어떻게 돌아가는지에 대한 드문 통찰력을 보여주었다. 제임스 풀브라이트James W. Fulbright 상원의원은 솔직히 투자세계에 관한 한 경험이 부족했다. 그는 우리가 그레이엄에게 묻고 싶어하는 많은 질문들을 대신 해주었다. 단순하고 직접적인 화법으로 그레이엄은 그와 다른 전문 투자자들이 무슨 일을 어떻게 하는지 그리고 개인적으로 생각하는 투자 시스템에 대해 설명했다.

벤은 쓰는 것과는 달리 언제나 아주 열정적으로 말한다. 왜 그렇게 유명한 교수가 되었는지 쉽게 알 수 있다. 그리고 상원의 증언에서나 이 글에서 그레이엄은 당시로서는 아주 혁신적인 견해를 밝혔다. 그는 증권분석가라는 직종이 전문적인 지위를 얻기를 바랐으며, 어떻게 그것을 얻을 수 있는지 알고 있다고 생각했다.

그레이엄이 재무분석가들을 위해 훈련, 검증 그리고 자격인증을 위한 캠페인을 시작하기 전까지만 해도 증권분석은 단순히 '업무'의 일환일 뿐이었다. 그레이엄은 증권분석가의 업무가 전문기술을 요구하고, 성과기준과 윤리강령을 갖추어야 하며, 그러기 전에는 결코 존경받지 못한다는 사실을 잘 알고 있었다. 그는 이를 위해 끊임없이 일했고, 많은 사람들이 그에 반대했다. 현재 공인재무분석사CFA라는 직함이 당당하게 활약하게 된 것은 그레이엄의 고집과 많은 제자들의 노력 덕분이다.

*과학적 증권분석의 길

전국재무분석사협회 제5차 연차총회 강연

                                         회장님, 회원들 그리고 신사숙녀 여러분. 협회가 이처럼 영광스러운 연차총회에 초대해주셔서 커다란 영예로 생각합니다. 이에 보답하기 위해 바로 진지하고 중요한 주제로 들어가야겠습니다. 하지만 유감스럽게도 여러분이나 나는 아직 진지하고 중요한 주제를 나눌 준비가 되어 있지 않은 듯합니다. 이번 서부식 환대는 정말 굉장했습니다. 위터(Witter) 총장의 칵테일파티에서 나는 숙녀 한 분이 남편에게 말하는 것을 들었습니다. "톰, 당신 그만 마시는 게 좋겠어. 당신 얼굴이 벌써 흐릿하단 말이야." (웃음)

  시카고에서 탄 열차에서 나는 한 증권분석가와 동석했는데, 그는 성경을 가지고 있었습니다. 그의 친구가 물었습니다. "짐, 성경으로 무엇을 할 건가?" 그가 대답하더군요. "음, 우리 일정을 보면 5월 15일 토요

---

*〈애널리스트 저널〉 1952년 8월호

일에 뉴올리언스에 정차한다고 되어 있네. 그 도시에 대해 많이 들었는데…… 쇼, 여자, 술 그리고 도박 같은 것들이 아주 재미있을 거야." 친구가 다시 물었습니다. "그 성경으로 무엇을 할 거냐고?" 그가 대답했습니다. "소문대로 정말 멋진 곳이라면 일요일까지 머물려고……."
(웃음)

여러분 모두 일요일까지 머물게 될 것입니다. 왜냐하면 내 강연 〈과학적 증권분석의 길〉을 그날 시작할 예정이기 때문입니다.

정성스럽고도 열광적인 이번 주 행사를 통해, 증권분석가와 증권분석은 마침내 충분히 성숙했으며 권위와 실력을 충분히 전승할 만한 단계에 접어들었다 말하고 싶습니다. 그러나 나의 목적은 그동안 인상적이었던 업계의 노력을 칭찬하는 게 아니라 더 많은 노력과 더 광범위한 활약을 촉구하는 데 있습니다. 대학시절 이후 나는 괴테가 오레스테스의 입을 통해 한 말을 가장 좋아하는 인생의 좌우명으로 삼고 있습니다.

"최선을 다하지 않으면 결과는 미약하며, 해야 할 일을 많이 남긴다."

강연주제는 거의 1년 전에 정해졌지만, '증권에 미치는 과학의 영향'에 공헌하는 〈애널리스트 저널〉 최근호의 주제와도 적절히 연결되고 있습니다. 우리가 투자하고 있는 여러 산업과 관련하여 어떠한 과학적 원리가 적용되고 있는지에 주안점을 두고 있지요. 오늘 밤 우리의 주제는 증권을 분석하는 과정과 결론에 과학적 개념을 도입하는 길을 찾는 것입니다. 분명히 여러분 중 어느 누구도 내가 완전하고 확실한 '증권분석의 과학'을 자세히 설명하리라고 기대하지는 않을 겁니다. 하지만 강연주제가 이미 말해주듯이, 여러분은 이 강연을 통해 여러분이 혼자 고민해야 했을 문제들에 대해 함께 공유할 기회를 얻게 될 것이며, 증권분석이라는 매력적인 업종에 종사하는 동료들은 내가 제안하는 건설적인 아이디어에 틀림없이 만족하게 될 것입니다.

이 강연에 유머가 없음을 미리 사과드립니다. 이 분야에서 재미있는 동시에 논리적이면서 과학적이기는 불가능합니다.

(이하 강연 내용을 본 서에서는 평어체로 서술했다._편집자 주)

과학적 방법이란?

최근 울프$^{H.\ D.\ Wolfe}$가 논문 〈신뢰할 수 있는 도구로서의 과학$^{Science\ as\ a\ Trustworthy\ Tool}$〉에서 지적했듯이, 과학적 방법은 사건에 대한 광범위한 관측과 기록, 논리적이고 설득력 있는 이론이나 공식의 구축, 그리고 논리적으로 신뢰할 만한 예측을 매개로 한 효과를 구성요소로 한다. 여기에는 아주 다양한 과학원칙들이 있다. 그 원칙들에 근거한 예측은 경우에 따라 그 성격도 크게 다를 것이다.

한 극단적인 예로 마이크를 보자. 마이크를 정비하는 전기기사라면 마이크에 대고 말하는 한 단어가 곧 증폭될 것임을 예측할 수 있다. 예측은 정확하다. 이는 즉각적이고 의문의 여지가 없다. 또 다른 극단적인 예로 심리분석가가 있다. 심리분석은 이따금 증권분석과 비교된다. 여기서 예측과 증명은 덜 명확하다. 가족의 심리분석 치료를 위해 돈을 대는 초보자는 병의 본질, 치료 방법과 기간, 치료 정도 같은 구체적인 내용에 대해 잘 모를 수 있다. 확실히 예측 가능한 부분은 시간당 비용뿐이다.

두 극단 사이에 보험계리의 과학이 있다. 보험계리는 증권분석의 과학적 가능성과 관계가 깊다. 생명보험 계리사는 사망률, 투자잔고의 수익률, 비용과 편익 요소(추세와 새로운 요소를 고려하면서 신중하게 분석한 과거 경험에 주로 근거한)를 예측한다. 이러한 예측에서 수학기법의 도움을 받아 다양한 형태의 보험에 대해 적절한 보험료 산정표를 만들어낸다. 그러한 작업과 결론이 우리에게 중요한 것은, 보험계리사가 개별적인 경우가 아니라 많은 유사한 경우에 적용 가능한 '종합적인 결과'를 다루기 때문이다. 다양성은 보험계리의 핵심이다.

'과학적 증권분석'에 대한 우리의 첫 번째 현실적인 질문은 그것이 특성상 보험계리와 같은지, 그리고 필수요소로서 다양성을 가지는지에 관한 것이다. 한 가지 가능성 있는 대답은, 다른 분야에서는 그렇지 않지만 증권분석의 특수한 형태와 목적을 고려할 때 다양성은 필수라는 것이다.

그렇다면 이제 증권분석이 하는 일들을 분류해보고 '다양성의 요소'를 각각에 적용하는 방법을 알아보자. 또한 우리는 각각의 분류에 따라 사용해야 하는 과학적 방법과 예측에 대해 또 다른 질문들을 제기할 수도 있을 것이다.

나는 우리 작업의 최종결과를 다음과 같은 네 가지 범주로 나누고자 한다.

1. 채권 형태의 안전한 증권의 선택
2. 저평가된 증권의 선택
3. 성장증권의 선택, 즉 평균보다 상당히 높게 수익력을 제고할 것으로 기대되는 주식
4. '단기 기회'의 선택, 즉 향후 12개월 안에 가격상승 가능성이 평균 이상인 주식

여기에는 시장분석과 그에 기초한 예측이 포함되지 않는다. 이 점에

대해 간략히 논평해보자. 만약 증권분석이 과학적이어야 한다면, 그것은 시장분석에 따른 것이 아니라 그 자체로 그래야 한다. 시장분석이 충분하면 증권분석은 필요하지 않다고 말하기 쉽다. 그러나 이는 많은 저명한 증권분석가들이 관심을 기울이는 분야에 대해 지나치게 건방지게 생각하고 있는 것이다. 시장분석과 증권분석이 결합하면 단순한 증권분석보다 더 나은 작업이 될 수 있다는 주장은 적어도 설득력 있는 제안이고 가능한 일이다. 하지만 우리에게 이러한 주장에 대해 명백하고 확실하게 설명해야 할 사람은 애초에 이 주제를 제시한 사람들이다. 아쉽게도 지금껏 발간된 자료들은 두 가지 분석의 결합에 대한 과학적인 입장을 용인하고 보장하기에 너무나 빈약하다.

네 가지 범주

증권분석의 네 가지 범주로 돌아가 보자. 안전한 채권과 우선주의 선택이 우리 동업자들에게 가장 흥미로운 업무는 아니지만 그래도 분명히 평판이 가장 좋은 영역이다. 그 자체로도 아주 중요할 뿐만 아니라 우리 직업의 다른 업무에도 유용한 유사성과 통찰력을 보여줄 수 있다. 채권분석은 과거실적에 주안점을 두고 미래의 변화와 위험에 대해 보수적인 견해로 조절한다. 채권분석의 신뢰성은 기업 전체의 실질가치 대비 부채 비율이 적을수록 안전마진이 커지는 것에 주로 의존한다. 그리고 평균적인 전체 성과를 보장하기 위해 광범위한 분산투자를 필요로 한다. 이러한 견해는 채권투자를 금융기관들이 하는 것처럼 확실하고 '과학적인 방법'으로 만들었다.

사실 채권투자는 이제 거의 보험계리사 과학의 아류가 되어가는 중이다. 매년 보험료 35달러에 대한 1,000달러로 사람의 생명을 보장하는 것과 매년 35달러를 지급하는 1,000달러짜리 장기채권을 발행하는 것 사이에는 흥미로운 유사성이 있다(물론 차이점도 있지만). 서른다섯 살 된 남자의 예상사망률은 한 해에 약 1,000명당 4명, 즉 0.4퍼센트이다. 이러한 '사망률'은 재무나 영업의 건전성이 최고인 기업에도 높은 등급의 채권투자에 수반되는 위험을 평가하기 위해 적용할 수 있다. 이러한 수치, 즉 0.4퍼센트는 최우량 회사채와 미국 정부채권사이의 위험과 수익률의 차이를 적절히 평가할 수 있을 것이다.

과학적인 채권투자

미국 경제조사국^{NBER}과 여러 연구소가 진행한 기념비적인 회사채 연구가 최종적으로 완결되고 증권분석가들이 대량의 통계자료들을 이용할 수 있게 되면 채권투자는 과학적인 투자의 특성을 더하게 될 것이다. 우리 직업의 최대 약점은 우리가 다양한 원칙과 기법으로 수행하거나 유발한 투자의 성과에 대해 포괄적인 기록을 제공하지 못하는 것이다. 우리는 대개 다른 사람에게 그들이 한 작업의 결과에 대해 무제한의 통계자료를 요구한다. 그러나 정작 우리는 우리가 한 작업의 성과와 관련 있는 적절한 통계자료를 집계하는 면에서 낙후되어 있었다. 나는 조금 뒤에 그 문제에 대해 언급할 것이다.

저평가 주식의 선택

안전한 채권과 우선주 투자를 다루자면 자연스럽게 저평가 주식의 선택 문제를 고려 대상에 넣어야 한다. 안전마진 개념은 채권과 우선주 모두에 적용된다. 분석가가 어떤 기업을 시가총액보다 더 가치 있다고 평가하면 그 주식은 저평가된 것이다. 여기에 채권 선택과 밀접한 유사성이 있다. 채권도 부채를 훨씬 능가하는 기업가치를 필요로 한다. 물론 저평가된 주식을 확보했을 때의 보상은 비교하기 어려울 만큼 크다. 왜냐하면 보통 안전마진의 전부 또는 상당 부분이 결국 저평가된 종목의 매수자에게 이익을 가져다주기 때문이다.

이와 관련해 나는 다소 모호하지만 시도해볼 만한 아이디어를 제시하고 싶다. 과학적인 관점에서 주식 전체를 본질적으로 '저평가된 증권'의 형태로 간주해야 한다는 것이다. 이는 개별 리스크와 전체 또는 집단 리스크 사이의 기본적인 차이에 따른 것이다. 사람들은 본질적으로 채권보다 주식에 대해 더 높은 배당수익률과 더 큰 이익률을 요구한다. 평균적인 개별주식의 손실 리스크가 평균적인 개별채권보다 확실히 더 크기 때문이다. 그러나 이 같은 비교는 분산된 주식 그룹의 경우에 역사적으로 옳지 않다. 왜냐하면 주식 전체로는 잘 알려진 상승편차$^{upward\ bias}$나 장기적인 상승추세를 띠고 있기 때문이다. 따라서 이는 국가의 성장, 내부 유보이익의 지속적인 재투자, 20세기 들어 두드러진 순인플레이션 추세 등을 통해 쉽게 설명할 수 있다.

화재와 손해율

여기서 유사점은 화재와 손해 보험료율이다. 사람들은 화재보험에서 보험계리인이 산정한 화재위험재산에 대해 2배의 보험료를 지불한다. 그들은 개별 리스크를 스스로 충분히 부담할 수 없기 때문이다. 비슷한 이유로 주식의 전체 수익은 전체 리스크의 적어도 2배 이상으로 나타난다. 1899년 이후 다우존스 산업평균지수의 추세를 나타내는 키스톤 Keystone 차트를 보면 이 점과 관련해 재미있는 부분을 발견하게 된다. 즉, 상한선과 하한선이 모두 10년마다 3분의 1 비율로 상승한다는 것이다. 미국 저축채권 시리즈E의 2.9퍼센트 복리다. 이는 지속적인 다우존스 주식투자자가 저축채권이 이자 대신에 지급하는 원본가치의 증가분을 얻는다는 의미다. 게다가 다우존스 주식투자자는 국채이자율을 상회하는 보너스로 보유주식에서 배당을 받는다.

내가 좋아하는 논리는 '과학적으로 유효하면서 심리적으로는 위험하다' 는 것이다. 그 유효성은 채권수익률과 주식 PER의 근본적인 불일치가 주식시장에서 계속 유지되는 데 따라 결정된다. 1920년대처럼 만약 이러한 논리가 주식이 얼마나 높은 가격에 팔리느냐와 상관없이 매력적인 투자수단이라는 선동으로 왜곡된다면, 우리는 과학자인 체하다가 조심성 없고 불운한 도박사로 끝나게 될 것이다. 일반적인 강세장의 정점에서 주식 리스크를 채권 리스크와 동일시하는 경향이 있다는 주장은 맞는 말일지도 모른다. 이러한 고평가는 순수한 이론으로 어느 정도 정당화될 수 있다. 그러나 우리가 분석하는 과정에서 명심해야 할 중요한 사항이 있다. 주식의 전체 가치를 모두 지불하면 나중에 나타날 커다란 위험에 대해 너무 큰 대가를 치르게 된다는 점이다.

저평가 개별주

이제 개별적인 저평가 종목들로 돌아가 보면 우리는 좀더 친숙한 근거를 찾게 된다. 이 그룹에 대한 우리의 작업은 광범위한 관찰 그리고 예측이나 가설을 결과로 검증하는 과학적 절차를 따른다. 저평가 종목 이론에는 반드시 그 발생원인에 대한 설명이 필요하다. 사실 이러한 설명은 소위 '시장가격의 병리학pathology of market prices'에서 시작되어 변화해왔다. 그 원인이란 부당할 정도로 낮은 배당이나 일시적인 이익 감소 같은 확실한 원인에서부터 자본구조상 과도한 보통주 비중이나 예금 같은 좀더 애매하고 특수한 상황까지 다양하다. 이외에도 중요한 소송이나 두 가지 서로 다른 사업의 결합, 평판이 좋지 않은 지주회사의 존재 등 여러 가지 원인들이 많다.

저평가 원인에 대한 이해

저평가의 원인은 현재 많이 밝혀졌으며 이에 대한 분석 역시 '과학적 연구'로 인정받기 시작했다. 그런데도 우리는 저평가를 어떻게 '해결' 해야 할지 잘 모른다. 저평가 종목이 어느 정도나 조정되었는가? 그 조정은 어떻게 이루어졌는가? 그러기까지 기간이 얼마나 소요되었는가? 이러한 의문들은 거의 정신분석학에서나 관심을 가질 만큼 난해하다. 그러나 우리가 아는 한, 분산투자에 기초해 저평가 종목을 매수한다면 지속적으로 수익성 있는 결과를 기대할 수 있다. 좀더 과학적으로 연구할 만한 가치가 있는 분야인 것이다. 수년 동안 체계적이고 지적으로 이루어진 이 분야의 경험적인 연구들은 틀림없이 보상을 받을 것이다

성장주의 선택

증권분석의 세 번째 목적은 성장주의 선택이다. 현재 이 분야는 얼마나 과학적인 과정을 기쳐 과학적으로 이루어지고 있는가? 이제부터는 좀 어려운 영역이다. 대부분의 성장회사들은 기술적인 진보와 밀접하게 연관되어 있다. 증권분석가는 성장주를 선택함과 동시에 과학의 도움에 매달리게 된다. 이번 행사기간에 여러분은 40여 곳의 공장 견학을 통해 신상품과 새로운 생산공정 개발에 관심을 가지게 될 것이다. 이러한 과정은 여러 회사의 장기전망에 대한 결론을 내리는 데 강력한 영향을 미친다.

그러나 이는 주로 질적인 분석이다. 이 과정에서 여러분의 작업이 신뢰할 만한 측정도구(즉, 미래 이익에 대한 구체적이고 최소한의 추정 그리고 과거 경험에 비추어 볼 때 합리적이고 보수적인 특정 배수나 비율로 추정이익을 자본화한 것 등)에 근거하지 않았다면 정말 과학적이라고 할 수 있을까? 구체적인 가격이 미래 성장(주식의 매수가보다는 낮고 진짜 가치보다 높게, 또는 일종의 투기사건으로)에 비해 과장되지는 않았는가? 예상성장이 현실화되지 못하는 리스크는 누가 감당해야 하는가? 우호적인 시장전망이 불리하게 바뀔 때 발생하게 될 중요한 리스크는 무엇인가? 이러한 의문에 대한 신뢰할 만한 대답을 얻으려면 체계적인 연구가 꼭 뒷받침되어야 한다.

전前 과학 단계의 주식투자

그러기 전에는 성장주 투자가 여전히 전 과학 단계에 있다고 느낄 수밖에 없다. 그것은 안전한 채권이나 저평가 증권 선택보다 더 매력적인 동시에 덜 정확하다. 성장주 분야에서 안전마진이라는 개념은 다른 두 가지 증권분석에서 누릴 수 있는 명료성과 탁월함을 잃어버린다. 사실 성장주에도 안전성은 있다. 증권분석가들 중 몇몇은 "성장주 이외에 진정한 안전성은 없다"고 강변하기도 한다. 그러나 이는 과학적인 정설이거나 입증된 가설이라기보다 하나의 구호처럼 들린다. 다시 말해 성장주 분야에서는 선택요소에 너무 집중한 나머지 분산투자를 부차적으로 치부하거나 종종 무시하게 만들어버린다. 어떤 경우에는 투자자금 전부를 최고 성장주 하나 또는 하나의 그룹에 투자한다. 이 분야의 증권분석에서는 보험계리인 요소가 실종되어버리고, 그러한 상황은 필연적으로 진정한 과학절차와 성과를 방해하게 마련이다.

상반된 관계

성장주 개념과 저평가 종목 이론은 유기적이지만 상반된 관계에 있다. 즉, 성장의 매력은 한 지역(성장주)에 높은 파도를 일으키고 다른 지역(성장주 이외)에는 낮은 파도를 일으킨다. 어떤 의미에서 우리는 비우호적인 그룹의 회사에 대한 '최소기업가치$^{minimum\ business\ value}$'의 기준을 사용해 이 같은 영향의 왜곡효과를 과학적으로 측정할 수 있다. 캘리포니아 종목 3개에 적용해 생각해보자. 지역소매업체인 루스 브라더스$^{Roos\ Brothers}$ 주식은 속성상 평가가치보다 낮게 팔리는 경향이 있다. 슈피리어 오일$^{Superior\ Oil}$이나 컨카운티랜드$^{Kern\ County\ Land}$ 주식을 고평가하는 것과 같은 이유에서다.

마지막으로 증권회사 분석가나 자문서비스의 기본업무, 즉 단기적인 시장전망이 좋은 종목을 선택하는 과정에 대해 알아보자. 이 작업에서 가장 흔한 전제는 "이익이나 배당이 증가할 것 같으면 주가도 상승한다"는 것이다. 그래서 이는 조만간 이익이나 배당이 증가할 것 같은 회사를 찾거나 추천하는 과정이다. 여기에는 세 가지 기본적인 위험요인이 있다. 예상한 개선이 발생하지 않는 것, 미래가치가 이미 현재 가격에 반영되어버린 것, 다른 요인이나 알 수 없는 이유로 주가가 원하는 방향으로 움직이지 않는 것.

애널리스트의 자기 검증

이제 결론을 내리고 구체적인 제안을 해야겠다. 증권분석은 입증된 통계도구들을 사용해 지속적인 자기 검증을 모색할 준비단계에 도달했다. 우리는 많은 분석가들의 연구와 결론을 모으고 목적에 따라(아마도 이 글에서 제안한 네 그룹으로) 분류해야 한다. 그런 다음에 그 정확성과 성패를 평가하는 데 최선을 다해야 한다. 이는 좋은 증권분석가와 그렇지 않은 분석가가 누구인지 알아보려는 게 아니다. 오히려 어떤 방법이나 접근이 건전하고 성과가 있으며 어떤 것이 경험의 검증을 충족하지 않는지 보기 위해서다.

6년 전 〈애널리스트 저널〉에 '생각하는 사람'이라는 이름으로 기고한 글에서 이러한 제안을 한 바 있다. 그때 나는 "증권분석은 개별적이거나 집단적인 권유의 건전성에 대한 합리적이고 구체적이고 타당한 검증 없이는 전문적인 지위를 확보하기 어렵다"고 썼다. 뉴욕소사이어티 The New York Society는 구체화된 필요조건을 충족하는 증권분석가를 위해 자격이나 준^{準} 전문적인 등급을 구축하는 시작단계에 있다. 이러한 움직임은 궁극적으로 우리의 요구에 맞는 성숙한 전문지위를 획득할 것이 확실하다. 협회와 산하단체가 사례사(史)의 체계적인 축적을 시작할 시점이 무르익었다. 이로써 과거의 증권분석가에서 미래의 증권분석가로 지식과 기법을 지속적으로 발전시키는 단체로 나아가게 된다.

이러한 작업이 잘 진행될 때, 증권분석은 서서히 그러나 희망차게 과학 원칙에 따라 스스로 무장하기 시작할 것이다.

미 상원 은행 및 통화위원회 증언

주식매매에 영향을 미치는 요소에 대해

—1955년 4월 11일 금요일 제84차 의회 1차 회기

의장 다음 증언자는 뉴욕 그레이엄뉴먼의 이사회 회장이자 사장인 벤저민 그레이엄 씨입니다. 그레이엄 씨, 우리는 오늘 아침에 당신이 출석해서 대단히 기쁘며, 당신의 증언을 기대하고 있습니다. 당신의 진술서를 낭독하시겠습니까? 아니면 그것을 요약하시겠습니까?

그레이엄 가능하다면 요약하는 편이 좋겠습니다.

의장 좋습니다.

그레이엄 하지만 우선 정정을 해도 되겠습니까?

의장 네.

그레이엄   정정할 사항은 내가 그레이엄뉴먼의 이사회 회장이지만 사장은 아니라는 것입니다. 그리고 나는 워싱턴의 GEICO회장이기도 하다는 사실을 추가하고 싶습니다. GEICO는 GWAICO$^{General\ Wood's\ Allstate\ Insurance\ Co.}$보다는 작지만 훨씬 강력한 경쟁자입니다.

나는 진술을 통해 세 가지를 다루려고 했습니다. 첫째는 가격과 가치의 관계에서 본 현재 주가수준에 대한 문제, 둘째는 1953년 9월 이후 시장 상승의 원인, 셋째는 미래에 과도한 투기를 제어하는 실현 가능한 방법입니다.

주가의 현재 수준에 관해 연구한 결과, 선도적인 산업의 주식은 기본적으로 과대평가되지 않았지만 그렇게 싼 편도 아니며, 곧 부당하게 높은 수준으로 진입할 위험에 처해 있습니다.

한 가지 덧붙이자면, 나는 진술에서 선도적인 산업의 주식을 다루고 있는데, 주식시장은 가격 패턴이 다양한 수백 개 종목으로 구성되었다는 점을 고려하지 않았다고 비난받을 것입니다. 사실은 지난해부터 주식시장이 다른 시장들보다 좀더 동질화되었고, 시장가격의 상승세 역시 모든 형태의 주식들, 그러니까 선도주나 이류주에 상관없이 상당히 고르게 나타났다는 것입니다.

1953년 9월 이후 시장 상승세의 원인에 대해 나는 진술서에서 어떤 기본적인 경제요인의 변화보다도 투자와 투기에 대한 정서 변화를 강조하고 있습니다. 나는 더 나은 것을 바라는 정서의 변화가 더 나쁜 것에 대한 정서의 변화를 수반하게 되는 위험을 지적하고 싶습니다.

마지막으로, 미래에 대한 과도한 투기를 통제하는 방법 면에서 투기행위의 증가에 따라 연방중앙은행이 필요증거금을 높이고자 하는 정책에 동의합니다.

나는 일반적으로 신용투기는 대중에게 값비싼 대가를 치르도록 만들기 때문에 많은 경험과 능력을 갖춘 사람들이 이용할 때에만 안전하다고 생각합니다.
또한 한시적으로 주식 공급을 늘리는 것이 바람직하다면 자본이득세의 일시적인 완화에도 찬성하는 입장입니다.
내 진술에 대해 아주 구체적으로 들어가는 대신에 이 정도로 질문에 대한 답을 마치겠습니다.

의장 그레이엄 씨, 아주 감사합니다. 당신 회사는 시장에서 최고인 주식들에 투자합니까? 아니면 어떤 다른 투자지침을 사용합니까?

그레이엄 우리는 시장 주도주를 산 적이 없습니다. 우리 사업은 특수분야에 전문화되어 있습니다. 우리는 내재가치 이하에 팔리는 주식을 사는 데 주안점을 두거나 특수상황이라고 알려진 것에 투자합니다.

의장 우리가 잘 알 수 있도록 설명해주시겠습니까? 아시다시피 당신은 이 분야에 대해 잘 모르는 위원회, 적어도 지금 출석한 위원들을 대상으로 이야기하는 중입니다. 특수상황이 무엇이고 그것을 어떻게 이용하는지에 대해 말씀해주시겠습니까? 특수상황이 저평가되었는지 그렇지 않은지 어떻게 결정합니까?

그레이엄 고평가된 증권과 특수상황에는 약간 차이가 있습니다. 이 차이를 분명히 해보겠습니다.
우선 특수상황은 월스트리트에서 알고 있는 것과 같습니다. 그것은 전체 주가의 움직임하고는 상관없이 한 종목만이 특별한 상황에 관계되어 분석상 그 종목의 가치가 상승할 가능성이 있다고 여겨지는 증권이지요. 자본재구성, 구조조정, 합병 같은 특별한 경우입니다.

특수상황의 전형적인 사례는 구조조정 중인 법정관리 기업입니다. 법정관리를 받는다는 사실 때문에 그 증권은 내재가치 이하로 팔리기 쉽습니다. 구조조정이 끝나면 적정가치로 평가받고 증권의 매수가 이익을 가져다줄 것입니다. 그와 관련해 또 다른 사례가 있습니다. 공공 유틸리티 회사의 분리는 아주 재미있는 속성을 지닌 주식 그룹입니다. 왜냐하면 투자대중에게 전반적으로 인기를 잃은 이러한 지주회사들은 시장에서 자회사 가치의 총합보다 싸게 팔리기 쉽고, 그들이 나뉘었을 때 시장에서 자회사들은 지주회사의 가치를 훨씬 넘어섭니다.

특수상황이 아닌 저평가된 증권 일반에 관해서 이야기해볼까요? 기업의 대차대조표나 손익계산서를 분석하면 기업이 내재가치보다 상당히 낮게 팔리는 사실을 알 수 있습니다. 증권분석 과정에 기초하는 겁니다. 일반적으로 개인소유주에게 기업이 지닌 가치보다 상당히 싸게 평가받을 수 있는 기업입니다.

의장 당신은 어떻게 경영을 평가합니까?

그레이엄 경영은 선도기업의 평가에 가장 중요한 요소이고 이류기업의 시장가격에도 커다란 영향을 줍니다. 그렇다고 장기적으로 이류기업의 가치를 관리하는 데 반드시 필요한 것은 아닙니다. 왜냐하면 경영이 상대적으로 부진하면 경영을 개선하려고 작용하는 힘이 나타나고, 따라서 회사의 가치는 개선되기 때문입니다.

의장 당신은 특수상황을 파악하고 주식을 대량 매수할 때 통상적으로 그 회사를 지배하려고 합니까?

그레이엄 아닙니다. 그것은 아주 예외적입니다. 우리가 지난 몇 년 동안 투자한 400여 개 기업에 대해 말하자면 경영권을 인수할 만큼 지분을 보유한 것은 3~4개를 넘지 않습니다.

의장 경영이 부진하다고 생각하면 경영에 관여합니까? 그런가요? 그런 경우에 그것은 중요한 요소 중 하나가 아닙니까?

그레이엄 경영상황을 개선하기 위해서라면 경영권을 행사하려는 이유로 충분합니다.

의장 시장에 큰 충격을 주지 않고 어떻게 주식을 대량 매수할 수 있습니까? 본인의 이름으로 주식을 매수합니까? 그게 아니라면 절차가 어떻게 됩니까?

그레이엄 두 가지 절차가 있습니다. 하나는 특정기간에 공개시장에서 주식을 사는 겁니다. 다른 하나는 특정한 또는 불특정한 수의 주식에 대해 매수청구를 하는 거죠. 이것이 공시되고 모든 주주는 받아들일 기회를 가지게 됩니다.

의장 일단 당신이 특수상황을 포착했다고 가정해봅시다. 그것을 분석하고 여러 가지 작업을 거쳐 당신은 그것이 저평가되었으며 좋은 특수상황이라고 결정했습니다. 여기까지는 알겠습니다. 당신은 시장에서 매수를 시작하고, 당신의 관심을 공개하고, 모든 사람이 당신이 하는 일을 알게 됩니다. 나는 당신이 그 다음에 어떻게 하는지 궁금합니다.

그레이엄 그럴 수 있습니다. 그러나 자주는 아닙니다. 의원님, 그러한 사례를 하나 보여드리겠습니다. 《현명한 투자자》에서 나는 저평가된 증권의 사례를 이야기했습니다. 노던 퍼시픽 철도회사 Northern Pacific Railroad 주식이었는데, 내가 처음 분석했을 때는 20달러이던 것이 나중에 14달러까지 하락했습니다. 우리는 상당량을 매수하기로 결정했습니다. 재무제표를 한두 번 읽은 다음에 그 주식을 사야 한다는 확신이 들었다고 말할 수 있습니다. 우리는 계속해서 그 주식을 샀고, 가격에는 비교적 영향을 미치지 않은 채 시장에서 5만 주 정도를 매수했습니다.

의장 그 주식이 많았습니까?

그레이엄 모두 약 250만 주였습니다.

의장 아주 큰 회사군요

그레이엄 네, 정말 그렇습니다. 우리에게는 큰 투자였습니다. 하지만 다른 경우도 있습니다. 회사는 더 작지만 공개시장에서 주식을 매수하기가 쉽지 않은 경우입니다. 이런 때 공개적인 방법으로 매수하려면 일반적으로 매수청구를 하는 편이 더 바람직합니다.

의장 특수상황에 대한 당신의 관심을 숨기기 위해 어떤 노력도 하지 않습니까? 아니면 신탁회사나 다른 기관을 통해 거래합니까?

그레이엄 대부분의 매수에서 우리는 다른 회사들과 마찬가지로 증권회사를 통해 주식을 삽니다. 증권회사는 우리를 위해 일하고 거기에는 숨

길 것이 없습니다.

의장 당신도 알겠지만, 주식을 매수하면서 매수자를 숨기는 경우가 많지 않습니까?

그레이엄 말하자면 공개시장에서는 모든 회사들이 팔리고 있습니다. 공개시장에서 경영권이 팔린다는 의미입니다. 모든 경우에 어느 정도 숨기는 것은 있다고 할 수 있습니다. 누구도 자기나 자기 그룹이 공개시장에서 경영권을 인수한다고 발표하지는 않습니다. 그것은 어떤 기업의 관점에서 보면 분명히 현명하지 못합니다. 때때로 소문이 돌기는 하지만 일반적으로 비공식적입니다. 아주 드물게 저명한 은행이나 신탁회사를 통해 회사 전체의 경영권을 인수하려는 시도가 있고, 그런 경우에는 매수자의 이름이 드러나지 않습니다. 나머지 경우에는 드러납니다.

의장 우리는 매수자가 드러나도록 하는 법안을 제안했습니다. 그래서 나는 매수절차가 어떻게 되는지, 당신이 그것을 하거나 했는지 궁금합니다. 정체를 드러내지 않고 (반드시 당신이 아니라도) 경영권을 인수할 방법을 우리에게 설명해줄 수 있습니까? 다른 사람이라면 어떻게 할까요?

그레이엄 앞서 말했듯이, 공개시장에서 경영권을 인수하는 방법이 좀더 통상적입니다. 이외에 다른 방법은 시장가격보다 높은 가격으로 주주들과 주식매수를 협의하도록 은행이나 신탁회사에 요청하고, 기업인수는 자기 이름이 아니라 신탁회사 고객을 위한 것이라고 설명하는 겁니다.

의장 신탁회사가 시장에서 주식을 살 경우에는 수탁소유자를 공개할 의무가 전혀 없습니다. 맞습니까? 그들은 "우리는 이것을 존스 씨나 스미스 씨를 위해 산다"고 말할 필요가 없습니까?

그레이엄 그렇습니다. 확실히 없습니다, 의장님.

의장 중개인을 통해 주식을 살 때 대체로 시장에서 활동하고 있는 기존의 회사를 이용하는 것이 정상적인 방법입니까?

그레이엄 그렇습니다. 그것은 신탁회사가 아닐 수도 있습니다. 보통은 증권회사일 겁니다.

의장 증권회사라면 누가 본인인지 공개해야 합니까?

그레이엄 아닙니다. 오히려 증권회사와 고객의 관계는 비밀이 보장됩니다. 정보 요청에 대한 법적 근거를 지닌 당국을 제외하고는 그 이름을 공개해선 안 된다는 것이 월스트리트의 기본원칙입니다.

의장 좋습니다. 그것은 중요한 예외입니다. 신탁회사는 어떻습니까? 체이스 내셔널 뱅크(Chase National Bank)의 주식을 샀다고 합시다. 거래소 이사장이 요청하면 그들이 누구를 위해 주식을 사는지 대답해줄까요? 증권회사의 경우와 마찬가지입니까?

그레이엄 뉴욕증권거래소 이사장은 뉴욕증권거래소 회원 이외에는 누구에게도 권한이 없습니다.

의장 좋습니다. 그렇다면 차이가 있군요. 뉴욕증권거래소 이사장은 증권회사에 대해 수탁소유자에게 접근할 수 있습니다. 하지만 신탁회사에 대해서는 접근할 수 없습니다. 이것이 옳습니까?

그레이엄 증권거래소 이사장에 대해서는 사실입니다. 그렇습니다.

의장 누가 통제할 수 있습니까? 증권거래위원회 SEC:Securities and Exchange Commission 입니까?

그레이엄 단서를 달자면, 나는 증권거래소 규정에 이사장이 고객의 이름이나 거래내역을 증권회사에 요구할 권한이 정해져 있는지 모르겠습니다. 하지만 증권거래소가 시세조작처럼 요청받은 정보를 처리하기 위해 자체적으로 조사하는 것으로 압니다.

의장 회원을 징계할 목적으로 그들이 조사할 권리를 가진다고 이해하면 되겠군요. 그러나 그것이 확실한지는 알 수 없습니다.

그레이엄 나도 그렇다고 믿지만 확실하지는 않습니다.

의장 기업의 경영권에 대한 분쟁이 일었을 때, 그 회사에 남으려고 하는 주주들은 분쟁에 참여해야 할지 아니면 팔아야 할지 알고 싶어 합니다. 이런 상황에서는 인수자의 정체가 중요합니다. 그렇지 않습니까?

그레이엄 그렇습니다. 위임권 대결이 발생한 경우에는 위임권 유치를 통해 다수표를 얻으려는 사람의 정체가 절대적으로 중요합니다. 위임 규정은 이러한 사람의 정체를 완전히 공개해야 한다고 요구합니다. 하지만 주식매수에 관한 한 이는 완전히 다른 문제입니다. 주식시장 규정에서는 사람들이 익명으로 주식을 살 수 있도록 허용하고 있습니다. 많은 사람들이 주식을 사고팔 때마다 정체를 공개해야 한다면 조금 혼란스러울 겁니다.

의장 물론 관례적으로 그러지는 않더라도 언제든 조사에 따라 공개될 수는 있습니다. 그렇지 않습니까?

그레이엄 내가 아는 한, 주식 매수자의 공개는 범죄행위에 비해 훨씬 더 제한됩니다. 비록 당국에 의해 알려지는 경우에도 주식을 매수했다는 이유만으로 매수자의 이름이 공개된 경우를 들어본 바 없습니다.

의장 로렌스 포틀랜드 시멘트 Lawrence Portland Cement Co.를 기억합니까? 당신은 그 회사의 경영권을 획득하려고 시도하지 않았습니까?

그레이엄 그렇습니다. 내 기억에 그 당시 최대주주이거나 2대 주주였던 사람들과 연계해 특정한 수의 주식에 대해 매수청구를 했습니다.

의장 어떻게 되었습니까?

그레이엄 성공하지 못했습니다. 매수청구한 가격보다 주가가 높아졌고 결국 우리는 한 주도 사지 못했습니다.

의장 당신이 관심을 가지고 있다는 사실을 그들이 알았고, 당신의 판단을 상당히 존중해준 결과 당신이 경영권을 얻기 전에 가격이 올랐다고 생각하지 않습니까?

그레이엄 그렇지 않습니다. 반대로 ㄱ 회사의 주가는 시장을 따라가고 있었고, 가격을 우리가 매수청구한 가격 위로 끌어올린 겁니다.

의장 좋습니다. 나는 그것이 어떻게 다른지 모르겠습니다. 당신은 공개 시장에서 그 주식을 그만큼 살 수 없었습니다. 그렇습니까?

그레이엄 네, 살 수 없었습니다. 하지만 우리는 주주들에게 특정 가격에 주식을 팔도록 포괄적인 제안을 했고 그 가격은 제안할 당시만 해도 시장가격보다 높았습니다.

의장 당신의 제안가격은 얼마였습니까?

그레이엄 주당 26달러였던 것 같습니다.

의장 언제였습니까?

그레이엄 아마 4년 전이었습니다.

의장 지금은 얼마 정도 합니까?

그레이엄 잘 모릅니다.

의장 분할되었습니까?

그레이엄 그 주식은 상승세를 탔고 이름이 바뀌었습니다.

의장 지금은 이름이 무엇입니까?

그레이엄 드래곤 포틀랜드 시멘트 Dragon Portland Cement 입니다.

의장 분할을 감안하면 현재 주당 130달러에 팔린다고 들었습니다. 당신의 판단을 입증하는 결과죠. 그렇지 않습니까?

그레이엄 그걸 살 수 있었으면 좋았을 텐데…… 그렇습니다.

의장 이 경우에 당신은 주식을 전혀 갖지 못한 것이 사실입니까?

그레이엄 네. 우리의 제안은 조건부였기 때문입니다. 우리는 그 당시 충분한 수의 주식이 모이면 시세보다 높은 가격에 사겠다고 제안했습니다. 앞서 말씀드린 것처럼, 실제로는 이 제안이 받아들여지지 않기를 바란 회사 직원들이 시장에 참여해 주가를 우리의 제안보다 높여 놓았습니다. 그래서 사람들은 말 그대로 한 주도 매수에 응하지 않았고, 우리는 모든 것을 포기했습니다.

의장 분명치 않아서 그러는데 당신은 이처럼 개별적인 경우에 대해 논의하기를 원합니까, 아니면 그렇지 않습니까?

그레이엄 상관없습니다. 다만 이 문제가 위원회에 얼마나 유용한 것인지 모르겠습니다. 만약 위원회에 유용하다면 나는 이의가 없습니다.

의장 나는 당신을 당황하게 만들고 싶지 않습니다. 상당히 잘된 사례라고 들었습니다. 다만 일반 원칙에 대해 논의해온 사람들의 이야기를 많이 듣고 싶을 뿐입니다. 내 생각에는 그들 중 어느 누구도 소위 적극적인 트레이더는 아니었습니다. 당신도 그렇죠? 아닙니까?

그레이엄 그렇습니다. 우리는 통상적인 의미에서 스스로 트레이더라고 간주하지 않습니다. 하지만 기술적으로는 당신이 우리를 그렇게 부를 수도 있습니다.

의장 나는 시장에서 실제로 사람들이 따르는 절차를 밝히고자 할 뿐입니다. 만약 당신이 개인적인 질문을 좋아하지 않는다면 나는 그 문제에 대해 묻고 싶지 않습니다.

그레이엄 나는 그 주제에 전혀 민감하지 않습니다. 우리는 우리 회사가 올린 성과가 아주 자랑스럽습니다.

의장 나는 당신이 드래곤 시멘트의 사례를 구체적으로 논의하는 것을 약간 주저한다는 느낌이 듭니다.

그레이엄 의원님, 구체적인 사항을 잘 기억하지 못한다는 점을 빼면 나는 드래곤 시멘트에 대해 주저하지 않습니다. 나는 개인적으로 그 일에 적극적이지 않았습니다.

의장 당신은 경영권을 인수하려 했던 다른 비슷한 사례에 대해서도 대수롭지 않게 생각합니까?

그레이엄 로렌스 같은 사례를 말씀하시는 겁니까?

의장 그렇습니다.

그레이엄 좋습니다. 최근에 하나 있었습니다.

의장 무엇입니까?

그레이엄 이름을 기억하려고 하는 중입니다. 그것은 보스턴에 있는 신탁회사로 기억합니다만…….

의장 애틀랜틱 걸프앤웨스트 인디즈 스팀십 Atlantic Gulf and West Indies Steamship Co. 입니까?

그레이엄 아닙니다. 그것은 다릅니다. 당신은 지금 우리의 경험에 대해 묻고 있습니다. 애틀랜틱 걸프앤웨스트 인디즈 스팀십은 상당히 다른 상황이었습니다. 그때 우리는 그 회사의 대주주와 계약을 했습니다. 그가 보유한 것보다 더 많은 주식을 협상 시작 시점의 시장가격보다 상당히 높은 가격에 매수하기로 계약한 것입니다. 다른 사람들에게도 모두 같은 가격으로 주식을 사기 위해 매수청구를 했습니다.

의장 그것은 거래소에 영향을 주지 않기 위한 협의된 매매였습니까? 아니면 상장된 주식이었나요?

그레이엄 상장주식이었습니다. 협상은 대주주와 이루어졌습니다. 나머지는 같은 조건으로 모든 주주에게 적용되는 제안이었습니다.

의장 협상은 주주와 직접 했습니까?

그레이엄 맞습니다.

의장 성공했습니까?

그레이엄 그렇습니다.

의장 중개자를 이용하지는 않았습니까?

그레이엄 아닙니다. 우리 이름으로 제안한 것 같습니다. 차이는 이겁니다. 그 당시에 우리는 이미 그 주식을 대량으로 살 계획을 세웠고, 무엇보다도 그것이 공식적으로 기록할 사항이라는 느낌이 들어 공식기록으로 만들었습니다.

의장 그래서 그게 한 회사의 경영권을 사들이는 성공적인 방법이라는 말입니까?

그레이엄 그렇습니다. 시작할 때 협상을 거치는 편이 훨씬 더 바람직합니다.

의장 특히 회사의 경영권을 인수할 때 익명으로 주식을 사는 것이 대중의 입장에서는 심각한 문제가 있다고 생각합니까?

그레이엄 의원님, 나는 40년 동안 이를 관찰해왔습니다. 이름이 공개되든 공개되지 않든 간에 경영권을 인수하려는 제안으로 대중이 피해를 보는 사례는 단 한 건도 생각할 수 없습니다. 모든 경우에 대중은 도움을 받습니다. 왜냐하면 제안이 없었을 경우보다 더 높은 가격을 받을 수 있기 때문입니다.

의장 당신은 이러한 과정에서 잘못된 사례를 전혀 보지 못했습니까? 나는 당신과 논쟁하는 것이 아닙니다. 단지 묻고 있습니다.

그레이엄 의원님, 나는 오랫동안 그 문제에 대해 생각한 적이 있습니다. 그리고 대중의 입장에서는 이전의 일반 가격보다 더 높아지는 것을 방해하지 않는 게 더 유리할 거라고 생각했습니다.

의장 당신 회사는 개방형입니까, 아니면 폐쇄형입니까?

그레이엄 우리는 기술적으로 개방형이지만 실제로는 폐쇄형입니다. 그것에 대해 설명해드리겠습니다.

의장 그래 주면 대단히 기쁘겠습니다.

그레이엄 우리는 1940년 투자회사법 Investment Company Act 에 개방형 회사로 등록되었습니다. 계약상 요구가 있으면 언제든지 우리가 순자산가치로 환매수해줄 의무가 있다는 의미입니다. 하지만 아주 오랫동안 어떤 주식도 환매를 요구하지 않았습니다. 우리 주식은 꾸준히 순자산가치 이상으로 팔렸습니다. 게다가 대중에게는 한 주도 팔지 않았고 수년 동안 자본금을 늘리지도 않았습니다. 실제로는 고정된 자본금을 가진 폐쇄형 회사처럼 운용된 셈입니다.

의장 자본이 무엇입니까? 이런 거래는 비밀인가요?

그레이엄 전혀 아닙니다. 그것들은 어떤 경우에도 비밀이 아닙니다, 의원님. 사실 우리의 수치는 공개됩니다. 증권거래위원회에 기록되지요. 우리는 5,000주를 가지고 있고 현재 대략 주당 1,100달러의 자산가치를 지니며, 그보다 훨씬 높은 시장가격을 형성하고 있습니다.

의장 시장가격이 더 높습니까?

그레이엄 그렇습니다.

의장 하지만 주식은 거의 매매되지 않는다, 그렇습니까?

그레이엄 사실입니다. 아주 드물게 매매가 이루어집니다. 그렇지만 1~2년으로는 상당히 많은 매매가 있습니다.

의장 회사는 언제 시작했습니까?

그레이엄 1936년에 법인이 되었습니다. 하지만 1926년에 시작된 사업을 이어받은 겁니다.

의장 당신은 회사의 커다란 성공에 얼마나 기여했습니까?

그레이엄 음, 그 말은 내가 큰 성공을 거두었다고 간주하는 겁니다.

의장 당신은 성공이라고 보지 않습니까?

그레이엄 우리가 그렇다고 생각한다는 점은 인정합니다. 하지만 우리가 거둔 큰 성공을 당연시해서 당신의 질문을 회피하고 싶지는 않습니다.

의장 나는 당신이 확실히 성공했다는 말에 대해 책임을 질 겁니다.

그레이엄 나는 이 성공이 주식의 매수와 매도의 건전한 원칙을 세우고 모든 다양한 시장에서 원칙을 끊임없이 따른 덕분이라고 생각합니다.

의장 일반대중은 당신의 주식을 살 수 없다고 들었습니다. 맞습니까?

그레이엄 그들은 무제한으로 사지는 못합니다. 하지만 장외시장^{OTC}에서 소량으로 살 수 있습니다.

의장 장외시장에서 가격이 형성됩니까?

그레이엄 네, 그렇습니다.

의장 얼마 정도죠? 1,100달러 정도입니까?

그레이엄 지금은 아마도 1,250달러에서 1,300달러 정도일 겁니다.

의장 자산가치보다 높습니까?

그레이엄 그렇습니다, 의장님.

의장 자산가치보다 높게 팔리는 것이 개방형 회사에서 일반적입니까?

그레이엄 투자회사가 자산가치보다 높게 팔리는 것은 일반적이지 않습니다. 그러나 그런 경우가 많습니다. 가장 잘 알려진 사례는 대부분이 자산가치보다 높게 팔리는 레이먼 코프Lehman Corp.입니다. 폐쇄형 회사지요. 개방형 회사가 주식을 일반에 공개하는 경우에 자산가치보다 높은 매도 프리미엄 이상에 팔리기는 힘듭니다. 이는 애매한 문제입니다. 스테이트 스트리트 인베스트먼트State Street Investment 같은 회사는 우리와 같은 전략으로 일반에 주식을 공개하지 않았는데 주식이 프리미엄 가격에 팔리고 있습니다.

의장 개인적으로 당신이 회사를 관리합니까?

그레이엄 아닙니다. 나는 비교적 작은 주주입니다.

의장 당신이?

그레이엄 그렇습니다, 의장님.

의장 당신 가족이 회사를 관리합니까?

그레이엄 아닙니다. 우리는 비교적 적은 주식들을 가지고 있습니다.

의장 어떤 가족이나 개인이 회사를 관리하지 않습니까? 그렇지 않다면 상당히 골고루 배분되어 있습니까?

그레이엄 지분이 상당히 골고루 배분되어 있습니다. 현재 최대주주라고 할 만한 가족은 전혀 없습니다.

의장 만약 누군가 자기 주식을 팔려고 할 경우에 그들은 여전히 당신에게 뭔가 요구할 수 있습니까?

그레이엄 순자산가치를 요구할 수 있습니다.

의장 물론 그들은 그렇게 하지 않겠군요. 더 많이 받을 수 있으니까?

그레이엄 맞습니다. 우리는 수년 동안 한 주도 받지 않았습니다.

의장 당신은 무엇 때문에 투자회사를 만들었습니까? 당신이 이 투자회사를 설립했지요. 그렇지 않습니까?

그레이엄 그렇습니다. 1914년 증권업계에 투신해 주식거래회사의 관리자가 되었습니다. 그리고 1923년 건전한 투자원칙이 성공적일 것이라 믿었고, 1923년 개인 펀드를 시작해, 그것이 1926년경에 바뀌었습니다.

의장 개인 펀드기 무엇입니까?

그레이엄 개인 펀드는 광고나 전단지 또는 기타 여러 가지 방법을 통해 일반대중에게서 자금을 모집하는 것이 아니라 인정받거나 참여를 요청한 친구들에게만 자금을 모집한 것입니다.

의장 회사가 얼마나 컸습니까?

그레이엄 처음에는 약 50만 달러로 시작했습니다.

의장 당신과 친구들만으로?

그레이엄 그렇습니다, 의장님. 나의 참여도는 아주 미미했습니다. 가진 돈이 아주 적었지요.

의장 당신은 주식매수로 시작했군요. 그렇습니까?

그레이엄 그렇습니다, 주식과 채권입니다.

의장 당신만 괜찮다면 발전해온 역사를 듣고 싶습니다.

그레이엄 좋습니다, 의원님. 당신이 여기에 어떤 가치가 있다고 느낀다면 그러겠습니다.

의장 있습니다. 우리는 신탁회사가 어떻게 발전하는지에 대한 감각을 얻고 싶기 때문입니다. 하지만 당신을 당황하게 만들고 싶지는 않습니다. 만약 당신이 경쟁자나 다른 사람들에게 불이익을 당할지도 모른다고 생각한다면 이야기하지 않아도 좋습니다.

그레이엄 아닙니다, 의원님. 나는 이미 내 모든 비밀을 지나치게 공개한다고 비난을 받아 왔습니다. 많은 책을 썼고 책에서 모든 것을 공개했죠.

의장 나는 특히 1932년에 당신에게 일어난 일을 알고 싶습니다.

그레이엄 힘든 시기였습니다.

의장 당신은 처음에 50만 달러로 시작했습니다. 그러고 나서 1929년까지 어떻게 되었습니까?

그레이엄 우리는 상당히 성공적이었습니다. 펀드는 1929년 초에 250만 달러로 늘었습니다.

의장 주식에서 말입니까?

그레이엄 주식과 채권에서.

의장 1929년에는 어땠습니까?

그레이엄 1929년에는 손실을 보았습니다.

의장 손실이 컸나요? 시장이 하락할 것으로 보았습니까? 아니면 반등할 것으로 보았습니까? 어떠했습니까?

그레이엄 1929년에 우리는 잘해냈습니다. 그러나 진짜 힘들었던 것은 1930년과 1931년이었죠. 그때 시장은 예상보다 훨씬 더 하락했습니다. 우리는 1929년의 하락은 상당히 잘 예상했습니다. 그리고 우리는 자본이 꽤 줄었습니다. 제너럴 우드General Wood의 연금펀드만큼 줄었다고는 생각하지 않습니다만 상당히 낮아졌습니다. 1929년에 함께했던 사람들은 1936년에야 비로소 본전을 찾게 되었습니다.

의장 당신은 전환했다고 말했습니다. 투자회사로 등록한 것은 언제입니까?

그레이엄 1941년 투자회사법이 통과된 후에 등록했습니다.

의장 1936년에는 어떠했습니까? 무슨 변화가 있지 않았습니까?

그레이엄 우리는 여러 가지 특별한 이유로 법인화했습니다. 원래 공동계좌로 운영했는데 개별회원들이 합자 형태로 등록되었습니다.

의장 각각 펀드에 참여하는 것입니까?

그레이엄 그렇습니다. 각자의 지분을 등록했습니다. 1936년 이전에 재무부는 우리를 법인으로서 과세 가능한 단체로 규정했고, 우리는 법인인지 아닌지 우리의 지위에 대해 상당한 문제의식을 가지게 되었습니다. 우리의 법률자문은 "재무부는 법인인지 아닌지를 선택할 것이고, 당신들은 법인화해서 이 문제를 한꺼번에 해결하는 것이 더 좋다.'라고 자문했습니다.

의장 그것은 원래 친구들 그룹이었습니다. 맞습니까?

그레이엄 맞습니다.

의장 1936년에 속해 있던 사람들 전부입니까?

그레이엄 개인 차원에서 추가된 사람이 있습니다. 1936년에는 1923년보다 친구들이 좀더 많아졌습니다.

의장 언제 알게 된 친구들입니까? 대공황기입니까?

그레이엄 그때쯤입니다.

의장 계속하십시오. 당신은 1936년에 법인화했고 1941년에 등록했습니다. 언제 대중에게 주식을 팔았습니까? 아니면 한 주도 판 적이 없습니까? 당신은 5,000주를 가지고 있습니다. 맞습니까?

그레이엄 그렇습니다. 우리는 원래 더 많은 주식을 가지고 있었습니다. 우리는 액면가인 주당 100달러에 5만 주까지 팔았습니다.

의장 언제였나요?

그레이엄 우리는 기존 주주에게 우선적으로 권리를 주었고, 계속 그 방식을 유지했습니다. 그리고 주당 100달러짜리 5만 주로 구성해 자본을 500만 달러로 늘렸습니다. 이 부분은 의원님에게 흥미로울 듯합니다만, 우리는 1주 주주가 무척 많다는 사실을 발견했습니다. 누군지 모르는 사람들이 100달러 정도를 투자했는데, 우리에게 보고서를 받아서 우리를 모방하려는 사람들이었습니다. 그 같은 상황을 해결하기 위해 우리는 10주를 1주로 병합하기로 했고, 시장에서 단위당 가격을 주당 1,200달러 내지 1,300달러로 높였습니다. 그때부터 우리는 지나치게 많은 단주 주주는 받아들이지 않았습니다.

의장 투자회사 경영에서 어떤 책임을 지고 있습니까? 당신은 그 회사의 경영자입니다. 맞습니까?

그레이엄 나는 경영자 세 사람 중 하나입니다. 다른 두 사람은 1927년부터 나의 파트너였던 제롬 뉴먼과 그의 아들 하워드 뉴먼(Howard A. Newman)입니다.

의장 당신이 책임을 지는 것은 공개된 정보입니까?

그레이엄 그렇습니다. 우리는 많은 책임을 집니다. 우리는 1만 5,000달러에서 2만 5,000달러 정도의 봉급을 받고, 매년 주당 40달러의 배당을 지급한 다음에 추가배당의 20퍼센트를 경영자 전체가 받는 이익배분 정책을 실시하고 있습니다.

의장 당신의 이익은 주로 자본이득입니까?

그레이엄 그렇습니다. 거의 대부분 자본이득입니다. 사실 당신은 그것들이 거의 예외적이라고 말할지도 모릅니다.

의장 나는 당신이 말하기 싫거나 논의하고 싶지 않은 문제, 특히 당신이 받는 보수에 대해 더 알고 싶어 하지 않는다는 점을 명백히 하고 싶습니다. 그것은 단지 내가 생각하는 성공한 사람의 전형적인 사례일 뿐입니다. 하지만 당신이 괜찮다면 자유롭게 이야기하기를 바랍니다.

그레이엄 그에 대해 두 가지만 언급하고 넘어가겠습니다. 우선, 분명히 나는 내 펀드의 투자자들이 아는 것은 무엇이든지 이야기하는 데 주저할 것이 없습니다. 그러나 둘째로, 우리를 성공한 회사의 전형적인 경영자로 간주하는 것은 오해입니다. 우리의 계약은 통상적이지 않습니다.

의장 나는 오해를 풀고 싶습니다. 그게 당신이 여기에 있는 정확한 이유입니다. 왜 그것이 전형적이지 않습니까? 전형적인 상황은 무엇인지 설명해줄 수 있습니까?

그레이엄 차이점은 먼저, 우리의 보수 계약이 다른 투자펀드들보다 훨씬 더 후한 편입니다. 우리가 초과이익에 대해 받는 20퍼센트는 아주 높은 비율입니다.

의장 하지만 그것은 당신이 지불하는 것에 따릅니다. 당신은 주당 40달러라고 말했습니다. 그건 상당히 후한 배당이라고 생각합니다.

그레이엄 그것은 그저 기본 배당입니다. 우리는 작년에 주당 340달러를 배당했습니다.

의장 제너럴모터스General Motors: GM가 지급한 것보다 훨씬 크군요.

그레이엄 그렇습니다. 나는 두 가지만 분명히 하고 싶습니다, 의장님. 첫째, 우리의 보수 계약은 일반적인 기준에서 아주 후하다는 점입니다. 둘째, 나는 보수를 차감한 후에 주주들에게 돌아가는 결과가 좋기 때문에 우리가 보수를 받는다고 믿습니다. 주주들도 그럴 겁니다.

의장 나도 그렇게 생각합니다. 그렇지 않았다면 당신은 그 자리에 있지 않을 겁니다. 나는 이 업계에 대한 그림을 얻고 싶습니다. 당신은 우리를 많이 도와주고 있습니다. 다른 잘 알려진 회사의 경영자와 당신의 상황을 비교하도록 약간 다른 조건을 찾을 수 있겠습니까? 우리가 알 수 있도록 자료로 제출해주면 감사하겠습니다.

그레이엄 네, 그러겠습니다. 우리와 전형적인 투자펀드의 조건 사이에는 커다란 차이점이 있습니다. 가장 큰 회사로 매사추세츠 인베스터스 트러스트Massachusetts Investors Trust를 보기로 하겠습니다.

의장 좋습니다.

그레이엄 자본은 우리의 수백 배일 겁니다. 비용은 우리보다 수백 배 적겠지요. 비율 면에서 비용 부담이 우리에 비해 아주 작습니다. 수탁자들은 자본에 대해 아마도 0.25퍼센트 정도의 보수를 받을 겁니다.

의장 잠깐만 기다려주십시오. 이익에 대해서입니까, 아니면 자본에 대해서입니까?

그레이엄 자본일 겁니다.

의장 매년입니까? 0.25퍼센트?

그레이엄 아닙니다. 내가 과장한 것 같습니다. 한 번에 그렇게 많지는 않을 겁니다. 지금은 더 낮을 것으로 생각합니다. 자본이 증가함에 따라 수탁자에 대한 보수의 비율은 감소했습니다. 솔직히 나는 잘 모르기 때문에 이것에 대해서는 더 이상 말하면 안 되겠습니다. 하지만 내가 알기로는 보수 비율이 그들이 조정하는 펀드와 관련해 아주 보수적입니다.

의장 당신의 펀드에 투자된 자본에서 얼마 정도나 관리에 대한 보수로 나타납니까? 비교 가능한 기준으로 설명할 수 있습니까? 1퍼센트 정도입니까?

그레이엄 이렇게 생각해봅시다. 수년 동안 우리는 매년 자본에 대해 20퍼센트의 이익을 거두었습니다. 그중 17퍼센트 정도는 주주에게 지급되고 나머지 3퍼센트가 경영자에게 보수로 지급되었습니다.

의장 이익의 3퍼센트입니까?

그레이엄 아닙니다. 자본으로 번 20퍼센트 중에서 3퍼센트입니다.

의장 그 부분에서 이해가 잘 안 됩니다. 당신은 매년 투자자본에 대해 20퍼센트를 벌었습니다. 맞습니까?

그레이엄 그것은 대략적인 평균적이지만, 사실입니다.

의장 20퍼센트 이익에서 어느 정도 비율을 경영자가 가집니까?

그레이엄 우리는 약 15퍼센트를 가집니다. 먼저 4퍼센트의 배당이 있기 때문입니다.

의장 벌어들인 20퍼센트 중에서 15퍼센트입니까?

그레이엄 맞습니다.

의장 알았습니다.

그레이엄 20에서 5를 뺀 15가 아니라 20을 100으로 봤을 때 15입니다.

의장 그 20에서 나머지 85퍼센트는 주주에게 돌아갑니까?

그레이엄 맞습니다.

의장 이해되었습니다. 아마도 이것은 어리석은 질문이고 당신은 절대로 그렇지 않겠지만, 그것을 매년 투자자본에 대한 비율로 계산한 적이 있습니까?

그레이엄 내가 당신에게 제시한 수치들은 투자자본에 대한 비율로 시작했습니다.

의장 아닙니다. 그것은 이익입니다.

그레이엄 우리는 자본에 대해 20퍼센트를 벌었습니다. 다시 한 번 요약해드리겠습니다. 그것을 자본에 대한 전형적인 성과로 간주하면 주주는 자기자본에 대해 17퍼센트를 얻고 우리는 자본에 대해 3퍼센트 정도를 얻습니다.

의장 알았습니다. 그런데 정상적이거나 평균적인 투자회사는 내가 알기에 1퍼센트 미만이지요. 맞습니까?

그레이엄 네, 그것은 확실한 사실입니다.

의장 당신은 평균보다 3배 이상을 받습니까?

그레이엄 사실입니다.

의장 음, 나는 당신이 그럴 자격이 있다고 생각합니다. 당신은 그들보다 훨씬 효과적으로 관리합니다. 아닙니까?

그레이엄 당연히 우리는 그렇게 믿어야 합니다. 그리고 우리 주주들은 그것을 믿습니다.

의장 나는 당신이 전체 사업을 약간 다른 방식으로 운영한다고 생각합니다. 그렇게 큰 펀드는 특수상황을 찾지 못합니다. 그들은 시장을 따라서 블루칩과 채권 같은 평범한 것을 사기만 합니다. 아닙니까?

그레이엄 전체적으로는 맞습니다. 그러나 완전히 맞는 것은 아닙니다. 일부 더 큰 펀드들, 특히 레이먼 코프 같은 대형 펀드는 항상 특수상황에 대해 상당히 깊은 관심이 있으며, 자본의 일정 부분(그다지 크지 않은 정도)은 특수상황에 사용됩니다.

의장 당신이 '크다'고 했는데, 레이먼 코프는 어느 정도 큽니까?

그레이엄 레이먼은 1억 달러가 넘습니다.

의장 투자자본이 말입니까?

그레이엄 현재 시장가치 기준입니다.

의장 당신의 회사와 비교하면?

그레이엄 우리 회사는 650만 달러 정도입니다.

의장 시장가치로 말이지요. 투자원본은 아닙니다. 그것은 현재 시장에서 평가되는 자본입니다. 맞습니까?

그레이엄 맞습니다. 우리는 주주들에게 말 그대로 벌어들인 전부를 되돌려줍니다. 그래서 어떤 의미에서 우리의 현재가치는 납입자본과 거의 비슷합니다.

의장 당신은 투자자본을 늘리려고 하지 않는 것으로 압니다. 특별한 이유라도 있습니까?

그레이엄 의원님, 근본적인 이유는 아주 큰 자본으로 적당한 규모의 자본만큼 만족할 만한 성과를 얻을 자신이 없어서입니다.

의장 왜 그렇습니까?

그레이엄 특수한 상황에서나 저평가 증권들을 취급할 경우에는 대부분 시장이 그렇게 크지 않습니다. 시장가격에 영향을 주지 않고 무제한의 규모를 받아들이는 것은 불가능합니다. 만약 지금보다 10배의 자본을 가졌다면 우리가 그것을 현재 자본과 같은 방식으로 투자하기는 어려울 겁니다.

의장 내 고향인 아칸서스에서 저평가된 주식을 가진 사람을 아는데, 그 사람은 이렇게 말할 것 같군요…….

그레이엄 우리는 어떤 제안이든 들을 준비가 되어 있습니다, 의원님.

의장 그들에게는 시장이 없습니다. 당신은 진술에서 지금 시장이 너무 높거나 너무 낮은지에 관해 뭐라 말할 수 없다고 한 것으로 압니다. 경고가 필요한 시기라 생각하고 주식을 사거나 추격매수해서는 안 된다고 이해해도 되겠습니까?

그레이엄 이렇게 보지요, 의원님. 정량적^{定量的}으로는 시장이 옳아 보입니다. 그러나 정성적^{定性的}으로 시장이 고점에 있으며 위험한 상황에 접어들고 있다고 봅니다.

의장 이해하기 쉬운 설명입니다. 시장은 누구에게라도 쉬워야겠지요. 만약 그러한 진단이 정확하다면 시장이 쉽게 오르거나 내리지 않는다는 의미입니까? 지금이 중심점이라는 말인가요?

그레이엄 반대입니다, 의원님. 지금 상황은 정상적일 수도 있지만 우연이기도 쉽습니다. 지금부터 1년쯤 후에…… 죄송합니다, 의원님.

의장 가격과 이익과 소득 사이의 관계는 수치상으로 저평가되었다거나 고평가되었다고 분명하게 말할 수 없다고 하신 것으로 이해하겠습니다. 맞습니까?

그레이엄 나는 그것이 가장 대표적인 주식에 대해서는 사실이라고 생각합니다.

의장 항상 양쪽으로 예외가 있습니까?

그레이엄 그렇습니다. 정말입니다.

의장 알다시피 나는 당신에게 어떤 주장을 하려는 게 아닙니다. 나는 당신이 말한 것을 이해하려는 목적으로 되풀이해서 말하고 있는 것입니다. 나는 그것이 높은지 낮은지에 대해 전혀 모릅니다. 다만 당신이 말한 것을 이해하려고 하는 겁니다. 며칠 전에 현실과 괴리된 시장과 투기자의 성향에 관해 시장은 자본이득을 위해 모든 열정을 불러일으킨다고 한 갤브레이스 씨의 증언을 들었습니까?

그레이엄 예, 의원님.

의장 당신은 그것에 동의합니까?

그레이엄 그렇습니다. 나는 전반적으로 그 의견에 동의합니다.

의장 재미있군요. 그는 순전히 학자이고 당신은 실무적인 사람입니다. 그런데 이 점에서는 당신도 동의하는군요.

그레이엄 의원님, 나는 스스로 학자라고 말하고 싶습니다.

의장 몰랐습니다.

그레이엄 나는 컬럼비아 대학에서 투자론 부교수 직함을 가지고 있습니다. 그리고 주식가치평가 과정을 지도합니다.

의장 텔레비전의 에드 미로 Ed Murrow 쇼에서 당신을 보았습니다. 하지만 당신이 교수라는 사실은 몰랐습니다. 나는 현업에서 실제로 어떻게 하는지 듣기 위해 당신을 실무인사로 초대했다고 생각했습니다. 내가 오해

했습니다.

그레이엄 내가 교수가 된 것은 실제 투자운용자였기 때문입니다.

의장 그것은 아주 특별한 경우이지요. 아닙니까?

그레이엄 컬럼비아 경영대학원에는 실무적인 교수가 4~5명 있습니다.

의장 알았습니다. 나는 갤브레이스 교수가 말한 것처럼 시장이 너무 과열되고 현실과 괴리될 때 위험하다는 데 당신이 동의하는 사실이 재미있다고 생각했습니다. 당신은 현재 그러한 경향이 있다고 생각합니까?

그레이엄 그렇습니다. 어떤 면에서 그렇습니다, 틀림없이.

의장 그러면 그가 말했듯이 당신도 시장에 너무 많은 투기행위가 있다고 생각합니까?

그레이엄 음, '너무 많다'는 기준은 정의하기 어렵습니다. 만약 시장이 투기행위 전반에 대해 지금처럼만 한다면 나는 그 결과에 대해 염려하지 않을 겁니다. 나는 더 많은 투기행위의 누적을 염려합니다.

의장 그게 그의 방법과 다른지 잘 모르겠습니다. 그는 주가수준이 너무 높다고는 생각하지 않는다고 조심스럽게 말한 것으로 압니다. 그러나 과거 몇 년간 주가상승은 너무 빨랐습니다. 이 업계에 생산성이나 여러 면에서 그 같은 급등을 정당화할 만한 발전이 없었습니다. 그를 혼란스럽게 만든 것은 그가 말했듯이 과열된 정서를 불러일으키는 경향과 상승의 속도였습니다. 알다시피 그는 증거금 요건을 강화해야 한다고 권유했습니다. 당신도 증거금 인상을 지지합니까?

그레이엄 이쯤에서 책임을 회피하고 싶습니다. 나는 이미 진술서에서 연방중앙은행이 투기의 심화를 우려하고 있다면 주저 없이 필요증거금을 인상해야 한다고 말했습니다. 내가 친구 빌 마틴$^{Bill\ Martin}$을 대신해서 결정할 필요는 없다고 생각합니다. 그러나 나는 연방은행이 그와 관련해 누구에게나 좋은 판단을 내리리라 기대합니다.

의장 적절한 대답입니다. 틀리지 않습니다. 그것은 당신의 책임이 아닙니다. 누군가는 필요증거금을 100퍼센트 인상하는 것이 차별적이고 불리한 위치에 있을 겁니다. 만약 자본이득세가 폐지되고 자본이득에 어떤 세금도 부과하지 않는다면 당신은 그것이 투기성향을 높일 거라고 생각합니까? 아니면 감소할까요?

그레이엄 전체적으로 투기성향을 증가시킬 겁니다.

의장 그렇다면 가격수준을 높이겠군요. 그렇지 않습니까?

그레이엄 그것이 내 최선의 판단입니다. 현재 장기보유자가 보유주식을 정리하고 있는 것이 사실입니다. 내가 느끼기에는 그 결과가 투기 열기를 부채질하기 쉬울 듯합니다.

의장 지금 당신의 회사는 주식을 사는지, 아니면 파는지 물어도 되겠습니까? 원하지 않는다면 대답할 필요 없습니다. 대답하기 어렵다고 말해도 전혀 상관없습니다.

그레이엄 우리는 저평가된 증권의 전체 포트폴리오에서 수식을 팔고 있습니다. 그리고 자금을 시장위험이 없는 특수상황으로 전환하려는 중입니다.

의장 과거에 방위 계약에 주로 의존하는 어떤 산업에 대한 특별 연구를 진행한 적이 있습니까?

그레이엄 없습니다. 우리는 그것들을 구체적으로 연구하는 일은 별로 없습니다. 우리는 그 분야에 대한 일반지식을 가지고 있을 뿐입니다.

의장 방위산업의 전망과 관련해 당신이 알고 있는 모든 것을 상세히 설명해줄 수 있습니까?

그레이엄 좋습니다. 물론 상식 수준입니다. 항공기 제작회사는 대개 방위 계획에 의존합니다.

의장 전적으로 방위 계약에 의존하는 어떤 회사가 최근 6개월 동안 전년도 같은 기간에 비해 이익이 400퍼센트 내지 500퍼센트 증가했다고 합시다. 이 사실이 그 회사에 대한 정부의 계약과 관련해 당신에게 어떤 의미가 있습니까?

그레이엄 의원님, 나는 전쟁 기간에 전시계약 가격조정국^{War Contracts Price}

Adjustment Board의 조사위원회 위원장이었던 사실을 진술에서 밝히지 않았습니다. 그것은 재협상 위원회였고 항공기 제조회사의 이익을 포함해 우리는 재협상의 원칙을 고려해야 했습니다. 이익의 단순 증가는 그 계약이 부주의했다는 증거가 아니며 상세히 조사할 명백한 전제일 뿐입니다.

의장 당신은 12개월 동안 이익이 400퍼센트 내지 500퍼센트 증가한 것이 아주 비정상이라고 생각하지 않습니까?

그레이엄 그런 수치가 존재했던 특별한 경우를 기억하지 못합니다. 그러나 그랬다면 재협상하는 사람이 주의해서 조사할 거라고 확신합니다.

의장 재협상법 Renegotiation Act이 다시 발효되어야 한다고 생각합니까? 알다시피 그것은 12월 말에 폐지되었습니다.

그레이엄 그렇게 되거나 비슷한 것이 있어야 한다고 믿습니다.

의장 정부는 요구하지 않았습니다. 그렇지요?

그레이엄 나는 정부 소속이 아닙니다, 의원님.

의장 그들이 지난 주말에 했다고 알고 있습니다. 좋습니다. 그것은 연두교서였습니다. 내가 그것을 잊었습니다. 만약 이 청문회에서 다른 일이 발생하지 않는 한 아마도 그것은 가치가 있을 겁니다. 그나저나 당신은 그 법의 부활을 지지합니까?

그레이엄 그렇습니다. 정말입니다.

의장 오늘 아침 대기업인 뒤퐁^Du Pont의 경우에서 두드러지고 GM도 마찬가지입니다만, 1954년에 많은 대기업들이 매출은 감소하면서 이익은 상당히 증가한 현상이 재연되는 상황에 대해 논평할 수 있습니까? GM의 경우처럼 초과이익세^excess-profit tax의 폐지가 큰 변수가 될 수도 있겠지만, 나는 대부분 기업들의 경우 그 문제는 그리 큰 변수가 아닐 것이라고 생각합니다. 우리 대기업들의 전망에 대해 설명해주겠습니까?

그레이엄 물론입니다. 첫 번째는 당신이 언급한 겁니다. 대기업들이 1954년 이익 면에서 좋은 성과를 보여준 것(총액으로는 1953년 이익과 거의 같은)은 상당 부분 초과이익세 폐지와 관련이 있습니다. 어느 정도는 대기업이든 중소기업이든 기업들이 최근 비용 관리를 어느 정도 개선한 데 따른 것입니다. 내가 말하고자 하는 바는 대기업보다 중소기업의 경우에 좀더 실제적으로 실현되었다는 것입니다. 중소기업들이 과도한 비용으로 인해 가장 피해를 보았기 때문입니다.

의장 그러한 상황은 경쟁 부족을 나타냅니까?

그레이엄 그렇게 생각하지 않습니다. 한편으로 이익 자체와 그 증가폭은 전년에 비해 더 크지 않습니다. 예를 들어 GM은 지난해 이익 증가폭이 세후로 약 8.2퍼센트였다고 생각합니다. 1936년에는 아마도 더 적은 세금을 공제한 후에도 14퍼센트 내지 15퍼센트 정도였을 것입니다. 그러나 세전으로는 지금 이익 증가폭이 1936년과 거의 같거나 약간 적다고 말할 수 있습니다.

의장 당신은 GM이 가격을 인하하기보다 이익에서 모든 세금을 공제하는 데 대해 비난할 필요가 없다고 봅니까?

그레이엄 그에 대한 나의 견해가 당신에게는 특이해 보일 수도 있습니다. 어쨌든 나는 GM이 가격을 많이 인하하는 것을 좋아하지 않는다고 생각합니다. 경쟁 상황에 미치는 영향이 꽤 치명적이기 때문입니다. 그들은……

의장 왜 그렇습니까?

그레이엄 요점은 이것입니다. GM은 다른 자동차회사가 존재할 만큼의 좋은 이익만 만들어내야 합니다. 만약 GM이 적은 이익을 낸다면 다른 자동차 회사 중 일부는 완전히 업계에서 떠나야 할 겁니다.

의장 왜 당신은 지금 절박한 상황에서 싸우고 있는 가난한 농민들을 지원해야 할 돈으로 다른 자동차 회사들에 보조금을 주고 싶어 합니까?

그레이엄 의원님, 나는 그렇게 주장하지 않았습니다.

의장 GM 시보레^{Chevrolets}의 가격은 엄청납니다. 만약 가격을 800달러 내릴 수 있다면 많은 도움이 될 겁니다.

그레이엄 다시 나의 견해를 분명히 하고 싶습니다. 나는 무엇을 하거나 하지 말아야 한다고 주장하지 않습니다. GM의 정책에 대해 내가 생각하는 바를 말할 뿐입니다. 그리고 다른 회사들이 강제로 업계에서 퇴출되어 GM이 거의 독점기업이 될 정도까지 가격을 인하하라는 현재의 정치경제적 정서를 GM 혼자 감당하기는 힘들다는 점을 말할 뿐입니다.

의장 좋습니다. 당신은 다른 방법으로 자동차업계에 경쟁이 없다고 말하고 있습니다. 그렇지 않습니까?

그레이엄 아닙니다, 의장님. 그것은 전혀 사실이 아닙니다. 우선 GM과 포드의 경쟁은 매우 첨예합니다. GM과 크라이슬러Chrysler의 경쟁도 매우 첨예했고, 지금 다시 그렇게 되고 있습니다.

의장 솔직히 말하자면 나는 전혀 이해하지 못하겠습니다. 나는 항상 가격은 경쟁에서 중요한 요소이며, 가격이 얼마인지 신경 쓰지 않으면 경쟁은 없고 그 나머지는 모두 사기이거나 속임수라고 생각했습니다. 만약 당신이 정말로 경쟁력이 있고 시장을 차지하려고 한다면 나는 가장 먼저 해야 할 일이 더 싸게 파는 거라고 생각했습니다. 그것은 정통적인 원칙이었습니다. 경쟁은 가격을 높이기 위한 광고에만 있다는 생각은 구세대 사람으로서 전혀 이해하기 어렵습니다. 꼭 독일의 카르텔 체제("우리는 시장을 나누어 우리 몫을 분배하고 그 다음에 광고를 통해 우리가 경쟁하는 것처럼 믿게 만든다")처럼 진정한 경쟁은 없는 것 같습니다. GM이 정말로 경쟁하고 있고 시장을 차지하기 위해 애쓴다면, 가격을 인하하면 됩니다. 그렇지 않습니까?

그레이엄 좋습니다, 의원님. 내 견해가 틀릴지도 모릅니다. 하지만 당신의 견해하고 조금 다릅니다. GM과 크라이슬러의 경쟁을 예로 들면, 그것은 매우 격렬했으며 크라이슬러에 미치는 영향은 거의 비참할 정도였습니다. 크라이슬러는 지난해에 말 그대로 모든 수익력을 잃었습니다. 비록 회사가 가진 현금은 많았지만 이익이 거의 없다시피 할 정도로 자동차 판매가 감소했고, 자동차와 판매관행을 개선하기 위해 엄청난 노력이 필요했습니다. 이제 내가 아는 한 그것은 경쟁의 실제 사례로 거의 고전이나 마찬가지입니다.

의장 내가 잘못된 인상을 주었을까 염려됩니다. 지금 나는 적어도 찬성이나 반대 의견을 표현하지 않기 위해 노력하고 있습니다. 나는 자동차 분야에 경쟁이 있는지 없는지에 대해 알아보려고 하는 중입니다. GM이 경쟁자를 퇴출시키는 방법이 GM은 견딜 만하지만 경쟁자는 견딜 수 없을 정도까지 가격을 낮추는 것이라는 이야기입니까? 경쟁력 있는 정통 기업에서 그 일이 일어났습니다. 아닙니까? 옛날에도 그랬지요. 아닌가요?

그레이엄 음…….

의장 나는 그것이 사회적으로 나쁠 수도 있고 정치적으로 위험하다는 데 동의하지 않는다고는 말하지 않겠습니다. 그것은 정말로 경쟁적인 것하고는 다릅니다. 당신은 정말로 그것이 경쟁이라고 생각합니까? 아니면 경쟁력이 완전한 지배력을 갖게 하는 것이 바람직하지 않다고 느낍니까?

그레이엄 나는 오늘날 자동차 산업에 많은 경쟁이 있다고 믿습니다. 이 말로써 내 견해를 정리하겠습니다. 하지만 최종 결론에 이르는 것은 경쟁이 아닙니다. 그것은 더 약한 회사의 파괴를 의미할 수도 있습니다.

의장 그것은 일종의 형식적인 경쟁입니까?

그레이엄 제한적 목적의 경쟁입니다.

의장 몇몇 관료 혹은 누군가가 '관리가격'이라는 말을 만들어냈습니다. 그게 그런 것 아닙니까? 그들은 의견을 모아 크라이슬러를 파멸시킬 가격수준이 어느 정도인지, 크라이슬러를 파멸시키는 것이 현명한지 어떤지 결정하지 않습니까?

그레이엄 당신이 경제원칙에 대해 말하는 한, 당신은 최적 또는 최대의 이익이 있다는 사실과 GM이 가격을 인하함으로써 사업을 더 키울 수도 있지만 동시에 더 적은 돈을 번다는 사실을 명심해야 합니다. GM이 정상적인 기업으로서 최대 이익을 얻을 수 있는 가격을 책정해서는 안 된다는 이유라도 있습니까?

의장 독점으로 몰고 가면 그들이 원하는 대로 할 수 있지 않습니까?

그레이엄 아닙니다, 의장님. 미국 정부가 간섭할 겁니다.

의장 그게 내가 말하고자 하는 바입니다. 정부의 간섭과 정치사회의 영향에 대해 이야기할 때 당신은 옛날 방식의 경쟁을 떠나 다른 분야로 들어가고 있습니다. 나는 그것이 옳다 그르다 이야기하는 것이 아닙니다. 나는 전에 그렇게 말하는 것을 들었고, 당신은 GM이 합리적인 이익(이것은 일종의 전문용어입니다만)을 취할 수 있으며, 경쟁력이나 효율성 또는 적어도 판매망과 매출이 크기 때문에 모든 경쟁자를 파멸시킬 수 있다고 인정하는 부분에 흥미를 느낍니다. 당신이 동의하는 것들을 내가 제대로 보았습니까?

그레이엄 나는 그러한 상황을 자세히 모릅니다. 그러나 아마도 그럴 거라고 느낍니다.

의장 나는 그게 중요하다고 생각합니다. 단순히 경제가 변함에 따라 기업의 직접적인 이익을 넘어서 이처럼 다양한 국면들이 발생하기 때문입니다. 만약 다른 모든 회사들이 업계에서 퇴출된다면 커다란 재앙이 될 겁니다. 나는 그 점에 대해 당신 의견에 동의합니다. 하지만 동시에 나는 그들이 싸우지 않는데 그러고 있다고 착각하고 싶지 않습니다. 만약 그렇게 하는 것이 현명하고 자신에게 해가 되지 않는다고 생각한다면 GM은 싸울 수 있습니다. 물론 국가와 상관없이 회사의 개인적 이해득실은 또 다른 문제일 겁니다.
그레이엄 씨, 만약 당신이 괜찮다면 왈라스 의원이 몇 가지 질문을 하고 싶어 합니다.

왈라스 그레이엄 씨, 회사를 살 때 당신은 경영자와 협의하고 일반적으로 이용 가능하지 않은 회사 정보를 얻습니까?

그레이엄 그렇습니다. 매수가 경영자의 일원인 대주주의 동의로 이루어지는 경우에 우리는 통상적으로 감사보고서 사본과 단지 발간하기가 쉽지 않다는 이유로 발간하지 않은 관련 자료를 받습니다. 하지만 오해를 피하기 위해 덧붙일 것이 있습니다. 우리의 판단에 어떤 영향을 미치는 중요한 정보, 매수 제의와 관련해 주주들에게는 주지 않는 정보를 얻는 경우는 생각할 수 없습니다.

월라스 보고서가 분기별로 발간되는데 당신은 이 기간에 이익에 관한 보고서, 다시 말해 발간되지 않는 것을 얻습니까?

그레이엄 그렇습니다. 월간 보고서입니다. 하지만 그것이 어떤 영향을 주는 경우는 매우 이례적입니다. 사례를 보여주겠습니다. 우리가 애틀랜틱 걸프앤웨스트 인디즈 주식을 매수하겠다고 제의했을 때였습니다. 그 제의는 매뉴팩처러스 트러스트Manufacturers Trust Co.를 통해 이루어졌는데, 우리는 증권거래위원회의 권고대로 이전에 그 문제를 논의했던 사람들을 대상으로 경영자가 우리에게 제공한 미공개 반기 대차대조표를 발표했습니다. 그것은 가치와 관련해 특별한 정보가 없었지만 일반원칙에 따라 발표되었습니다.

월라스 당신이 주식을 대량으로 살 때, 당신에게 주식을 파는 사람도 당신과 같은 정보를 가지고 있습니까?

그레이엄 정보의 중요한 부분에 관한 한 그렇다고 말할 수 있습니다.

월라스 당신이 경영진과 협의하는 과정을 통해 얻은 정보에 기초해 공개시장에서 주식을 사려고 한다면 이는 내부정보에 의한 매매로 간주될 수 있습니까?

그레이엄 아닙니다. 내가 그 규칙을 이해하기로는 내부정보에 의한 매매는 주주와 수탁자 관계에 있는 사람들, 즉 간부직원, 이사, 주요 주주들에게만 적용됩니다.

월라스 회사직원이 대중은 알 수 없는 내부정보를 당신에게 공개하는 것은 불법 아닙니까?

그레이엄 그 점을 좀더 명백히 하고 싶습니다. 왜냐하면 나는 울타리의 양쪽에 있기 때문입니다. 나는 여러 회사의 임직원입니다. 그리고 나는 의원님들이 회사가 실제로 운영되는 방식을 실제로 이해하는 것은 가치가 있다고 생각합니다.

매일 그리고 매달 많은 정보가 당연히 임직원들의 관심을 끌게 됩니다. 회사의 일상을 매일 보고서로 작성해 발표하거나 주주들에게 레터로 발송하기는 불가능합니다. 한편, 사실상 임직원들이 매주 관심을 두는 것들에 대해 아무 말도 못하게 하는 비밀선서는 없습니다. 기본적으로 아주 중요한 문제인 경우에는 모든 주주들에게 즉각 공개해야 한다는 것이 일반적인 원칙으로 받아들여지고 있습니다. 그러나 중요도 면에서 어떤 정보가 공개되어야 하고 어떤 정보는 입소문인지 정확히 결정하기가 쉽지 않습니다.

월라스 물론 증권거래위원회법은 직원이 내부정보를 이용해 직접 매매하는 것을 불법으로 정하고 있습니다. 만약 그가 내부정보에 근거해 매매한다면 회사나 주주들은 이익을 환수하기 위해 제소할 수 있습니까?

그레이엄 네. 6개월 매매와 관련한 법 규정이 있습니다. 또한 나는 개인적으로 다른 어떤 종류의 매매에도 적용해야 할 일반적인 법정신이 존재한다고 생각합니다.

왈라스 회사 직원이 내부정보를 공개해서 어떤 사람으로 하여금 일반 대중은 이용할 수 없는 정보에 근거해 주식을 매매하도록 할 수는 있다고 이해해도 됩니까?

그레이엄 왈라스 씨, 나는 그 점에 대해 당신이 옳다고 믿습니다. 그리고 검토해볼 만한 흥미로운 사항입니다. 그것은 많은 생각을 하게 해주었습니다.

왈라스 나는 현행법의 정확성에 대해 당신의 의견을 묻고 싶습니다. 전국증권중개인협회National Association of Securities Dealers의 우드Wood 씨는 증언에서 비상장기업의 이사가 내부정보에 근거해 원하는 매매를 하는 것은 불법이 아니라고 했습니다. 상장기업의 경우 당신에게 묻는 것은 내부정보에 근거한 매매이며, 이사 자신이 아니라 이사가 다른 누구에게 정보를 누설하는 경우입니다.

예를 들어 일반적으로 알려지지 않은 합병에 대한 검토가 있다면, 직원은 그것에 대해 알고 있고 그는 그 합병의 결말이 무엇인지 말할 수 있습니다. 또는 손익계산서에 대해 원래 예상보다 배당이 더 높아질 것을 알 만한 위치에 있을지도 모릅니다. 주식배당이나 주식분할에 대해 내부정보를 얻을 만한 위치에 있는 직원이 있습니다. 그러한 직원들은 6개월 기준으로 직접 매매할 수 없습니다. 하지만 나는 일반적으로 이용 가능하지 않은 정보를 누설하는 것에 대해 법을 강화해야 하는지 당신의 의견을 묻고 싶습니다.

그레이엄 좋습니다. 만약 그러한 법의 강화가 다른 많은 불이익을 전제하지 않도록 고안된다면 찬성할 것입니다. 그러나 나의 실제 경험은 이러한 아이디어를 섣불리 지지하는 것을 주저하게 만듭니다. 합병인 경우에 특히 그렇습니다. 물론 합병이 불확실하면 그러한 문제에 대해 공개적으로 설명하는 것은 바람직하지 않습니다. 그러나 또 다른 한편으로는 누군가를 만났을 때 한 마디도 누설하지 않을 만큼 사람이 신중하기는 정말 어렵습니다. 그리고 초기 아이디어에서 최종 결론에 이르기까지 많은 단계를 거쳐야 하는 까닭에 직원이 다른 사람에게 정보를 누설하지 못하도록 통제하기는 정말 어려워 보입니다.

월라스 상장된 기업에서 전체 주주들의 수는 얼마나 됩니까? 650만 명에서 750만 명 정도 되나요?

그레이엄 증권거래소가 발표한 수치에 따르면 그런 것 같습니다.

월라스 650만에서 750만 명의 주주들이 그들에게는 없는 내부정보에 근거해 주식을 매매하는 일이 가능하다는 사실을 깨닫고 이해해야 한다는 것이 당신의 의견입니까?

그레이엄 어떤 면에서는 그렇고, 또 어떤 면에서는 그렇지 않습니다. 경험 많은 보통 사람들은 누군가 자기보다 그 회사에 대해 더 잘 알고 더 많은 지식을 바탕으로 매매할 수 있다고 가정합니다.

월라스 그레이엄 씨, 이제 기록을 위해서만 묻겠습니다. 당신은 이 분야의 전문가입니다. 우리에게 몇 가지 용어를 설명해주겠습니까? '이익 실현' 이 의미하는 바가 무엇인지 설명해주십시오.

그레이엄 아주 간단합니다. 주식에서 평가이익paper profit을 가진 사람들이 매도를 통해 그 평가이익을 실현하는 것입니다. 대개는 평가상 이익이 실현될 경우에 시장 내에서 약간의 가격하락 압력이 나타납니다.

왈라스 이익실현은 대부분 일시적으로 시장을 약간 끌어내리는 효과가 있습니까?

그레이엄 그렇습니다. 시장의 측면에서 '이익실현'이라고 한다면, 그것은 시장수준을 하락시키기에 충분한 이익을 확보한다는 의미입니다. 이익실현은 항상 시장이 상승할 때 나타나기 때문입니다.

왈라스 '투매'하고 같나요?

그레이엄 투매는 여러 가지 이유로 시장에 나타나는 일시적인 하락일 뿐입니다. 이익실현은 좀더 본질적인 이유, 전쟁에 대한 우려, 이러한 위원회에서 벌어지는 일들, 기타 원인 등에 따른 것입니다.

왈라스 기술적 조정도 또 다른 용어입니까?

그레이엄 기술적 조정은 이익실현과 연관되기 쉽습니다.

의장 당신은 우리가 여기서 하고 있는 일들도 주식시장에 영향을 준다고 생각합니까?

그레이엄 그렇습니다, 의장님.

의장 그렇습니까?

그레이엄 네, 그렇습니다. 내 생각에 시장은 상당히 민감한 수준일 때 엄청나게 많은 것들로부터 영향을 받으며, 그로 인해 시장이 상승하거나 하락합니다. 많은 영향들 중에 청문회도 포함되지요.

월라스 그레이엄 씨, 내가 이런 질문을 하는 이유 중 하나는 지난 금요일에 시장이 상당히 높은 수준에 도달했기 때문입니다. 그렇지 않습니까? 전체 시장이 지난 금요일 상당히 강세였지요?

그레이엄 그렇습니다.

월라스 그런데 당신은 상대적으로 강세장에 뒤따르는 이익실현, 투매, 기술적 조정의 가능성을 보고 있지요. 그렇지 않습니까?

그레이엄 네.

월라스 그래서 이 모든 요소들이 월요일과 화요일에 시장에서 일어난 일들의 원인이 된다고 말하는 것 아닙니까? 이러한 요소들은 모두 어느 정도 관계가 있고, 당신은 무엇이 가장 관계가 깊은지 확실히 결정할 수 없다는 말이지요? 시장에 영향을 미치는 요인은 주주의 감정과 주주의 병폐가 재발할지 아닐지를 포함해 너무나도 많으니까요.

그레이엄 동의합니다. 나는 앞에서 그러한 취지를 설명하려고 했습니다.

월라스 그렇다면 이러한 연구는 정말로 많고 많은 여러 요인 중 하나로만 시장에 영향을 미치나요?

그레이엄 '많은'이라는 표현 하나는 빼고 싶군요. 하지만 그건 여러 가지 요인 중 하나입니다.

월라스 감사합니다.

의장 우리가 시장이 어떻게 돌아가는지 우려하고 관심을 가지고 있다는 것을 시장참여자들도 알고 있다는 인상을 받았습니다. 나는 이 조사가 반드시 시장하락으로 이어질 것이라는 의견에는 동의할 수 없습니다. 많은 사람들이 우리가 시장을 하락시키고 배를 전복시키려고 한다는 등 위원회를 격렬하게 비난하고 있습니다. 당신은 동의하지 않지요. 어떻습니까?

그레이엄 네. 나는 당신이 안심할 만한 답을 해드릴 수 있을 듯합니다, 의원님. 이렇게 한번 생각보지요. 만약 그 조사가 실제로 시장을 하락시켰다면, 시장은 하락할 예정이었고 하락해야 합니다.

의장 아주 적절한 설명인 것 같습니다. 이 청문회가 하락시킬 수 있다면 그것은 대단히 약한 시장입니다. 그렇지 않습니까?

그레이엄 그 점에 동의합니다.

의장 지금 생각나는 것이 한두 가지 있습니다. 어제 자본이득세에 대한 에클즈 씨의 제안을 보았습니까? 그게 당신의 관심을 끌었나요?

그레이엄 나는 그것을 아침 신문에서 읽었습니다.

의장 당신에게 흥미가 있었습니까?

그레이엄 네. 나만의 의견도 있습니다. 나는 우리 모두 이 문제에 대해 각자의 의견이 있다고 생각합니다. 바루크 씨도 증언에서 한 가지를 제안할 겁니다. 우리는 모두 의견을 가지고 있습니다. 에클즈 씨의 제안은 기본적으로 보유기간에 따라 차이를 두는 현행법보다 좀더 차별화하는 것이 건전하다는 겁니다.

의장 당신의 제안은 단순한 임시수단일 뿐 우리의 제안을 반복하는 것이라고 생각해도 되겠습니까?

그레이엄 네, 그렇습니다.

의장 어느 쪽이 좀더 검토할 만한 가치가 있습니까? 만약 당신이 정말 오래, 한 5년 이상을 보유했는데(정확한 결과에 대해 확신하지 않고) 자본이득이 전혀 없었다 해도 여전히 당신에게 매력이 있습니까?

그레이엄 전반적으로 그렇습니다, 의원님. 당신은 수년 전 우리에게 그런 형태의 자본이득세가 있었다는 것을 알 겁니다. 5년에서 10년간 보유할 경우에 세율이 10퍼센트 정도로 낮아지고 10년 이상 보유하면 면세되었던 것으로 기억합니다. 그런데 이러한 차별화는 대개 판단의 문제입니다. 물론 원칙은 타당하다고 봅니다. 자본이득세에 대한 이론상의 반대는 그것이 국민소득이나 국민총생산 어디에도 나타나지 않는 소득에 과세하기 때문입니다. 이러한 이론적인 반대는 차별화를 통해 일부 해소할 수 있습니다.

의장 이번에는 상당히 전문적인 질문입니다만 아마도 당신은 우리를 도울 수 있을 겁니다. 일반화하기는 어렵겠지만 현금으로 지급된 배당과 비교해서 유보이익의 시장가치가 얼마나 큰지 최대한 추정해볼 수 있습니까?

그레이엄 대답하려면 약간 말이 길어질 것 같습니다. 우선, 나는 그 주제에 대해 연구했고 논문도 썼습니다. 조사를 통해 과거에 현금으로 지급된 배당은 유보이익이 지닌 현금가치의 4배라는 것을 알 수 있었습니다. 장기적인 전망으로 투자하고 시장에서 별도 분류해 다루어진 예외적인 주식들이 있습니다. 하지만 나는 우리가 지금 유보이익에 대한 배당의 비중 면에서 과도기를 겪는 중이라는 생각이 듭니다. 전환은 비교적 빠르게 진행되고 있습니다. 이 순간 우리가 어디에 있는지 말할 수는 없지만 지금부터 몇 년 안 되어 배분된 이익에 대한 유보이익의 비중이 과거보다는 훨씬 더 커질 겁니다.

의장 그것은 세금구조(자본이득과 정상 및 부가세율의 차이)에 거의 영향을 받지 않습니까?

그레이엄 아닙니다, 의장님. 과거에는 영향을 받지 않았습니다. 반대로, 투자자와 투기자의 행동은 아주 비논리적입니다. 이론상 그들은 성공한 기업의 유보이익을 선호해야 합니다. 유보이익은 처음 한 가지 세금을 부담하고 마지막에는 자본이득세만 추가로 부담하는 반면, 배분된 이익은 즉시 두 가지 세금을 부담해야 하기 때문입니다. 그러나 배당에 대한 투자자들의 뿌리 깊은 선호로 세금구조상 실제 사실로 조정되지 않고 있습니다. 이제 그렇게 되어가는 시작일 뿐입니다.

의장 알았습니다. 서서히 바뀌고 있다는 의미입니까?

그레이엄 아주 느리지만, 그렇습니다. 그리고 아주 비합리적이라고 생각합니다.

의장 굉장히 이해하기 어려운 말입니다. 그런데 당신은 주식옵션이 경영진에게 봉급보다 자본이득으로 보상하려는 욕구에서 주로 자극을 받은 것이라고 생각합니까?

그레이엄 기업들은 자본이득으로 임원에게 보상하는 것을 선호합니다. 틀림없습니다. 그것이 주식옵션의 명백한 목적입니다.

의장 아닙니다. 우리 같은 외부 사람들 중 몇몇에게는 명백하지 않습니다. 그들은 "특권이기는 하지만 유보이익하고는 관계가 없다"고 말합니다. 당신은 주식옵션을 신청하지 않았습니까?

그레이엄 나는 그러지 않았습니다, 의장님.

의장 나는 당신의 의견에 상당 부분 동의합니다.

그레이엄 의원님, 나는 당신의 동의를 기대하고 내 견해를 구체화할 의도는 없습니다.

의장 나는 그것 때문에 당신을 비난하지 않습니다. 나는 당신의 지혜에 감명을 받을 뿐입니다.

그레이엄 감사합니다, 의원님.

의장 나도 교수였습니다. 아마도 그게 나의 약점일 것입니다. 시어스 로벅이 일반 근로자에게 자본이득으로 보상하는 방법을 찾았다고 오늘 아침에 발표했습니다. 이전에 내가 전혀 몰랐던 겁니다. 그것은 연금계획pension plan의 결과가 아닙니까?

그레이엄 당신이 시어스 로벅 같은 회사를 가진다면 그럴 수 있습니다. 만약 당신이 보통 회사를 가졌다면, 만약 당신이 뉴욕증권거래소에서 임의의 보통 회사를 가지고 시어스 로벅과 같은 연금계획을 추진했다면, 장기적으로 시어스 로벅에 비해 수익이 상당히 적을 뿐만 아니라 매년 주가와 성과의 변동 때문에 그러한 연금계획을 유지하지 못했을 겁니다. 보통 회사에서는 사람들이 그런 류의 계획을 지탱할 배짱을 가질 수 없습니다.

의장 좋습니다. GM 같은 회사는 그럴 수 있겠지요. 그렇지 않습니까?

그레이엄 그렇게 생각합니다. 네, 그렇습니다.

의장 다른 펀드회사들은 정상세율을 내지 않고 고용인에게 진정한 보상으로서 세전이익의 10퍼센트 정도를 연금펀드에 지급하는 시스템을 가지고 있는 것을 알고 있습니까?

그레이엄 당신이 언급한 10퍼센트 수치가 유일한 차이입니다. 10퍼센트는 상당히 높은 수치입니다. 그러나 전혀 유례가 없지는 않습니다. 나는 다른 회사를 생각해내고 싶습니다만 내가 알기로는 상근 임직원 보수를 합쳐 이익의 10퍼센트 이상을 지급하는 경우가 있습니다.

의장 임원 보수는 오늘 아침의 증언에 포함되었던 것 같지 않습니다.

그레이엄 임원들도 포함됩니다. 그러나 그들은 연차당 500달러 혹은 상한선으로 제한을 받습니다.

의장 게다가 상여금과 스톡옵션을 받고 연금펀드에도 가입합니다.

그레이엄 정확합니다, 의장님.

의장 다 합치면 10퍼센트를 훨씬 넘을 겁니다.

그레이엄 그렇습니다.

의장 그것에 대해 어떻게 생각합니까?

그레이엄 두 가지로 이야기할 수 있습니다. 우선, 기업과 직원 간에 적절한 관계를 정립하고 이익을 공정하게 처분하는 아주 좋은 방법이라고 생각합니다. 처음에 말했던 것처럼, 우리는 GEICO에 대해 비슷한 접근을 했고 우리와 직원들에게 아주 좋은 효과를 거두었습니다. 물론 세금우대(tax status)는 다른 문제입니다. 의회가 채택한 이 같은 계획에서는 세금우대 문제가 아주 바람직합니다. 결론적으로 기업의 발전과 근로자의 지위 향상을 촉진할 의도임을 잘 알고 있습니다. 나는 재무부가 세입이 좀 줄더라도 중소 자본가들의 발전과 근로자들의 퇴직 후 행복과 복지를 촉진하는 것은 아주 바람직하다고 생각합니다.

의장 나는 당신의 말에 동의합니다. 만약 당신이 그것만 본다면 좋은 일입니다. 자기 소득을 자본이익으로 조정할 수 없어서 직접세로 내야 하는 사람들에 대해서는 어떻게 해야 합니까? 그들에 대한 당신의 답은 무엇이지요? "오, 안됐군요" 하면 되는 겁니까? 보수를 받고 자본이득세율만 부담하는 근로자 집단과 거의 같은 보수를 받고 다른 세율을 부담하는 근로자 집단에게 어떻게 변명하겠습니까? 당신이 내 자리에 있고 모든 정부정책에 대해 당신을 비난한다면 당신은 그들에게 뭐라고 말하겠습니까?

그레이엄 나는 우리가 이야기하고 있는 것은 근로자 총 보수에서 예외적인 부분임을 말하고 싶습니다. 물론 시어스 로벅의 경우는 그렇게 예외적이지 않습니다. 왜냐하면 이 기업은 특별히 성공적인 사례이기 때문입니다. 일반 회사에서 이 같은 목적으로 이익의 10퍼센트를 적립한다면 (근로자들에게 추가이익과 추가소득은 사소한 게 아니므로) 적어도 수입에서 의미 있는 부분을 차지하게 됩니다. 그리고 세금우대는 그 바람직한 결과 때문에라도 이론적으로 받아들여져야 합니다.

의장 그들이 50퍼센트를 기부한다면? 그들이 모든 사람의 임금을 줄여 그 펀드에 대한 50퍼센트 기부로 전환한다고 가정합시다. 만약 그 원칙을 받아들인다면 왜 당신은 자본이득을 기준으로 그들 모두에게 지급하지 못합니까?

그레이엄 아닙니다. 그 원칙은 무제한 적용을 인정할 수 없습니다. 정확히 이해하고 있다면 현행 법률은 제한을 두고 있습니다. 연금펀드와 이익배분 펀드에서 근로자에게 혜택을 줄 수 있는 규모는 내가 알기로 매년 보수의 15퍼센트까지입니다.

의장 향후 몇 년간의 경제전망에 대해 전반적인 견해를 이야기해줄 수 있습니까? 당신은 경기정점으로 봅니까? 일전에 뉴욕 금융업계에 있는 당신 동료가 마지막 붕괴가 필연적이라고 말한 것을 읽었습니까?

그레이엄 필연적이지 않습니까?

의장 그것은 항상 있어 왔고 우리도 마지막 매수 잔치를 해야 된다고 이해했습니다. 나는 당신이 향후 몇 년간에 대해 의견을 줄 수 있는지 궁금합니다. 괜찮겠습니까?

그레이엄 이러한 견해는 너무 진지하게 받아들여서는 안 된다는 단서를 단 후에 말하겠습니다.

의장 당신이 절대적이라고 믿지는 않습니다.

그레이엄 사실 나는 경제전망이나 시장예측은 전문이 아닙니다. 내가 하는 일은 대개 원칙에 근거합니다. 미래 예상에 상관없이 얻은 성과야말로 훨씬 더 좋은 결과라는 원칙입니다. 그런데도 일종의 경제학자로서 나는 그 같은 질문에 대해 연구해왔고, 지금 내 견해를 밝히게 되어 기쁩니다.

모든 가능성 측면에서 우리가 아주 심각한 정도는 아니지만 상당한 경제후퇴를 경험할지도 모른다고 생각합니다. 그것은 재고 수준, 소비자 신뢰 수준, 주택 여건, 자본재 수요처럼 대개 순환적인 속성을 띠며, 우리가 지금 보는 것 같은 속도로 무한히 계속될 수 없는 모든 것들이 진행하는 자연스러운 과정입니다.

나는 지금 역사 혹은 역사의 패턴이 스스로 반복하기를 기대하는 경험 많고 보수적인 경제학자의 견해를 표명하고 있습니다. 알 수 없는 요소가 있는데 그것은 정부의 간섭입니다. 정부는 지금 대규모 실업을 동반하는 기업활동의 위축을 막기 위해 양대 정당을 통해 전국적으로 간섭하려는 것처럼 보입니다. 나는 생산성 증대에 따른 분명한 호황과 국민 총생산 증가 속에서도 상당한 실업을 떠안게 될 수 있다는 점을 말하고 싶습니다.

우리는 흥미로운 시기에 진입하고 있으며 그 와중에 실업에 대한 정부의 의지가 도전받을 겁니다. 지난해 그렇게 될 거라고 예상했는데 그렇지 않았습니다. 우리는 모두 굉장히 놀랐지만 아주 즐거웠습니다. 향후 5년 안에 도전은 다시 발생할 테고, 당신은 대량 실업을 막기 위한 정부의 대응을 보게 될 겁니다.

의장 당신은 정부가 정상적으로 등락하는 경제에 안정요소를 부가해야 한다고 생각합니까?

그레이엄 정부는 노력할 겁니다.

의장 정부정책의 지혜에 달렸나요?

그레이엄 그렇습니다. 당신은 결과를 통해 지혜를 판단할 것 같군요.

의장 지혜를 어떻게 판단합니까?

그레이엄 대부분 지혜를 선험적으로 평가합니다. 그러나 경제학적인 측면에서 볼 때, 경험하기 전에 무엇이 현명한지 판단하는 것은 아주 어렵습니다.

의장 과거를 돌아보고 1920년대에 일어난 일에 대해 정부 행정을 누가 현명하게 했는지 물어서는 안 되겠군요. 그런가요?

그레이엄 그렇지 않다고 생각합니다.

의장 당신의 상품비축계획 Commodity Reserve Plan 이란 무엇입니까?

그레이엄 간단하게 이야기하겠습니다. 그것은 우리 경제체제의 미래에 대한 당신의 질문하고도 관계가 있습니다. 최근 20년 사이에 나는 개별 상품이 아니라 전체 원재료의 가격수준을 안정시켜야 경제가 안정된다는 생각을 했습니다. 이 이론의 목적은 개별 상품가격은 변동하되 그 폭을 좁게 제한해 주요 상품의 물가수준에 안정을 가져오는 것이었습니다. 나는 여기에 아주 중요하고 상당히 과격한 요소를 추가했는데, 그

상품들은 필수품들이기 때문에 통화가치 면에서 든든한 버팀목이 되어 준다는 점입니다. 그것들이 곧 상품준비금commodity reserve이 되고, 금 준비금의 자기금융self financing과 같은 방법으로 운영하는 겁니다. 그 결과, 원재료의 물가수준을 상당히 안정시킴으로써 전체 경제가 안정을 찾게 되는 거죠.

의장 포함되는 상품의 범위는 어느 정도인지 잘 모르겠습니다.

그레이엄 이것들은 저장 가능한 주요 상품들이고 상품거래소에서 대부분 취급합니다.

의장 만약 농산품이 있다면 어떤 것이 포함됩니까?

그레이엄 밀, 옥수수, 면화, 설탕, 고무 같은 상품들을 포함할 겁니다.

의장 고무, 면화는 무제한 저장 가능합니까?

그레이엄 교체를 통해 무제한 저장 가능할 겁니다.

의장 한 가지 언급할 것을 잊었습니다. 정부 정책과 간섭에 관해 당신은 경제체제에 간섭하는 요소로서 세금정책이 가장 중요하다고 봅니까?

그레이엄 그렇습니다. 다시 말하면 정부가 경제에 상당한 정도까지 간섭할 수 있는 수단 중 하나는 감세정책일 겁니다. 또 다른 방법은 정부지출을 늘리는 것입니다.

의장 어제 에클즈 씨의 청문회를 보았습니까? 내가 그를 모델로 사용하려는 게 아니라 상황을 설명하는 데 시간이 좀 걸리기 때문에 단지 시간을 절약하기 위해서입니다. 어제 세금에 대한 그의 제안을 기억합니까?

그레이엄 생각이 나지 않습니다.

의장 좋습니다. 그것은 중요하지 않습니다. 다른 질문은 그만두겠습니다. 당신이 특수상황을 발견하고, 예를 들어 20달러 가치가 있는 것을 10달러에 살 수 있고 그 주식을 보유하기로 결정한 다음에 다른 많은 사람들이 그것은 30달러 가치가 있다고 결정할 때까지 이익을 실현하지 않습니까? 그러한 과정은 어떻게 진행되나요? 광고로? 아니면 다른 무엇입니까?

그레이엄 그것은 우리 사업의 미스터리입니다. 다른 모든 사람들뿐만 아니라 나에게도 미스터리이지요. 우리는 결국 시장이 가치를 알아낸다는 것을 경험으로 알게 됩니다. 그것은 여러 가지 방법으로 실현됩니다.

의장 그러나 당신은 이익실현을 위해 무엇인가 하지 않습니까? 당신은 광고를 합니까? 아니면 다른 무엇인가를 합니까?

그레이엄 오히려 반대입니다. 우리는 사실 우리의 투자를 가능한 한 비밀로 하려고 합니다.

의장 당신이 매수한 다음에도 그렇습니까?

그레이엄 우리는 기본적으로 우리 일에 대해 다른 사람이 아는 것에 관심이 없고, 우리가 소유권을 가진 주식을 사라고 다른 사람을 설득하는 데도 전혀 관심이 없습니다. 우리는 그렇게 한 적이 없고 앞으로도 결코 그렇게 하지 않을 것입니다.

의장 그것은 상당히 특이합니다. 당신이 자본이득을 얻으려면 많은 사람들이 그것을 30달러 가치가 있다고 결정해야 합니다.

그레이엄 당신이 말한 주식에 대해 우리가 광고 같은 어떤 일을 할 필요도 없이 많은 사람들이 30달러의 가치를 인정하는 것을 보아왔으니 우리는 경험상 아주 운이 좋았습니다. 우리는 가끔 의도적으로 경영정책에 간섭하기도 합니다. 약간의 변화를 제안하기도 하지요. 그러나 단순히 우리가 실질적인 주주이기 때문에 하는 겁니다.

의장 거의 다 된 것 같습니다. 분명히 당신에게 더 묻고 싶은 것이 많습니다. 하지만 당신도 다른 할 일이 많고 지금 시간이 너무 늦었습니다. 당신이 시간을 할애해 이 자리에 나와 정보를 제공해준 데 대해 위원회를 대표해 감사드리고 싶습니다. 나는 이러한 것들에 대해 말해야 하는 것이 당신에게 아주 유쾌한 일은 아닐 거라고 생각합니다. 그러나 우리가 그것에 대해 배울 다른 길이 없습니다. 나는 시장에 대한 우리의 시야를 넓혀준 당신의 공헌에 진심으로 감사드립니다.

그레이엄 내가 공헌한 게 있다면 그 정도 불편은 괜찮습니다.

의장 만약 우리가 알아야 할 것 같은 추가제안이 있다면 언제든지 편지를 보내주시면 감사하겠습니다. 이렇게 참석해주셔서 대단히 고맙습니다.

(그레이엄이 준비한 진술 전문은 다음과 같다.)

그레이엄뉴먼의 회장 벤저민 그레이엄의 진술서

내 이름은 벤저민 그레이엄이다. 나는 뉴욕 스카즈데일에 살고 있다. 나는 등록된 투자회사이자 투자펀드인 그레이엄뉴먼의 회장이다. 또한 컬럼비아 대학교 경영대학원의 투자론 부교수다.

이 진술은 주로 세 가지 문제에 대해 이야기할 것이다.

1. 가격과 가치의 관계에서 본 현재 수준의 주가
2. 1953년 9월 이후 시장상승의 원인
3. 과도한 투기를 제어하는 실현 가능한 방법

주가의 현재 수준을 보면 주식은 너무 비싸 보이고 실제로 비싸다. 그러나 보이는 만큼 비싸지는 않다. 주식의 시장수준은 420개 종목의 S&P 지수로 볼 때 1929년 고점보다 훨씬 높다. 현재 지수는 1929년 고점 195에 비해 300 정도 높다. 약 410개의 주식 평균은 1929년 고점 382보다 약간 높은 정도다. 그러나 그 차이는 평균지수에서의 종목 교체를 감안하면 훨씬 커질 것이다. 철도회사와 유틸리티 종목은 전체적으로 1929년 고점에 비해 훨씬 아래다.

물론 주식의 진정한 가치는 가격의 동향만으로는 알 수 없고 이익, 배당, 미래 전망 그리고 자산가치를 고려해야 한다.

현재 주식에 대한 가치평가의 개념은 평균적인 미래 이익과 배당을 추정하고 그것을 적정한 자본화 계수나 배수로 적용하는 것으로 거의 바뀌었다. 이러한 요소는 모두 예측이나 판단의 문제이기 때문에 항상 주식 그룹이나 단일 종목의 적절한 가치와 관련한 정통한 의견에서 광범위한 차이가 있다. 시장이 비관주의의 심연에서 낙관주의의 정점으로 움직임에 따라 정통하지 않거나 투기적인 의견도 훨씬 광범위하게 만연하고 있다. 과거 경험에 비추어 나는 주가의 현재 수준을 판단하는 지침 두 가지를 비교했다. 하나는 산업평균과 관련이 있고 다른 하나는 GE와 관계가 있다. 평균지수와 대표 우량종목이다. 나는 현재 가격과 1929년, 1937년 그리고 1946년의 최고주가를 직전년도의 이익, 이전 5년간의 이익, 이전 10년간의 이익과 비교했다. 이러한 정보는 다른 특정 데이터와 함께 첨부된 표에 나타나 있다.

지금 다우존스 산업평균지수의 과거 평균이익에 대한 비율은 1929년, 1937년 그리고 1946년의 최고치보다 낮다. 개별종목으로서 GE에도 똑같이 적용했다. 전체적으로 대형 우량회사들의 대표주자라 할 만한 종목들은 이전 최고치에서 나타난 비율에 상당히 못 미치는 것이 분명하다. 또한 신용등급이 높은 채권의 이자율은 이제 1946년을 제외한 이전 시대의 강세장에서보다 확실히 낮다는 것을 지적하고 싶다. 기본적으로 더 낮은 이자율은 이익이나 배당의 현금에 대해 아마도 더 높은 가치를 부여하게 될 것이다.

시장이 아직은 안전지대라는 것을 보여주는 사례는 많다. 그러나 이같은 비교는 과거 강세장의 고점에 뒤따르는 하락의 폭을 설명하지 못한다. 1929년부터 1932년까지 다우존스 산업평균지수는 가격의 90퍼센트를 잃었기 때문에 1929년의 381은 너무 높았을 뿐만 아니라 시장은 그 수치보다 훨씬 아래에서부터 위험지대에 진입한 것이 분명하다.

나는 우량채권 이자율의 2배로 10년 평균이익을 자본화하는 단순한 방법을 통해 다우존스 산업평균지수의 중심값을 추정하는 것이 유용함을 깨달았다. 이러한 기법은 특정 주식 그룹의 과거 평균이익이 미래 이익을 추정하는 타당한 근거라는 사실을 전제한다. 그러나 하단부에는 보수적인 편차가 있다. 그것은 우량채권에서 나타나는 자본화 계수를 2배로 함으로써 우량채권과 우량주식의 위험 차이를 적절히 감안했다고 가정하는 것이다. 비록 이 방법은 이론상 논쟁의 여지가 있지만 실제로 1881년 이후 주식 평균의 중심값을 합리적으로 정확하게 반영해왔다. 1929년에 이 방법으로 구한 중심값이 120이었다는 점은 흥미롭다. 이는 고점인 381과 1932년 저점인 41의 기하평균과 거의 같다. 마찬가지로 1936년의 중심값은 138이었고 1938년보다 높았으며, 이것은 1937년 고점 194와 1938년 저점 99의 평균이었다.

이러한 기계적인 방법은 1955년 초의 상황에도 적용되었다. 그때 다우존스 산업평균지수는 현재값보다 조금 낮을 뿐인 396의 중심값을 나타났다. 만약 이 수치를 신뢰한다면 상당히 확실한 것으로 간주해야 한다. 가치 면에서 현재 시장은 1926년 초, 1936년 초, 1945년 말에 비해 높지 않다. 그러나 1954년까지 10년 동안 평균이익을 얻으면서 어떤 실질적인 침체 기간을 포함하지 않은 것을 보면 중심값의 유효성에 의문의 여지가 있다. 어떤 의미에서 이 같은 중심값 평가의 타당성은 가까운 과거에 우리가 경험했듯이 미래에 심각한 경기 침체를 벗어나는 능력에 달려 있다. 우리가 정말 경기순환을 그런대로 처리할 수 있다면 시장은 현재 너무 높지 않다고 말하는 게 타당할 것이다.

이러한 발전이 과거와의 혁명적인 단절을 수반하더라도 나는 그 가능성을 부정할 준비가 되어 있지 않다. 미국기업의 자연스러운 활력 이외에도 정부 간섭과 인플레이션 가능성이 미래의 심각한 침체를 예방한다는 결론에는 어느 정도 근거가 있다. 위 분석은 현재 주가수준에 전혀 불리하지 않다. 그러나 그 주제 전반에 대한 나의 결론과 관련하여, 나는 다우존스 산업평균지수가 185이던 1945년 11월의 주식시장에 대한 분석을 상기하게 된다. 이것은 1945년 11월 18일에 〈상업금융 연대기 The Commercial and Financial Chronicle〉라는 제목으로 발간되었다. 나는 글의 말미에 실린 원래의 요약을 인용하고자 한다. 그것은 오늘날 주식시장에 대한 나의 견해를 나타낸다고 할 수 있다.

현재 주가수준을 판단하는 데 이용되는 세 가지 다른 접근방법이 다양한 시사점을 낳고 있다. 우선 역사적인 접근은 시장이 분명히 고점에 있고 상당한 하락에 취약하다는 것이다. 이와 반대로 수치와 공식에 근거한 우리의 두 번째 접근방법은 현재 주가수준을 지지하고 친숙한 강세장의 열기가 주가를 더 높게 끌어올리기 쉽다는 것이다. 세 번째 접근방법은 미래 발전에 대한 추정과 추론을 통해 양은 많지만 의견은 불분명한 자료를 제공한다.

투기자들이나 신중한 주식투자자들에게 이러한 분석이 지니는 순수한 의미는 무엇인가? 투기자를 내재가치에 대한 고려 없이 시장의 움직임만으로 이익을 구하려는 사람으로 정의해보자. 신중한 투자자들은 내재가치를 반영하는 가격에서만 사고 시장이 상당히 상승해 투기 국면으로 접어들 때 주식보유를 줄이는 사람으로 정의하자.

지금이 이러한 투기 단계라고 확신한다. 신중한 투자자의 원칙은 주식보유를 상당량 줄이라고 요구한다. 정확한 매도 방법은 개인적인 포지션과 방법에 따라 다르다. 주식투기자에게 그것이 도움이 된다고 말할 수 없다. 우리는 시장이 현재보다 훨씬 더 높은 수준까지 상승할 가능성이 50 대 50(어쩌면 약간 더 높은)이라고 생각한다. 그러나 현재 수준을 넘어 투기자가 최종적으로 이익을 획득할 가능성에 대해 우리는 이전의 강세장에 미치지 못할 것이며 그렇게 좋지도 않다고 말해줘야 할 것이다.

1953년 9월 이후 시장 상승세의 원인에 대해 나는 위원회 질의사항 중 하나에 대한 뉴욕증권거래소 펀스턴Funston 이사장의 답변에 전반적으로 동의한다. 그러나 나는 시장가격의 큰 변동을 결정하는 투자와 투기 정서의 역할에 대해 더욱 강조하고 싶다.

내 견해로는 상승의 근본적인 원인은 불신에서 신뢰로의 전환, 즉 주식의 위험에서 그 기회에 대한 강조로 전환한 데 있다.

1949년 이후 다우존스 산업평균지수의 이익에 대해 중요한 변화는 없었다. 그러나 실제로 대부분 이류 회사들의 이익은 1953년부터 1954년 사이에 이전 5년에 비해 큰 폭으로 하락했다. 1954년 이전에 대중은 상당한 후퇴를 예상했고, 1953년 중반 이후 경기가 하강했을 때 이익의 대폭 감소에 대비하고 있었다. 그런데 특히 국민총생산과 가처분소득에서 경기 하강은 소폭에 그쳤고 그것은 심리를 역전시켰으며 심한 침체를 두려워하지 않아도 된다는 생각이 유포되었다.

이러한 정서의 변화는 대중이 주식을 평가하는 태도에 변화(특히 경상이익의 타당한 배수를 고려하는 데서)를 가져왔다. 실제로 그 배수는 1948년부터 1950년 사이에 다우존스 산업평균지수에 대해 대략 8배에서 1953년에는 10배로 상승했고, 현재는 1936년부터 1940년까지의 평균치보다 조금 낮은 14배에 달한다.

나의 연구는 가치의 어떤 가시적인 변화를 수반하지 않는 태도 변화만으로도 가격이 100달러에서 250달러로, 또는 100달러에서 300달러로 상승할 수 있다는 결론에 도달했다. AT&T가 1922년 이후 9달러의 단일 배당을 지급하고 그 이익이 비교적 적게 변동하는 반면, 가격은 1922년 115달러에서 1929년에는 310달러로 상승했다가 1932년에는 70달러로 하락하고, 그 후에 저가 110달러에서 고가 약 200달러 사이에서 오락가락하는 것은 대단히 흥미로운 일이다.

이류 회사들의 현재 상황은 더욱 복잡하다. 1953년 이전 가격은 이익에 비해 아주 낮았다. 그중 많은 회사들이 1953년과 1954년에 부진한 이익 실적을 보였다. 이러한 많은 그룹의 가격 움직임이 1954년 7월까지는 대형 우량주의 상승에 못 미쳤다. 최근에 이류 종목들의 상승은 선도 종목들을 능가한다. 할인은 금세 사라지고 이 분야에서 과잉 투기가 잦아졌다. 그러나 현재 전형적인 이류 주식들은 전반적으로 1946년 초에 비해서는 과대평가가 덜하다.

미래에 대한 부당한 투기를 조절하는 방법과 관련해 나는 위원회가 어떤 통제계획이 실현 가능한지 조심스럽고 신중하게 검토하리라 믿는다. 투기는 아직은 많지 않지만 그렇게 될 위험이 상당하다. 유용하고 실현 가능한 평가수단이 개발된다고 가정한다면, 불이 붙은 다음에 논의를 시작하기보다 차라리 그것을 이용할 일이 생기기 전에 이러한 평가수단에 동의하는 편이 현명하다.

워싱턴의 주식시장에 대한 어떤 형태의 간섭도 위험하고 모순된다는 점을 인정해야 한다. 여러분은 지금 하는 일이 옳은지, 득보다 실이 많지는 않은지 확신할 수 없다. 이러한 측면에서 위원회의 문제는 주식을 사야 할지 팔아야 할지, 아니면 계속 보유해야 할지를 결정해야 하는 일반대중의 곤경과 다를 바 없다. 그러나 어떠한 간섭에도 책임이 따른다. 예를 들어 필요증거금 변경 건에 대해서는 연방중앙은행이 실제로 투기 상황과 어느 정도 관계가 있다고 볼 수 있다.

모든 것을 감안하면 나는 연방중앙은행이 투기의 심화를 우려해 신용거래를 엄격하게 통제하고 증거금 한도(전혀 빌리지 않는)를 100퍼센트 수준까지 아주 빠르게 인상하는 방안을 지지하는 편이다. 비전문가가 주식이나 다른 것들에 투기하기 위해 돈을 빌리는 것은 기본적으로 타당하지 않기 때문이다. 그들은 물론이고 경제 전반을 위해서도 건전하지 않다. 일반적으로 주식 투기를 목적으로 하는 대중에게 돈을 빌려주는 상업은행들도 책임을 회피해서는 안 된다.

주식 매도에 대한 억제책으로 자본이득세가 많은 작용을 한다. 대규모 이익을 보인 주식들을 매도함으로써 주식 공급을 늘리기 위해 자본이득세를 폐지하거나 경감해야 한다고 주장하고 싶다. 이러한 주장에는 몇 가지 논쟁의 여지가 있지만 말이다. 주제가 월스트리트(나 자신이 그 일부라는 것이 자랑스럽지만)에서 보통 불완전하고 일방적인 형태로 나타나는 것은 유감이다.

자본이득세는 1913년에 소득세가 시작된 이후 부과되었다. 그래서 투기시장에 대한 그들의 영향이라는 문제는 전혀 새롭지 않다. 자본이득세 자체가 부당하게 높은 가격이나 부당하게 큰 변동을 초래한다는 증거는 거의 없다. 자본이득세가 이론적으로 불공정하고 현실적으로 타당하지 않다는 인상적인 주장이 제기되었으나, 다른 형태의 이익에 높은 세율을 부과하면서 자본이득을 비과세하는 데 반대하는 주장도 있다. 비록 현재의 자본이득세 제도에 개선해야 할 여지가 있다고 믿지만, 나는 세금부담의 문제가 기본적으로 불공정하다고 생각하지는 않는다. 결국 세금경감은 보유자들이 많은 이익을 실현하도록 함으로써 주식 공급을 늘리는 동시에 새로운 세금우대를 노리는 더 많은 투기 매수를 자극할 수도 있다. 이러한 움직임이 초래할 결과는 예측하기 힘들다.

만약 위험한 시장 상황을 해결하기 위해 이러한 정책을 한시적으로 채택한다면 자본이득세 경감에 대한 반대는 극복할 수 있다. 예를 들어 세금은 2년 이상 보유한 주식에 대해 현재의 최고 25퍼센트에서 최고 12.5퍼센트로 감소시키는 편이 낫다. 그리고 이러한 경감은 6개월 정도만 유효하게 하는 것이다. 정책은 주식 공급이 필요한 시점에 공급을 늘리는 바람직한 결과를 가져올 것이다. 재무부 입장에서는 세율을 인하했지만 보관된 주식의 매도를 촉발해 더 많은 세입으로 실현될 것이다. 주가수준에 어느 정도 영향을 미치느냐에 상관없이 진정한 투자자라면 비록 제한된 기간일지라도 이러한 양보로 피해를 보지 않는다.

자본이득세의 다른 변경안과 마찬가지로 나의 제안은 의회의 입법을 필요로 한다. 아마도 최선의 방법은 대통령에게 구체적인 한도 내에서 연방중앙은행 총재의 자문하에 유효 세율을 변경하는 권한을 주는 것이다. 우리는 관세율과 관련해 이 같은 권한을 준 선례가 있다.

결론적으로, 나는 의회가 주식시장에 일상적으로 참견해서는 안 되지만 의회의 간섭이 필요한 때도 있다는 점을 말하고 싶다. 우리가 지금 그러한 시기에 있는지도 모른다.

다우존스 산업평균지수와 GE 주식의 PER

■ 표6. 다우존스 산업평균지수

날짜	가격	이전 1년간 이익배수(배)	이전 5년간 이익배수(배)	이전 10년간 이익배수(배)	AAA급 채권수익률(%)	직후 평균저가
1955년(3월)	414	15	15	18	2.95	—
1946년 고점	212	20	21	22	2.46	(1946년) 163
1937년 고점	194	19 1/2	43	21 1/2	3.42	(1938년) 99
1929년 고점	381	25	28 1/2	34	4.69	(1932년) 41
1927년 고점	202	14 1/2	16	16	4.58	—

■ 표7. GE 주식의 PER

날짜	가격	이익배수 이전 1년간(배)	이익배수 이전 5년간(배)	이익배수 이전 10년간(배)	직후 저가
1955년(2월)	167(1)	23	28	38	—
1946년 고점	52	26 1/2	30	31	—
1937년 고점	65	42	84	51	(1946년) 33
1929년 고점	101(2)	45	60	85	(1938년) 27 1/4
1927년 고점	36(2)	23	29	34	(1932년) 8

4부

투자전략

역사는 대개 사건이 일어난 후에 해석할 수 있다. 모든 것이 일어났을 때, 우리는 일어난 일이 이전에 일어났었기 때문에 일어날 수밖에 없다고 설명하기 위해 확실한 근거를 인용할 수 있다.
이것은 별로 도움이 되지 않는다.
덴마크 철학자 키에르케고르는 "인생은 지난 후에야 비로소 평가할 수 있으며 우리는 앞을 보고 살아가야 한다"고 말했다.
이 말은 분명 주식시장에서 우리가 경험한 바 진실이다.

_ 벤저민 그레이엄, 〈시장은 계속 상승할 것인가?〉
〈상업금융 연대기〉 1962년 2월 1일

이 부분은 그레이엄이 1946년부터 1947년 사이에 뉴욕금융연구소에서 강의한 내용에서 발췌한 것들로 구성된다. 뉴욕금융연구소는 그 당시 뉴욕증권거래소가 소유하고 운영했다. 나중에 뉴욕증권거래소는 이 과정을 중단하기로 결정하고 연구소는 팔았다. 그레이엄의 강의는 필사되고 재편집되어 〈증권분석의 문제점Current Problems in Securities Analysis〉이라는 10개의 강의 세트로 5달러에 팔렸다. 그레이엄이 제기한 많은 투자 관련 주제들은 군수품 생산업자에서 평화시 제조업자로 나아가는 과도기에 있는 기업들을 분석하는 방법과 같이 통용되었다. 어떤 회사를 분석할 때는 전시 재고품과 확장비용에 대한 미국정부의 보증을 고려해야만 했다.

그의 강의를 읽는 것은 이따금 우거진 잡목을 베어버리는 느낌이다. 많은 독자들이 어떤 주제가 특별히 매력이 있는지 찾으면서 이 부분을 여기저기 훑어보려고 할 것이다. 투자분석의 역사적인 사례를 통해 자신의 방법을 고집스럽게 찾으려는 사람들은 그레이엄의 변하지 않는 지혜의 보고로써 보상받을 것이다. 복잡하게 설명하는 가운데에서도 그레이엄의 말들은 어디서나 상관없이 독자의 마음으로 바로 파고든다. 뉴욕금융연구소와 컬럼비아 대학에서 그레이엄의 강의는 청중을 사로잡는 데 실패한 적이 없다.

선택된 강의들이 편집되었음에 유의하기 바란다(어떤 경우는 조금만 편집했다). 경우에 따라서는 독자들이 이해하지 못할 단어, 약어, 구절 등의 의미를 명확하게 하려고 했다. 이를 위해 주를 달고 괄호로 표시했다. 그리고 몇몇 사례는 삭제했다. 특히 세금 문제에 대한 논의는 옛날이야기이고 요즈음 독자들하고는 거의 관계가 없다. 강의 중간에 장식적인 표시를 사용한 것은 일부 원고가 편집되었다는 의미다. 편집되지 않은 원래 원고들은 존와일리앤선즈의 웹사이트인 www.wiley.com/bgraham에서 볼 수 있다.

증권분석의 문제점

강의 1

이번 강좌에 등록한 여러분 모두를 환영한다. 많은 사람들이 등록해 연구소는 상당히 고무되었고 아마 강사에게도 그럴 것이다. 약간의 문제가 있기는 하다. 강의를 격의 없는 토론식 수업으로 운영하기가 힘들어졌다. 하지만 나는 현명한 질문과 토론을 환영한다. 다만 원활한 수업 진행을 위해 질문에 답하지 않거나 토론을 짧게 중단할 권리는 남겨두고 싶다. 여러분 모두 이 문제를 이해해주리라 믿는다.

나는 여러분이 시간과 돈을 투자한 만큼의 가치를 이 강좌에서 찾기를 바란다. 나는 강좌에서 증권시장 동향에 대한 실제적인 아이디어를 제공하기보다는 토론과 사례 예시에 중점을 둘 거라는 점을 미리 덧붙이고 싶다. 이 과정에서 후자와 관련해 이야기되는 어떤 것에 대해서도

1946년부터 1947년까지의 뉴욕금융연구소 강의에서 발췌함.

우리는 책임이 없다. 우리가 논의하고 토론한 증권들에 대해 관심을 가질 수도 있고 아닐 수도 있다. 이 역시 우리가 수년 동안 익숙해진 교수 프로그램이며 우리는 그것을 가능한 한 유지하고 싶다.

강좌의 주제는 현재 통용되는 증권분식들의 문제점으로, 상당히 넓은 분야를 다루게 될 것이다. 사실상 주제들은 1940년에 발간된 《증권분석》을 최근 6년간의 경험을 반영하여 업데이트하려는 시도이기도 하다.

증권분석의 주요 문제들은 다양한 기준으로 분류할 수 있다. 일단 세 부분으로 나누면 1) 증권분석기법 2) 안전기준과 주식평가 3) 증권시장과 증권분석가의 관계다.

주제를 분류하는 또 다른 방법은 '분석가'를 '조사자'로 간주하는 것이다. 조사자는 모든 관련 사실을 수집해 그것을 가장 적절하고 분명한 형태로 제시한다. 반면에 분석가는 가치의 심판자나 평가자로 간주할 수 있다. 첫 번째 조사자의 분류가 좀더 유용하다. 왜냐하면 월스트리트에는 '판단'을 배재한 채 주로 사실만을 요약해 다른 사람에게 넘기는 분야가 분명 존재하기 때문이다.

사실 자체에 대한 집착은 아주 건전하다. 증권에 대한 증권분석가의 판단은 시장의 영향을 많이 받기 때문에 올바른 평가를 내리기가 힘들다. 우리는 거의 시장 전문가이자 증권 전문가인 것처럼 행동하게 된다. 나는 수년간 그러한 상황이 조금이나마 개선되기를 기대해왔다. 그러나 개선된 사례가 드물었음을 고백해야겠다. 최근에 월스트리트에서 항상 그랬듯이 분석가들은 한 눈으로는 대차대조표와 손익계산서를 보고 다른 눈으로는 주식시세를 보고 있다.

첫 강의는 증권분석가의 작업 중에서 세 번째 측면을 주로 다룰 것이다. 이는 증권시장과 분석가들의 관계에 대한 것이다. 다른 소주제보다 좀더 흥미롭고 나의 첫 강의 주제로도 적절하다는 생각이 든다.

주식시장에 대한 증권분석가의 올바른 태도는 부인에 대한 남편의 태도와 비슷하다. 남편은 부인의 말에 지나치게 주의를 기울여서는 안 되지만 그렇다고 완전히 무시할 수도 없다. 우리 대부분이 주식시장에서 겪는 것과 마찬가지 입장이다.

최근 6년간 주식시장의 움직임을 검토하면서 우리는 주식시장이 과거의 경험에 입각해 움직였다고 결론지을 수 있다. 주식시장은 올랐다가 떨어지기를 반복하고 다양한 증권들이 다양한 형태로 움직였다.

우리는 1938년 말 이후 표본 주식의 추이를 칠판에 그려 간단히 보여주려고 했다. 증권분석가들의 흥미를 끌 만한 특징들을 골라내 보자.

기본적으로 두 가지 중요한 요소가 있다. 분석가는 과거 6년간 주식의 추이를 통해 그 요소들을 파악해야 한다. 하나는 지속성의 원칙이고, 또 다른 하나는 주식시장에서 신뢰가 떨어지는 선택성의 원칙이다.

첫째, 지속성에 대해: 장기적으로 보았을 때 증권시장은 영원히 탈선하지 않고 지속적으로 궤도를 유지하는 특징이 있다. 내가 탈선하지 않는다고 하는 말은, 상당히 상승한 주식이 그 뒤에 상당히 하락할 뿐만 아니라 이전에 익숙했던 수준까지 하락한다는 단순한 사실을 의미한다.

주식시장 전체가 상승해 새로운 영역으로 진입했더라도 기본 상황이 영원히 바뀌어 그 수준에서 계속 머무는 상황은 아직 보지 못했다. 여러분은 주가가 이와 같이 새롭게 출발하는 상황을 기대할 것이다.

내가 증권을 지켜본 지난 30여 년 동안에 두 번의 세계대전이 있었고, 호황과 불황을 겪었으며, 지금은 원자력 시대를 맞이하고 있다. 그래서 여러분은 증권시장이 정말로 한 시점에서 다른 시점으로 영구히 변할 수도 있으며 과거의 기록들이 미래가치를 판단하는 데 별로 유용하지 않다고 생각할지도 모른다.

물론 이러한 말들은 1940년 이후의 상황 전개와 관계가 있다. 증권시장이 지난 몇 년간 과거에 비해 유례없이 높은 수준으로 상승하면서, 증권분석가들은 새로운 가치수준이 이전과 상당히 다른 주가 흐름을 형성한다고 가정하는 경향을 보였다. 전체적으로 개별주식이 과거에 비해 가치가 더 높아졌을 수는 있지만 과거의 수준과 패턴 등의 경험을 폐기할 만큼 가치가 상승했는지는 의문이다.

지속성의 원칙을 구체적으로 살펴보면 이렇다.

주식시장 전반에서 주가는 상당히 상승한 다음에 하락할 뿐만 아니라(이것은 확실하다) 이전의 고점보다 상당히 아래까지 하락한다. 그래서 항상 현재 추세가 아닌 이전 추세의 최고점보다 싸게 주식을 살 수 있다. 증권을 높은 수준에서 사고 싶지 않은 투자자라면 과거 경험에 따라 저가에(현재 고가에 비해 낮을 뿐만 아니라 과거의 고가보다 낮은) 증권을 살 기회가 있다는 가정을 확실히 인정하는 셈이다.

그러므로 여러분은 투자자들에게 이전 고가를 위험한 포인트의 지표로 제시할 수 있다. 과거의 경험이 이를 실제 지침으로 사용할 수 있도록 뒷받침해줄 것이다. 다우존스 산업평균지수의 차트를 보면 과거 격동기에도 가격수준이 한꺼번에 또는 지속적으로 깨진 적이 없음을 알 수 있다. 이것이 내가 마지막 몇 분 동안에 지적하려고 한 것이다(그레이엄은 1946년 이전의 다우존스 산업평균지수 차트를 언급하지만 차트는 교재에서 빠져 있다―편집자 주).

지속성의 원칙에 대한 또 다른 설명은 다우존스 산업평균지수의 장기 이익에서 찾을 수 있다. 우리는 1915년까지 소급되는 수치를 가지고 있다. 30년도 더 된다. 다우존스 산업평균지수의 이익이 단위당 10달러 수준의 지속성을 보여주는 특별한 예다. 물론 이탈이 지속된 것도 사실이다. 예를 들어 1917년에는 단위당 22달러까지 상승했는데 1921년에는 아무것도 벌어들이지 못했다. 그리고 몇 년 뒤에 다시 10달러가 되었다.

1915년에 단위당 이익은 10.59달러였고, 1945년에 그것들은 실제로 똑같았다. 모든 변화는 단순히 중심값을 중심으로 변동한 것으로 나타난다. 지속성에 대해서는 이 정도면 충분하겠는가?

내가 말하고 싶은 두 번째는 선택성이다.

이는 분석가와 자문가들을 상당히 잘못된 길로 인도하고 있다. 최근 주식시장의 하락에 앞서 몇 주 전에 나는 많은 증권회사 자문가들이 "이제 시장이 지속적인 상승을 중단했다"고 말하는 것을 들었다. 그들의 입장에서는 그렇게 하는 것이 고객들의 매수에 선택성을 부여하는 것이다. 그런 식으로 사람들은 증권 가격의 변화에서 이익을 얻을 수 있다.

만약 선택성을 나중에 크게 오를(또는 다른 것들보다 더 나은) 주식을 고르는 것으로 정의한다면 이익을 얻는 것은 당연하다. 그러나 이는 너무나 명백한 정의다. 논평가들의 실제 논쟁에서 증명되듯이, 이익 전망이 긍정적인 증권을 사면 그들은 분명히 시장만큼 이익을 얻게 된다. 반면에 그렇지 않은 증권을 사면 시장만큼 이익을 얻지 못할 것이다.

이와 같은 개념은 매우 현실성 있는 아이디어이지만 역사는 이것이 극도로 왜곡되었음을 보여준다. 내가 선택성이라는 개념을 신뢰하기 어렵다고 한 이유도 그 때문이다. 다우존스 산업평균지수의 두 종목인 내셔널 디스틸러스National Distillers와 유나이티드 에어크래프트United Aircraft를 살펴보면 쉽게 알 수 있다.

내셔널 디스틸러스는 1940년부터 1942년까지의 주가가 1935년에서 1939년 사이의 주가에 비해 낮은 가격으로 거래되었다. 분명히 회사의 전망이 좋지 않다는 일반적인 정서가 퍼져 있었다. 위스키 같은 사치품은 전시에 유리하지 않다고 여겨졌기 때문이다. 유나이티드 에어크래프트는 1940년에서 1942년 사이의 주가가 일반 주식들보다 더 나았으리라는 사실을 잘 알 것이다. 특별히 돈을 벌 전망이 좋다고 믿어졌기 때문이고 실제로 그러했다.

그러나 대부분의 사람들처럼 확실하고 차별적인 전망에 기초해 증권들을 사고팔았다면 여러분은 완전히 오류를 범했을 것이다. 알다시피 내셔널 디스틸러스는 1940년 저점에서 상승하기 시작해 최근에 5배 이상이 되었고, 지금은 1940년 가격의 거의 4배에 거래되고 있다. 유나이티드 에어크래프트 매수자는 최고가에서 아주 작은 이익을 보았으며 지금은 원래 투자자금에서 3분의 1의 손실을 보았을 것이다. 이처럼 선택성의 원칙은 다른 여러 가지 방법으로도 검토할 수 있다.

* * *

두 가지 원칙에 대한 나의 견해는, 분명하고 간단해 보이는 것들이 전혀 분명하거나 간단하지 않다는 사실을 여러분이 뼈저리게 느껴야 한다는 것이다. 여러분은 전망이 좋은 회사들(자동차산업이나 건설산업, 또는 거의 모든 사람들이 향후 수년간 호황을 누릴 것이라고 장담하는 회사들의 조합)을 고르는 단순하고 확실한 작업만으로는 증권분석에서 좋은 결과를 얻기 힘들다. 그 방법은 지나치게 단순하고 지나치게 확실하다. 그리고 무엇보다도 잘 맞지 않는다는 사실이 중요하다.

내가 생각하는 대안은, 매우 훌륭하고 잘 검증된 증권분석기법을 적용해 뽑은 가치들이 현재가치와 불일치하는 경우에 근거한다. 이러한 기법은 종종 어떤 증권이 저평가되었다거나 다른 증권보다 확실히 더 매력적이라는 사실을 보여준다.

이에 대한 사례로 나는 증권분석 1940년판에서 세 가지 부류의 주식을 비교했다. 비교는 1938년 말 현재 또는 전쟁 직전에 이루어졌다. 이 부류들 중 하나는 가격이 높아서 투기적이라고 평가되는 주식들이다.

둘째는 불규칙한 가격추이 때문에 투기적이라고 평가되는 주식을 말하고, 셋째는 계량적인 입장에서 투자기준을 충족하기 때문에 매력적이라고 평가되는 주식이다.

이제 그 주식들의 이름을 알아보고 현재는 어떤 위치에 있는지 간략히 알아보자. 첫째 그룹은 GE, 코카콜라, 존스 맨빌Johns-Manville이다. 그들의 통합 주가는 1938년 281달러였고 최근의 저점은 303.5달러로 8퍼센트 상승했다. 둘째 그룹은 (분석하기 어려운 것 외에는 이들에 대해 어떤 실질적인 의견을 표명하지 않았다) 1938년 말에 전체적으로 124달러에 거래되었는데 현재 저점은 150달러로 20퍼센트 상승했다. 계량적 입장에서 매력적인 투자로 간주된 셋째 그룹은 1938년 말 70.5달러(1주당)였고 현재 저점은 207달러로 190퍼센트 상승했다.

물론 이러한 성과는 단순한 우연일 수도 있다. 한두 가지 사례로 어떤 원칙을 증명할 수는 없다. 그러나 나는 그것이 가치투자기준을 이용해 평균적으로 얻을 수 있는 합리적인 성과를 보여주는 좋은 사례라고 생각한다. 이는 내가 월스트리트에서 본 대부분의 증권분석들이 주안점으로 삼는 일반적인 전망들하고는 다르다.

＊ ＊ ＊

마지막으로 나는 증권시장의 가장 취약한 부분을 언급하고 싶다. 그것은 신규 공개모집IPO의 영역이다. 신규 공개모집은 총계가 수억 달러 정도로 그렇게 큰 편은 아니다. 관련된 전형적인 회사들이 비교적 작았기 때문이다. 그러나 신규 공개모집이 월스트리트에서 사람의 지위에 미치는 영향은 아주 중요하다. 왜냐하면 모든 신규 공개모집은 자신이 무엇을 하는지도 모르고 투자에 대한 태도와 열정이 아주 급격히 변화하는 사람들에게 팔렸기 때문이다.

만약 지난 12개월 동안의 전형적인 공개모집을 정말 신중하게 분석해보면, 증권거래위원회가 1946년 8월 20일에 발표한 성명(불행하게도 주석에서만)에 동의할 것이다. 그들은 "등록서류나 투자설명서에 명백한 위험요소가 드러난 신규 증권들이 합리적인 수익가능성을 훨씬 넘어선 가격수준까지 상승하는 것은 현재의 주식 수요가 맹목적이고 무모하다는 증거다. 등록만으로는 그것을 치료할 수 없다"고 말했다.

그것은 사실이다. 놀라운 것은 부실한 증권일수록 거래가격이 상대적으로 더 높아진다는 점이다. 건실한 증권은 이미 대부분 팔려서 대중이 보유하고 있으며 그 시장가격은 수요자와 공급자의 정상적인 행동에 근거한다. 그러나 신규 증권들의 시장가격은 증권 판매자들이 어떤 증권을 어떤 가격에 팔 수 있는지에 따라 주로 결정된다. 그래서 등급이 더 좋은 증권보다 신규 증권을 더 높게 평가하는 경향이 있다.

여러분에게 보여줄 만한 최근의 투자설명서가 하나 있다. 일주일 전인 9월 13일자 〈스탠더드 코퍼레이션 레코드$^{Standard\ Corporation\ Record}$〉에 요약된 것이다. 나는 이 주식이 실제로 팔릴 것이라고 생각하지 않는다. 그러나 회사는 주당 16달러에 팔겠다고 내놓았다. 이 회사, 즉 노던 잉그레이빙 앤드 매뉴팩처링 컴퍼니$^{Northern\ Engraving\ and\ Manufacturing\ Company}$의 사례를 살펴보자. 발행된 주식은 25만 주이고 그중 일부를 주주에게 16달러에 팔려고 한다. 이 회사가 시장에서 400만 달러의 가치가 있다는 의미다.

신규 주주들이 400만 달러 가치의 주식으로 얻을 수 있는 이익은 무엇일까? 첫째, 회사의 유형자본가치가 135만 달러이다. 주주들은 회사에 투자된 돈의 3배를 지불하는 셈이다. 둘째, 그 회사는 금세 확인될 만한 수익을 제공한다. 1936년부터 1940년까지 5년 동안 주주들은 주당 평균 21센트를 벌었다. 다시 5년이 지난 1945년까지는 주당 65센트를 벌었다. 다르게 말하면 그 주식은 전쟁 전 이익의 25배에 팔렸다. 당연히 그럴 만한 어떤 요소가 있어야 한다. 우리는 1946년 6월 30일까지 6개월간 그 회사가 주당 1.27달러를 벌었을 때 그것을 알 수 있었다. 월스트리트의 통상적인 전문용어로 그 주식은 이익의 6.5배 수준에서 팔리고, 이익은 연이율로 주당 2.54달러이며, 16달러는 그것의 6배 내지 7배 수준이라고 할 수 있다.

물론 다른 가격 수치들이 지나치게 높다면 6개월간의 이익에 기초한 자료만을 대중에게 제공하는 것은 아주 나쁘다. 그러나 또 다른 측면에서 상황은 꽤 특별해 보인다. 이는 기업의 본질과 관계가 있다. 회사는 금속 명찰, 숫자판, 시계 숫자판, 금속판 등을 제조했다. 이 상품들은 구매계약된 물량만을 생산해 자동차, 계기판, 기계 등의 제조업체에 공급한다.

증권분석 강의에서는 산업분석을 강조하지 않고 나도 여기서 그것을 강조하지 않을 것이다. 그러나 증권분석가는 어느 정도 사업감각이 있어야 한다고 가정할 필요가 있다. 증권분석가라면 분명히 자문해볼 것이다. "한 회사가 해당 업종(자동차와 기차 제조업체들의 구매계약으로만 영업을 하는)에서 투자자본과 매출을 통해 얼마만큼의 이익을 낼 수 있는가?"

1946년 6월까지 6개월 동안 그 회사는 세후 매출의 15퍼센트 이익을 거두었다. 이전에는 세후 매출의 3퍼센트 내지 4퍼센트 정도의 이익을 거두었다. 이 정도 이익률이라면, 가령 만들기만 하면 상품이 팔려나가거나 특정한 거래에서 아주 높은 이익이 실현될 경우에 발생하는 것이다. 나는 이 업종이 좀더 양호한 환경에서도 매출에 비해 적은 이익을 내고 순자산에 비해 미미한 이익에 그칠 수밖에 없다고 생각한다. 왜냐하면 이 회사는 단골 고객에게 비교적 작은 부품을 납품하는 기술 외에 특별히 제공할 것이 없기 때문이다.

나는 이것이 최근의 새로운 증권시장에서 대중이 받고 있는 대접을 아주 잘 설명하고 있다고 믿는다. 이 밖에도 사례가 셀 수 없이 많다. 이번에는 아주 대비되는 사례를 하나 살펴보자.

테일러크래프트 컴퍼니Taylorcraft Company는 소형 항공기 제조업체다. 1946년 6월에 그들은 13달러에 2만 주를 공개했다. 회사는 주당 1달러를 벌었다. 그 후에 그들은 1주를 4주로 분할하기로 결정했다. 주식은 지금 2.5달러에서 2.75달러 사이에 거래된다. 액면불할 이전의 가치로 따지면 약 11달러에 해당한다.

테일러크래프트 컴퍼니를 보면 몇 가지 아주 특이한 점을 발견할 수 있다. 우선, 이 회사는 현재 약 300만 달러에 거래되고 있는데 상당히 약한 시세로 판단된다. 1946년 6월 30일 현재 나타난 운전자본은 겨우 10만 3,000달러이다. 이 같은 운전자본도 주식의 발행차익을 포함한 다음에, 19만 6,000달러의 초과이익세를 섹션 722 조항을 이용해 경상채무로 표시하지 않아야 가능하다. 물론 실제로 내가 아는 모든 회사들이 초과이익세를 줄이기 위해 섹션 722 조항을 이용한다. 그러나 테일러크래프트 컴퍼니는 그 조항을 이용해 초과이득세를 경상채무로 표시하지 않는 유일한 회사다.

또한 1년 이상 만기로 13만 달러의 미지급 선금이 있지만, 물론 경상채무로 표시할 필요는 없다. 마지막으로, 주식과 잉여금으로 230만 달러를 표시하는데 이것은 주식에 대한 시장가치보다 적다. 공장이 115만 달러로 과다계상되었다고 하더라도 주식과 잉여금의 절반 정도는 소위 인위적인 설비 과다계상으로 나타난다.

테일러크래프트 자체에 대한 몇 가지 흥미로운 사안들이 있다. 회사를 다른 항공기회사와 비교하면 훨씬 더 재미있는 점을 찾을 수 있을 것이다. 우선 테일러크래프트는 잠시 감사보고서를 제출하지 않은 적이 있으며, 이는 분명히 재무상태가 좋지 않았다는 의미다. 증권거래위원회에 등록하지 않아도 되는 정도의 주식을 팔기로 한 것도 그 때문이다. 그러나 재무상태가 나쁜 회사가 그것을 극복하기 위해 주식을 팔려고 하는 것이나, 동시에 주식을 4분의 1로 분할한 것은 아주 특이하다. 주식을 11달러에서 3달러로 나누는 식의 작업은 월스트리트 주식매수에서 가장 어리석은 방향으로 나아가는 길이다.

테일러크래프트를 다른 회사, 예를 들어 커티스 라이트$^{Curtiss\ Wright}$ 같은 회사와 비교하는 것은 정말 놀랍다. 주식분할 이전의 테일러크래프트와 커티스 라이트는 의미가 전혀 다르지만 거의 비슷한 가격에 거래되었다. 커티스 라이트는 유나이티드 에어크래프트와 가격 면에서 유사한데 1939년 평균보다 상당히 낮은 수준이었다. 1939년 가격은 8.75달러였고 최근 가격은 5.75달러였다. 그러는 동안 커티스 라이트는 운전자본을 1,200만 달러에서 1억 3,000만 달러로 늘렸다. 이 회사가 운전자본의 3분의 2 이하로 시장에서 거래되고 있었다는 뜻이다.

커티스 라이트는 해당 업종에서 가장 큰 항공기 제조회사였고 테일러크래프트는 가장 작은 회사 중 하나였다. 가끔 소형이 유리하고 대형이 불리한 경우가 있다. 그러나 같은 업종의 대형회사가 운전자본보다도 훨씬 낮은 가격에 거래되는데, 그보다 재무상태가 더 열악한 소형회사가 고정투자자산보다 더 많은 가치를 인정받는다는 것은 믿기 어려운 일이다.

테일러크래프트가 고정자산의 평가가치를 과다계상하는 동안에 유나이티드 에어라인이나 커티스 라이트 같은 대형회사들은 그들이 소유한 토지가 엄청난데도 실제로는 공장설비를 가치 없는 것으로 과소계상했다. 여러분은 두 부류의 회사가 보여주는 정반대의 상황을 정확히 구별해야 한다.

내가 보여준 이러한 대비는 지난 2년간 증권시장의 명백한 불합리를 보여줄 뿐만 아니라 증권분석가들은 한 증권이 덜 매력적이고 다른 증권이 더 매력적이라는 '아주 분명한 결론'을 내려주어야 한다는 사실을 보여준다. 나는 크고 두드러지는 가치의 불일치가 증권시장에 항상 존재했듯이 현재 시장에도 똑같이 존재한다고 생각한다. 이처럼 증권분석가의 흥미를 끄는 일들은 충분할 정도로 많다.

운전자본보다 적거나 3분의 2 수준에서 거래되는 커티스 라이트를 언급하는 동안에 나의 관심은 최근 전쟁으로 되돌아간다. 나는 조만간 이 회사가 좋아질 시점이 다가올 거라고 생각한다. 이 회사는 증권시장의 지속성을 떠올리게 만든다.

지난 전쟁 기간에 여러분이 항공기를 막 알기 시작했을 때, 라이트 에어로노티컬 컴퍼니Wright Aeronautical Company는 해당 업종에서 가장 중요한 부분을 차지했다. 소형 부문에서 꽤 잘했고 상당한 돈도 벌었다. 1922년에는 누구도 라이트 에어로노티컬의 미래를 신뢰하기 어려웠다. 나는 〈증권분석〉에서 이에 대해 언급한 바 있다. 이 회사의 주식은 당시 주당 8달러에 거래되었고 운전자본은 주당 18달러 정도였다. 아마도 시장에서는 회사의 전망이 매우 좋지 않다고 본 모양이다. 그러나 여러분도 알다시피 이 회사의 주식은 주당 280달러까지 치솟았다.

제2차 세계대전 이후 전혀 매력 없는 회사로 간주되고 있는 커티스 라이트에 대해 다시 살펴보는 것도 흥미롭다. 이 회사는 많은 돈을 버는데도 자산가치의 일부 가격에 다시 팔리고 있다. 1922년 이후 라이트 에어로노티컬이 그랬듯이, 향후 10년간 커티스 라이트가 상승할 거라고는 예측하지 않는다. 확률은 이에 대해 아주 부정적이다. 나의 기억에 따르면 라이트 에어로노티컬은 1922년에 겨우 25만 주뿐이었고 커티스 라이트는 약 725만 주를 가지고 있었다. 이는 대단히 중요한 문제다. 어쨌든 인기 없는 주식이 어떻게 될지 지켜보는 것은 흥미롭다. 그들의 단기 전망이 투기정서에 가려져 있기 때문이다.

나는 커티스 라이트의 전망과 관련해 한 가지 더 이야기하고 싶다. 그것은 우리를 분석기법으로 이끈다. 다음 강의에서 나는 분석기법에 대해 말하려고 한다. 커티스 라이트의 지난 10년간 이익을 연구해보면 매년 아주 좋은 이익을 창출했다는 사실을 알게 될 것이다. 그러나 진정한 이익은 훨씬 더 크다. 대규모 충당금이 나중에 대차대조표 경상자산으로 나타날 이익에서 공제된다는 사실 때문이다. 이 점은 최근 분석기법에서 아주 중요하게 다루어진다.

전쟁 기간 중 기업의 실적을 분석하려면 대차대조표 방법을 사용해야 하며, 그게 아니더라도 최소한 대차대조표를 확인하는 과정을 거쳐야 한다. 즉, 기말 대차대조표 가치에서 기초 대차대조표 가치를 빼고 배당금을 다시 더해야 한다. 자본거래로 조정된 이 합계는 회사가 그 기간에 실제로 실현한 이익을 알려준다. 커티스 라이트는 보고서에 나타난 이익과 분기말과 분기초의 잔고 및 잉여금을 비교해 나타난 이익 사이에 4,400만 달러만큼 차이를 보였다. 알 수 없는 초과이익만으로도 주당 6달러 이상이며, 그 주식은 지금 그 정도 가격에 거래되고 있다.

강의 2

우리 교재에 익숙한 사람들은 우리가 여러 가지 이유로 대차대조표 비교분석을 추천한다는 것을 알고 있을 것이다. 그중 하나는 보고된 이익에 대해 확인할 수 있다는 점이다. 그것은 특히 전쟁 기간에 중요하다. 전시의 이익은 많은 비정상적인 영향의 결과이며, 대차대조표 비교 분석으로만 진정한 본질을 이해할 수 있다.

이 점을 설명하면서 간단한 사례를 살펴보자. 특별히 놀랄 만한 일은 아니다.

금년 초 트랜슈앤윌리엄스Transue and Williams와 부다 컴퍼니Buda Company 두 회사가 주당 33.5달러로 똑같이 높은 가격에 거래된 것을 보면서 문득 생각이 났다. 매수자들이 그 회사의 기록을 분석하면서 초급 통계학 보고서처럼 주당이익을 쉽게 오해할 수 있는 것이다.

이제 그 절차를 보자. 우선 대차대조표 비교는 비교적 쉽다. 기말 자본에서 기초 자본을 빼면 그 차이가 이득이다. 이득은 이익과 관련되지 않은 항목에 대해 조정되어야 하며 배당금이 환입되어야 한다. 그리고 여러분은 대차대조표에 나타난 기간에 대해 이익을 얻는다.

트랜슈앤윌리엄스는 마지막 주식자본이 297만 9,000달러였고 그중 6만 달러는 주식 발행에 따른 것이기 때문에 조정된 자본은 291만 9,000달러이다. 표시된 이익은 43만 달러로 주당 3.17달러였다. 주당 기준으로 전환하는 것은 원하면 언제든지 할 수 있다. 환입된 배당 9.15달러는 대차대조표상 이익을 12.32달러로 만든다. 그러나 나의 초급 통계학 보고서 수치를 보면 10년간 14.73달러까지 더해진 것을 알 수 있다. 그 회사는 도중에 실제로 2.41달러를 잃었다.

부다 컴퍼니는 상황이 정반대다. 우리는 1945년 6월 31일이나 1946년 6월 31일을 기준으로 삼을 수 있다. 1946년 6월 31일 수치들은 어제 입수되었기 때문에 이러한 목적으로는 1945년 6월을 검토하는 편이 조금 더 간단하다. ('6월 31일'은 아마도 저자의 실수인 듯하다-편집자 주)

우리는 증가된 자본이 496만 2,000달러(주당 25.54달러)이고 배당은 훨씬 덜 후한 4.20달러라는 것을 안다. 대차대조표에 표시된 이익은 29.74

달러이고 순이익은 겨우 24.57달러이다. 만약 대차대조표의 충당금이 주주자본의 일부이고 회사의 부채를 구성하지 않는다고 가정하면 회사는 보고된 것보다 5.17달러만큼 더 잘했다.

여러분은 충당금 항목을 처리한 방식에서 두 회사의 차이를 파악할 수 있다. 트랜슈앤윌리엄스는 해마다 주로 재협상을 위한 충당금을 공제한 후에 이익을 보고했다(충당금은 1942년부터 1945년 사이에 124만 달러까지 증가했다). 실제로 그들은 거의 매년 재협상에 충당금을 지급했다. 그리고 부과된 금액이 제공한 금액보다 컸다는 사실이 밝혀졌다. 트랜슈앤윌리엄스가 적립한 충당금은 결과적으로 그들이 해결해야만 할 부담에 대한 필수 충당금이었다. 하지만 그러한 행위는 현실적으로 불충분한 것으로 드러났다. 나는 한 가지 측면에서 내가 한 말을 수정해야 할 듯하다. 트랜슈앤윌리엄스는 이러한 충당금을 불의의 사태에 대비한 것이라고 했을지도 모른다. 그러나 실제로는 불충분하다고 입증된 재협상을 위한 충당금이었다.

부다 컴퍼니의 경우는 정반대다. 부다는 재협상을 위해 충분히 준비했다. 그들은 그것을 이익에 부과했으며 게다가 불의의 사태에 대비해 충당금을 적립하고 있었다. 이것들은 어떤 의미에서 실질적인 부채를 구성하지 않는다. 1946년 6월에 불의의 사태에 대비한 충당금이 약 100만 달러에 달했기 때문이다.

트랜슈앤윌리엄스의 경우에 충당금은 아주 크게 증가했지만 1945년 말에는 1만 3,000달러까지 낮아졌다. 이는 트랜슈가 충당금을 얼마나 필요로 하는지를 나타낸다.

이제 두 경우에서 왜 이익이 다른지, 왜 부다는 보고된 이익보다 더 큰 이익을 나타내고 트랜슈는 더 적은지에 대한 의문을 잠시 접어두자.

(강의 2의 나머지에서 그레이엄은 커티스 라이트의 대차대조표를 유나이티

드 에어크래프트와 비슷한 방식으로 비교한다. 그런 다음에 댄버앤리오그란데 레일로드$^{\text{Denver and Rio Grande Railroad}}$를 사례로 철도 자산의 감각상각을 검토다. 편집되지 않은 강의는 존와일리앤선즈의 웹사이트인 www.wiley.com/bgraham 에서 볼 수 있다_편집자 주)

강의 3

며칠 전 나의 관심을 끄는 사안이 있었다. 이는 전시회계$^{\text{war accounting}}$와 관계가 있는데, 소위 후입선출법$^{\text{Last in First out: LIFO}}$에 관한 것이다. 나는 여러분이 이 회계원칙을 잘 알고 있다고 생각한다. 그것은 어떤 회사들의 대차대조표 수치에는 상당히 중요한 영향을 미치지만 손익계산서에는 별로 중요하지 않다.

LIFO는 회계방법의 하나로, 1942년부터 적용된 새로운 소득세법에서 허용되었다. 이는 상품을 구매한 순서대로 판매하거나 제조에 소비하지 않고 나중에 구매한 상품부터 팔거나 제조에 소비된다고 가정하는 것이다. 결과적으로 가격이 상승하는 동안에도 상품의 재고수준을 낮게 유지한다. 가격이 상승하기 시작하는 시점에 보유한 재고량의 가치를 절상할 필요가 없기 때문이다.

이 방법을 사용한 결과 a) 재고가치가 시장가치 이하로 낮아지고 어떤 경우에는 상당한 수준으로 낮아졌다. b) 따라서 보고된 이익을 감소시킨다. c) 가장 중요한 것은 납부할 세금을 줄인다는 점이다.

그러면 여러분이 대차대조표에서 얻는 것은 진정한 재고가치의 저평가로 볼 수도 있고, 좀더 보수적으로는 현금 손실 없이 재고가치의 하락을 흡수하는 완충장치로 볼 수도 있다.

페더레이티드 백화점Federated Department Stores은 며칠 전에 발표한 보고서에서 그들이 직면한 세금 문제 때문에 LIFO를 필요로 한 구체적인 사례다. 이 회사는 1942년 이후 통상적인 FIFO first in, first-out 방법 대신에 LIFO 방법을 사용함으로써 재고 감소와 387만 5,000달러의 과세소득 감소라는 혜택을 누렸다. LIFO는 세금을 259만 달러 정도 줄여주었지만, 5년 반 동안에 대략 115만 달러의 세후이익 감소를 가져왔다.

그들이 언급한 어려움은 백화점에서 구매가 이루어지는 시점에 따라 팔리는 항목을 파악하기가 실제적으로 불가능하다는 사실이었다. 결국 백화점은 LIFO의 회계가 가져온 효과가 얼마인지 판단하기 위해 '소매가격 변화지수 Index of Retail Price Changes'를 사용하려고 했다. 그리고 지금은 재무부와 논쟁 중이다. 재무부는 LIFO가 이를 지수 추정의 근거로 사용해도 된다는 의미가 아니므로 페더레이티드 백화점이 FIFO 방법으로 되돌아가야 한다고 주장하고 있다.

LIFO를 실제로 반영해보면 그 흥미로운 중요성이 드러난다. 우리가 두 주 전에 검토한 공장설비의 전시상각wartime amortization과 아주 유사하기 때문이다. 이 경우에 회사들은 고정자산을 상각할 기회가 있었다. 최근에는 세금우대 혜택을 위해 0까지도 인정된다. 그러나 이는 이익이 어느 정도 줄어드는 결과를 초래한다. 여기에서 LIFO와 정확히 같은 효과가 나타난다. 여러분은 재고를 상각하고 상당한 세금을 절약한다. 그와 동시에 이익이 어느 정도 감소한다.

나는 LIFO가 최근 5~6년 사이 기업회계에 추가된 보수적 요소라는 것이 분석가들에게는 중요하다고 생각한다. 이것들이 아마도 경기 침체기에 발생할 수 있는 손실로부터 기업을 지탱해줄 것이다. 그리고 나는 증권가치에 긍정적인 요소로 인정되어야 한다고 생각한다.

(강의 3은 많이 편집되었다. 이 강의 나머지 부분에서 그레이엄은 LIFO를 아

주 상세히 검토한 다음, 주가에 대한 배당의 효과와 철도회사 이익에 대한 지역 성장의 효과를 강의했다. 편집되지 않은 강의는 존와일리앤선즈의 웹사이트인 www.wiley.com/bgraham에서 볼 수 있다_편집자 주)

* * *

서던 퍼시픽Southern Pacific이 노던 퍼시픽보다 훨씬 비싸게 팔리는 아주 그럴듯한 이유는 이것이다. 서던 퍼시픽은 4달러를, 노던 퍼시픽은 1달러를 배당하기 때문이다. 배당정책의 차이가 시장가격에 상당한 영향을 미친다는 것은 분명하다.

앞으로 자주 고려해야 할 질문은 적정한 시장가격을 결정하는 데 배당률이 얼마나 유효한지에 대한 것이다. 배당률이 실제로 시장가격에 상당한 영향을 미친다는 사실은 부정할 수 없다. 투자자들이 구입하는 증권들을 보면 확실하다.

2년 전 우리가 주식평가에 대해 강의하고 있을 때 우리는 리딩Reading과 펜실베이니아 철도회사를 비교한 적이 있다. 우리는 리딩과 펜실베이니아가 이익과 재무건전성 측면에서 실적이 같다는 것을 발견했다. 그러나 리딩은 주주에게 1달러를 배당하는 반면, 펜실베이니아는 약 2달러에서 2.5달러를 배당했다. 그 결과, 사람들은 1945년 펜실베이니아에 대해 평균 20달러를 지불하고 리딩에 대해서는 24달러를 지불했다. 그 전에는 이익은 비슷했지만 가격은 거의 2배 차이가 났었다.

또한 나는 최근에 많은 보험회사에서 가격에 대한 배당정책 효과의 놀라운 증거를 보았다. 뉴암스테르담 상해보험회사New Amsterdam Casualty Company와 유나이티드 스테이츠 피델리티앤개런티United States Fidelity & Guaranty는 사업특성과 자산규모 등 모든 면에서 비슷하다. 한 회사의 주식 수와 자산이 2배이고 주당이익은 거의 같다. 그러나 유나이티드 스테이츠 피델리티는 2달러를 배당하고 뉴암스테르담 상해보험은 1달러를 배당한다. 이제 여러분은 하나는 42달러, 나머지 하나는 26달러로 가격을 매긴다.

따라서 서던 퍼시픽과 노던 퍼시픽의 배당률은 분석가들이 의문을 제기하는 다른 어떤 문제들과 상관없이 시장과의 관련성, 심지어 그들 자체를 설명하기에 충분하다는 점에서 의심할 여지가 없다.

우리는 두 회사가 배당 이외의 다른 모든 측면에서 거의 비슷한 가치를 지니지만 배당정책으로 인해 상당한 가격차를 보인다는 사실을 분석가들이 활용 가능한지 나중에 검토할 것이다.

다음 질문은 배당정책이 스스로 이익에 맞추어가고, 그에 따라 결국 시장가격도 이익에 맞추어가며 인위적인 배당정책에 좌우되지 않을 거라는 결론을 자연스럽게 기대할 수 있느냐다. 이것은 결론을 내리기 아주 어려운 질문이다. 다른 기회에 이야기하는 편이 좋을 듯하다.

* * *

학생 서던 퍼시픽은 남서부와 텍사스 등 아주 넓고 빠르게 성장하는 지역을 관할하고 있어서 많은 철도 분석가들이 노던 퍼시픽에 비해 서던 퍼시픽을 더 선호한다고 들었습니다.
(그레이엄은 아주 상세히 답변했다. 그러나 다음에 이어지는 최종 설명에서 그 문제에 대한 생각을 요약할 것이다. 그레이엄의 전체 답변은 www.wiley.com/bgraham에 접속하면 알 수 있다 _편집자 주)

그레이엄 다른 지역과 비교함으로써 어떤 지역의 일반적인 미래를 전망하는 방법은 분명히 철도업계의 증권분석과 관계가 깊습니다. 그러나 다른 분야에 비해 이익과 비용의 구도에서 만들어낼 수 있는 가치의 차이를 훨씬 더 많이 고려해야 합니다. 나는 여러분이 이것을 경험을 통해 알게 되었다고 말하고 싶습니다.

강의 4

학생 한 명이 나에게 와서, 자신과 학급 동료들을 위한 어떤 질문에 답해줄 수 있는지 물었다. 그는 《증권분석》 691페이지의 설명을 인용했다. "수년간 관찰한 바에 비추어볼 때, 평균적인 경계심과 올바른 판단으로 미래를 전망한다면, 그리고 전체 시장이 통계상 지나치게 높은 시점에 매매하는 것을 피한다면 확실히 저평가된 주식에 투자함으로써 전반적으로 상당한 성공을 거둘 수 있다"고 한 부분이다.

그의 질문은 이랬다.

"〈파이낸셜 크로니클〉을 읽은 다음에 다우지수 185가 통계적으로 너무 높다는 결론에 도달했습니다. 일반적으로 당신이 높다고 보는 다우지수는 어느 정도이고 정상적으로 보는 지수의 범위는 어느 정도인가요?"

분명히 아주 직접적이고 선구적인 질문이다. 그러나 나는 먼저 바로잡고 싶은 부분이 있다. 〈파이낸셜 크로니클〉 1945년 10월호의 글을 보면, 우리는 그 당시 주가수준을 검토했지만 다우지수 185 수준이 통계적으로 너무 높다고 결론짓지는 않았다. 우리가 내린 결론은 역사적으로 아주 높다는 것이었다. 여기에는 상당한 차이가 있다. 우리는 과거에 시장이 그 수준을 넘으면 반드시 위험한 영역에 접어들었다는 점을 지적했다.

통계적인 검토에 관한 한 나는 다우지수 185 정도는 지난해 다우존스 산업평균지수에 대한 정상적인 평가이고 통계에 비추어 그 정도 시장수준을 두려워할 어떤 특별한 이유도 없다고 생각한다. 우리의 요점은 역사적으로는 그 수치를 두려워할 이유가 있다는 것이며, 그 이유에 대해 경고하고 싶은 생각이 들기 쉽다는 것이다.

다우존스 산업평균지수의 중심값을 결정할 수 있다면 우리는 현재 수준이나 또는 조금 높은 수준에서 미래의 중심값이 형성될 거라고 믿을 수 있다. 우리가 잠정적으로 그 글에서 제시한 수치는 소위 '평가치'로서 178이었다. 그러므로 현재 저평가된 증권을 매수하기에 어려운 특별한 경계요소는 없다.

이 점과 관련해 부연하고 싶은 경고가 하나 있다. 만약에 아직도 강세장과 약세장의 일상적인 반복을 경험하고 있다면, 시장이 평균값 정도까지 후퇴했다고 반드시 하락을 멈출 거라고 믿을 만한 뚜렷한 이유가 없다는 것이다. 이전 시장에서의 경험은 강세장에서 너무 올랐기 때문에 약세장에서 너무 하락했음을 나타낸다. 지금 비슷한 경험을 하고 있다면 강세장에서 증권들이 가치에 비해 너무 높게 팔린 이유와 마찬가지로 약세장에서 그들의 가치에 비해 너무 싸게 팔릴 거라는 이유만으로 역사적 유사점은 더 낮은 가격을 기록할 것이다.

이는 시장 전체가 훨씬 더 하락하기 때문에 할인증권을 피해야 한다고 생각하는 것과는 전혀 다른 문제다. 나는 거의 개인적인 문제라고 생각한다. 투자자는 증권시장이 바닥 근처라고 느낄 때 투자하는 편이 더 좋다. 그리고 적절한 조건(사실상 매력적인 특수상황)에서 투자할 수 있다면 시장이 더 하락하고 여러분이 매수한 증권이 그 후에 더 하락하더라도 그렇게 해야 한다. 이는 그러한 질문에 대한 상당히 오래되고 재미있는 대답이다.

또 다른 이야기가 있다. 지난주에 나는 우연히 테일러크래프트 코퍼레이션에 관한 뉴스를 보았다. 처음 강의에서 간략하지만 부정적인 분석을 마친 회사다. 알다시피 그 회사는 지난여름 상당히 부당한 방식으로 꽤 많은 주식을 팔았다. 나는 이제 그들이 재무상태가 좋지 않고 법정관리인이 지명된 사실을 안다. 증권분석의 가치를 보여주는 아주 극단적인 사례다(웃음).

오늘밤 우리의 목적은 증권분석에서 미래 이익 요소를 논의하는 것이다. 지난 두 번의 강의에서 우리는 과거 이익 분석에 대해 다소 전문적으로 이야기했다. 물론 지금 우리가 다룰 문제에 대해서는 책으로 쓰일 수 있다. 그러나 개론부터 시작하면서 포괄적으로 문제를 다루는 것이 우리의 목적은 아니다. 여러분이 《증권분석》에서 미래 이익 구성요소의 일반적인 내용에 익숙해졌다는 가정 아래, 이 분야에서 최근 몇 년간 발생한 사건에 관해 심도 깊은 논의를 하려고 한다.

나는 적어도 이 학급에서 2명은 관심을 가질 만한 주제로 시작하려고 한다. 수익력earning power이라는 용어의 정의에 관한 것이다. 이 용어는 너무나 막연해서 내가 월스트리트에서 공식적인 사용 금지 운동을 준비하고 있다. 누군가 주식에 많은 수익력이 있다고 주장할 때, 듣는 사람도 그 의미를 모르고 말하는 사람도 무슨 뜻인지 모를 가능성이 크다고 확신한다.

내 제안은 두 가지로 사용하자는 것이다. 하나는 과거수익력이고 나머지 하나는 미래수익력이다. 과거수익력은 분명히 구체적이다. 그것은 논의에서 통상 정의되는 구체적인 기간에 대한 평균이익을 의미한다. 기간이 정의되지 않으면 과거 10년간 또는 5년 내지 7년 같은 대표적인 기간일 것이다. 그것은 과거수익력을 의미하게 된다.

미래수익력에 대해 이야기한다면, 여러분은 미래의 특정기간에 대한 평균 기대이익average expectable earnings을 생각해야 한다. 나는 우리가 이야기하는 기간이 대부분 아주 비슷할 것이라고 생각한다. 내 제안은 그것이 5년간이며, 우리가 어떤 회사의 미래수익력을 이야기할 때 통상적으로 향후 5년간에 대한 평균이익을 염두에 두어야 한다는 것이다. 나는 어떤 회사가 향후 몇 년 내에 수익력에 영향을 미칠 비정상적인 상황에 처할 수 있기 때문에 '통상적으로'라고 말한다. 그래서 더 확실하게 구별하는 편이 바람직하다.

우리는 나중에 건축회사의 주식분석에 대해 논의할 것이다. 그 과정에서 여러분은 향후 수년 후가 될 호황기의 수익력과 보통 기간의 수익력을 구별해야 할지도 모른다. 그러나 몇몇 특수한 상황(우리가 겪은 전쟁 기간과 같은)을 별도로 하고 나는 향후 5년간 기대되는 평균이익을 미래수익력으로 사용하는 것이 일반 표현으로서 유용하다고 생각한다.

월스트리트에서 수익력이나 수익전망이라는 용어를 사용하는 경우에 수익력이 중간 기간의 평균치와 비슷하다고 여기지 않는다는 점을 지적하고 싶다. 지금 당장 실현되는 이익으로 간주되거나, 향후 12개월 정도의 임박한 기간의 이익, 또는 아주 오래거나 거의 무한한 미래의 이익으로도 간주된다.

예를 들어 전망이 좋은 어떤 회사는 이익이 계속되고 거의 무한하게 증가하는 기업으로 가정된다. 그러므로 회사의 미래를 검토할 때 여러분이 생각하는 이익이 무엇인지 지나치게 정확히 할 필요는 없다. 실제로 전망이 좋은 회사의 장기적인 미래에 대한 아이디어는 어떤 특별한 이익이 아니라 과거의 평균이익이나 최근 이익에 적용되는 배수를 사용해 나타낸다.

1939년에 내가 이 강좌에서 분석한 내용을 살펴보자. 우리는 A, B, C 세 회사를 예로 들었다. 그중 둘은 이름을 말하지 않았는데, 최근 5년간 각각 주당 3.5달러로 실제 똑같은 이익을 나타냈다. 매년 이익이 거의 비슷했다. 유일한 차이가 있다면 한 주식은 14달러에 팔리고 다른 주식은 140달러에 팔렸다. 140달러에 팔리던 주식은 다우 케미컬$^{Dow\ Chemical}$, 14달러에 팔리던 주식은 디스틸러스 시그램즈$^{Distillers\ Seagrams}$였다. 14달러와 140달러의 차이는 분명히 시장에서 다우 케미컬의 전망은 아주 좋고 디스틸러스 시그램즈의 전망은 그 이하거나 무관심하다는 의미였다. 이러한 판단에 따라 하나는 4배의 배수를, 다른 하나는 40배의 배수를 적용했다.

나는 이런 방식이 월스트리트의 매우 위험한 사고를 대표하며, 증권분석가들은 이를 가능한 한 멀리해야 한다고 생각한다. 실제로 다우 케미컬의 이익을 2000년까지 추정하고 그런 방식으로 가치를 판단한다면 여러분은 원하는 대로 가격을 정당화할 수 있다.

실제로는 가격을 먼저 정한다. 여러분이 주식에 낙관적이라면 현재 가격이 아니라 약간 더 높은 가격으로 정한다. 그런 다음에 가격을 정당화할 배수를 결정한다. 이 과정은 좋은 증권분석가가 해야 할 일과 정반대다.

어떤 사람이 5년간 다우 케미컬의 이익과 디스틸러스 시그램즈의 이익을 추정하고 그것을 비교한다고 치자. 그는 두 회사의 10대 1이라는 큰 가격 차이를 정당화할 근거를 찾지 못할 것이다. 이런 사례가 주는 이점은 눈부신 성과다. 왜냐하면 나는 올해 디스틸러스 시그램즈가 150달러라는 높은 가격에 팔리고, 다우 케미컬은 190달러 정도에 팔리는 것을 보았다. 이는 상대적으로 엄청난 격차다.

무한하게 유망한 미래의 개념은 그것이 사실일지라도 위험하다. 여러분은 가치가 있기를 바라는 만큼 그 가치를 평가하기 때문에 그 증권의 가치를 과대평가하기 쉽다. 특히 더 위험한 것은 가끔 미래에 대한 예상이 틀릴 수도 있기 때문이다. 그럴 경우에는 그렇지 않은 미래에 대해 두려운 대가를 치러야 한다. 그때 여러분의 포지션은 상당히 불리하다. 앞으로 그런 종류의 사례도 논의하게 될 것이다.

이제 증권분석가의 일에 좀더 가까이 접근해보자. 그리고 '증권분석가의 증권가치에 대한 태도와 일상적이고 신중한 작업이 미래수익력 개념과 어떤 관계인지' 알아보자. 그 관계는 수년 동안 점진적으로 발전해왔으며 최근에는 상당한 속도로 발전했다.

우리가 증권가치에 대해 가장 먼저 생각하는 요소들을 다시 살펴보는 것은 흥미로운 일이다. 즉, 한 세대 또는 그보다 이전으로 돌아가 보자. 내가 월스트리트에 들어왔을 때 모든 사람들이 가치평가에서 제일 먼저 생각한 것은 액면가였다. 물론 주식이 액면가만큼 가치가 있다는 의미는 아니다. 그것은 그 전후의 가치가 있다. 그러나 액면가에 대한 일정 비율의 가치가 있다고 간주되었다.

대략 1916년 이전에 주식은 보통 액면가를 호가한 것이 사실이다. 하지만 이에 대해 여러분이 얼마나 알고 있는지 모르겠다. 웨스팅하우스Westinghouse와 펜실베이니아 철도는 150달러에 팔렸는데 그것은 주당 75달러라는 의미다. 액면가가 50달러였기 때문이다. 우리는 지금 액면가에서 너무나 멀어져버렸다. 액면가에 관심 있는 사람은 증권에 대해 양도세를 계산하는 사람뿐이라고 생각한다. 그 같은 세금 문제 때문에 액면가 1센트는 오늘날 월스트리트에서 아주 괜찮은 방법으로 여겨진다.

50달러에 주식을 사서 증서를 살펴보다 액면가가 1센트였다는 것을 발견한 옛날 투자자들의 반응을 상상해보자. 아마 기절했을 것이다. 가치의 중심값에 대한 순진한 태도에서 수많은 단계의 발전과정을 거쳐 지금 여러분은 가치의 중심값이 미래수익력이라는 궁극적인 단계에 도달했다. 미래수익력은 어떤 증서에서도 읽을 수 없다. 실제로 어디에서도 읽을 수 없다.

우리가 정말로 물리적인 것에서 거의 형이상학적인 것으로 나아가는 진보를 이루었는지 가끔 의문이 든다. 그러나 어쨌든 우리는 많이 진보했다. 그리고 이제 어떤 거래의 타당성을 판단하기 위해 증권가치를 결정해야 한다면, 그것이 주로 미래 예상 이익의 자본화에 근거한다는 법칙에 따라야 한다. 이는 여러분이 SEC 절차나 다른 유사한 사건에서 항상 언급되는 유명한 컨솔러데이티드 락 프로덕츠 사건(컨솔러데이티드 락 프로덕츠Consolidated Rock Products Co.는 LA에서 토목건설용 돌, 자갈, 모래 등을 생산하는 회사였다. 1930년 430만 달러 매출에 62만 달러 손실이 발생한 이후 매출 감소와 손실 누적으로 1935년부터 1938년 사이에 파산 상태였다가 1941년 다시 수익성을 되찾았으나 초기 구조조정계획이 문제해결에 실패함으로써 1944년부터 1945년 사이에 다시 파산했다)의 부담이다.

연방최고법원에서 가치는 미래수익력에 의존하는 것이 사실이라고 말했을 때, 법으로 규정한 가치 검증이 우리 증권분석가들에게도 타당한 검증이라는 의미는 아니다. 나는 오히려 우리가 연방최고법원에 그 법을 제안한 것이라고 생각한다. 연방최고법원은 미래수익력에 비추어 그 가치들이 결정되어야 한다고 말했다. 왜냐하면 실제로 증권의 매수자와 매도자가 예상 이익과 관련해 가치를 결정하는 경우가 점점 늘어나고 있기 때문이다.

연방최고법원은 이 문제에서 상당히 시대에 뒤떨어졌지만 곧 따라잡았다. 아마도 일부 다른 측면에서는 여전히 시대에 뒤떨어져 있을 것이다.

투자가치가 미래 예상 이익에 의존한다는 개념은 과거 이익만으로, 또는 증서에 인쇄된 액면가로, 또는 그 사이의 어떤 단계와 관련해 가치를 생각하는 것보다 좀더 설득력이 있고 좀더 논리적이다. 그러나 증권분석가의 일을 더 쉽게 만들지는 않는다는 점을 강조한다. 반대로 더 힘들게 만들고 심각한 딜레마에 빠지게도 한다. 왜냐하면 증권분석가에게 매우 친숙하면서 다양한 기술과 솜씨로 연구할 수 있는 과거 이익은 불행하게도 가치를 결정하는 요인이 아니다. 가치를 결정하는 요소인 미래 이익은 분석가가 확신을 가지고 결론을 분석하기 힘들다.

만약 내가 첫 강의에서 강조하려고 했던 지속성의 원칙이 없었다면 증권분석가에게 그것은 정말로 슬픈 딜레마일 것이다. 과거 이익이 아닌 예상 미래 이익이 가치를 결정하는 것이 사실이지만, 과거 이익과 미래 이익 사이에 대략적인 관계나 지속적인 연관성이 있는 것 또한 사실이다. 그러므로 분석가가 작업을 시작하기 위해 과거 이익에 많은 관심을 기울이고 추가 분석을 통해 과거 이익에서 미래에 대한 조정으로 나아가는 것은 가치가 있다.

물론 투자등급이 높은 채권이나 우선주를 선택할 때는 과거 이익에 거의 완전히 의존하게 된다. 사실 우리는 과거 이익하고 아주 다른, 말하자면 과거의 기준에 타당하지 않을 때 그 증권을 타당하게 만들기 위해 새로운 성장에 의존하게 되는 '예상이익'을 기초로 이러한 투자증권을 적절하게 살 수 없다고 말해왔다.

그러나 과거 이익에 기초해 샀는데 새로운 성장이 실망스럽다면 여러분은 현명하지 못한 투자에 따른 리스크를 부담하게 된다. 여러분이 요구하는, 과거의 안전마진이 충분한 곳이 어디인지를 우리는 경험을 통해 안다. 실제로 이러한 경우에 미래는 과거에 충분히 부합할 것이다. 이 같은 투자 유형은 미래를 예측할 때 어떤 대단한 현명함이나 예지능력을 필요로 하지 않는다. 사실 기업의 미래 이익에 관한 예언자 같은 능력이 없고 투자자금에서 2.75퍼센트의 수익을 얻을 수 없다면 여러분은 아주 불행할 수 있다.

물론 나는 지금 여러분에게 "과거 이익에서 안전마진이 충분히 큰 회사라면 어떤 회사라도 투자하기에 적합하다"는 식의 유연한 규칙을 단언하는 것은 아니다. 만약 투자자가 이러한 회사의 미래를 염려한다면 그 두려움을 피해 다른 증권으로 선환하는 것이 논리적이다.

다만 내가 말하는 요점은(여러분이 이해해주기를 바라며) 투자등급이 높은 증권을 선택할 때 여러분은 과거 이익에서 적당한 위험범위를 기준으로 시작하라는 것이다. 보통 그것은 채권 선택을 정당화하는 충분한 이유가 된다.

* * *

주식의 경우에 증권분석기법은 과거 이익을 지침으로 "좋아. 미래도 아주 좋아 보여. 나는 이익에 대해 평균보다 높은 배수를 적용할 거야"라고 말하거나, 반대로 "미래는 그렇게 좋지 않아 보여. 과거 이익에 비해 더 낮은 배수를 적용할 거야"라고 말하는 일관성 없는 방법으로부터 상당히 중요한 진보를 이루었다.

이제 어느 정도 독립된 추세에 따라(수익력에 영향을 미치는 가장 중요한 요소를 새롭게 검토함으로써) 미래수익력을 만들어내는 것이 정말 좋은 분석으로 인정받기 시작했다. 미래수익력을 결정하는 요소들은 1) 여러분이 예상하는 그 회사의 생산량이나 매출 규모 2) 회사가 받을 가격이나 단위가격 3) 단위비용 4) 세율이다.

우리는 이러한 다양한 요소들을 고려해 일련의 연속적인 수치(모든 것은 물론 추정치다)들을 마련하는 식으로 '표준 기법'을 구상할 수 있다. 이러한 과정을 통해 우리는 미래수익력에 대한 결론에 도달한다. 그것은 일정 기간에 대한 과거 이익만 가지고 산출하는 방식보다 더 나은 기법이라고 할 수 있다.

결과적으로 어떤 증권을 분석하고 매수 여부를 결정할 때(사실 매수해야 하든 매도해야 하든 모두 중요하다) 여러분은 내가 언급한 추세에 따라 미래수익력을 추정하고 그 증권에 대한 배수(주관적인 판단에 일부 영향을 받지만 합리적인 범위를 유지해야 한다)를 분석하는 과정에 적용해야 한다.

"나는 이 회사를 좋아하지 않는다. 그래서 나는 미래 이익을 4배의 배수로 적용할 것이다. 나는 다른 회사를 좋아하고, 따라서 그 회사의 미래 이익에는 40배의 배수를 적용한다"고 말하는 것은 좋은 증권분석방법이 아니다. 만약 그런 일을 한다면 증권분석가 시험에서 합격점을 얻지 못할 것이다. 그러나 이익에 적용되는 배수에 어느 정도 변동의 여지가 있는 것은 당연하다. 그 배수를 사용하면 여러분의 투자태도에 어떤 지침이 될 만한 가치평가에 도달할 수 있다.

나는 다른 사례들을 계속 검토하려고 했다. 그런데 '여담$^{\text{The Digression}}$' 이라는 제목을 단 작은 메모를 발견했다.

여러분도 기억하듯이 나는 미래를 그럴듯하게 상상하고 성공적으로 예측하는 어려움에 대해 확실히 언급했다. 누군가 정말로 수정구슬을 통해 미래를 보고 신뢰할 만한 정보를 뽑아낼 수 있다면 그 사람의 견해를 검토해보자. 먼저 그가 얼마나 운이 좋을지 보자. 1939년에 여러분 각자가 진짜 수정구슬을 통해 다양한 그룹의 주식들이 여기 칠판에 보이는 비율로 성장하리라고 예상한 행운의 투자자였다고 가정하는 것이다.

이제 여러분도 1946년 9월 제조업 지수의 일반적인 수준(SEC 계산에서 보듯이)이 1939년 1월보다 29퍼센트 높은 수준이라는 것을 들었다고 가정하자. 그것은 사실로 실현되었다. 결과적으로 이러한 그룹에 속한 주식들은 29퍼센트의 중심값 주위에서 등락할 것이다.

이번에는 여러분이 1939년으로 돌아가 "1946년에 이러한 주식들의 가격 변화는 어떨 것인가?" 라는 질문을 받는다. 예를 들어 항공기 제조회사가 있다. 그것은 1939년부터 1944년까지 매출 규모가 31배로 커졌다. 또 항공운송업이 있다. 그것은 2.5배 커졌다. 재미삼아 나는 여러분에게 1939년 1월부터 1946년 9월까지 시장가격 변화의 합리적인 추정치에 대해 물어볼 수 있다. 그러나 어렵게 갈 것 없이 간단히 그 결과를 말해주겠다.

1946년 9월 16일 항공운송 주식들은 1939년 1월에 비해 274퍼센트 상승했다. 회사가 240퍼센트 성장한 데 비해 아주 훌륭한 결과였다. 그러나 항공기 제조회사는 74퍼센트 하락했다.

나는 여러분이 매출에 나타난 상대적인 변화를 알고 나면 그렇게 예상하지 않으리라고 생각한다. 오락 주식과 담배제조업은 전쟁상황에서 전체적으로 거의 같은 혜택을 입었다. 차이가 있다면, 오락 주식은 242퍼센트 성장했고 담배 주식은 10.5퍼센트 하락했다. 이것은 상당한 차이다.

타이어와 고무 회사들은 전력회사만큼 매출이 좋지 않았지만 주가는 85퍼센트 상승한 반면에 전기기계장비 주식은 2퍼센트만 올랐다.

금속과 금속광업 주식은 매출 증가에서 제지 주식만큼 좋지 못했다. 그러나 그 차이는 상당히 놀랍다. 종이와 관련 상품 주식은 107퍼센트 올랐는데 금속광업 주식은 그 기간에 6퍼센트 하락했기 때문이다.

여러분은 시장이 변동하는 격차가 너무 크므로 우리가 미래를 계산하는 태도에 대해 누군가가 추가 경고를 해주어야 한다고 생각할 것이다. 왜냐하면 우리가 경기나 수익력 측면에서 어떤 회사에 무슨 일이 일어날지 안다고 하더라도 시장가격에 무슨 일이 일어날지는 정확하게 예측

해낼 수 없기 때문이다. 이 부분은 우리에게 매우 흥미롭다. 이는 우리가 미래에 대해 예측하려고 할 때 각종 논평을 평가함으로써 가능한 한 스스로를 보호하고 투자에 신중을 기해야 한다는 의미다.

이제 나는 더 나아가 지금 하고 있는 분석의 구체적인 사례를 보여주고 싶다. 미래 이익의 추정치에 중심을 두고 가치평가까지 연결시키는 방식이다. 나는 두 가지 사례를 들 것이다. 하나는 차일즈 컴퍼니Childs Company와 관계가 있다. 증권거래위원회SEC라는 좋은 친구가 있기 때문에 이러한 분석은 상당히 수월할 것이다.

증권거래위원회는 미래 이익 추정치에 근거한 차일즈 컴퍼니의 가치를 평가하느라 고생했다. 그들은 해야 하기 때문에 한다. 그들은 법원에 제출하는 보고서에서 구조조정계획의 타당성과 관련해 주식과 우선주의 상대가치를 밝혀야 한다. 그들이 상대가치를 결정하는 유일한 방법은 기업의 총 가치를 구한 다음에 그것을 우선주 청구권과 비교하는 것이다. 그리고 차일즈의 우선주와 보통주의 가치를 평가하기 위해 정교한 기법을 사용한다.

약간의 시간을 들여 그들이 어떻게 하는지 살펴보는 일은 나름대로 가치가 있다. 그 대신에 나는 여러분이 이 문제를 좀더 이해하기 쉽도록 해야 할 듯하다.

차일즈 컴퍼니는 여러분도 알다시피 법정관리기업이다. 회사는 이제 분명히 지불능력이 있으며 부채를 쉽게 처리할 수 있다. 구조조정은 옛날의 우선주와 보통주를 적정량의 새로운 증권으로 바꾸어주는 것을 의미한다.

SEC는 우선주와 보통주의 자본화가 이전과 달라져야 한다고 결정했다. 만약 그것이 주식뿐이라면 새로운 보통주 발행의 비중을 얼마로 하고, 보통주는 얼마로 할지를 반드시 정해야 한다. 그런데 SEC로서는 전체 기업의 가치를 정하는 것이 중요했다. 예를 들어 우선주 청구가 이 가치의 75퍼센트 수준이라면 그들은 주식의 75퍼센트를 우선주에 할당하고 나머지는 보통주로 할 것이다.

　SEC는 차일즈의 매출을 추성하는 것부터 시작했다. 그것은 1,800만 달러로 1945년 수치보다 약간 적은 수준이다. 그런 다음에 장기적으로 회사의 미래가 전시였을 때보다는 좋지 않을 것이라고 가정한다. 그들이 가정한 세전 이익률 6퍼센트는 해당 회사와 다른 외식업 모두에 대한 이익분석에 기초했으며, 분석가들도 그들과 아주 다를 것이라고 생각하지 않는다. 그들은 세전 순이익으로 110만 달러를 구했다.

　그리고 예상 평균세율을 공제했다. 여기서 SEC는 현재 세율 38퍼센트를 35퍼센트로 인하했다. 아주 용감한 시도였다. 이런 세율을 추정할 때 중요한 것은 법인에 대한 이중과세 폐지 압력이 기업의 세금을 획기적으로 경감하는 면에서 미래에도 여전히 효과적일지 여부였다. 그들의 추론은(나도 그렇지만) 그런 일은 일어나기도 어렵고 바람직하지도 않다는 것이다.

　결국 세후 순이익은 71만 5,000달러로 추정되었다. 이것이 미래수익력이고, 비교적 간단한 계산이다. 이것은 차일즈가 전쟁 기간에 세전으로 벌어들인 것보다 더 적은 이익, 그러나 전쟁 전보다는 상당히 큰 이익이다.

＊＊＊

질문 미래의 매출을 어떻게 추정합니까?

그레이엄 여기 한 식당체인점의 사례를 통해 영업장의 유지, 폐점, 신규 개점의 효과에 대한 아주 긴 분석을 요약한 것이 있습니다. 그 분석에서는 이렇게 평했습니다.

"문을 닫은 것을 포함해 53개 영업장의 기록을 검토하고 체인점의 미래 매출에 영향을 미치는 다양한 요소들에 가중치를 준 결과, 경영자가 미래에 평균 2,000만 달러의 식당 매출을 예상하는 것은 지나치다. 이러한 수치를 달성하려면 그 체인점은 호황기와 불황기의 평균이어야 한다. 그것은 1945년에 53개 식당들이 얻은 것보다 10퍼센트 높고 최근의 10여 년보다도 더 높다. 1946년 상반기 실적이 알려지면서 경영진은 매출이 2,140만 달러를 넘을 것이라고 추정했다. 그러나 차일즈는 현재 특별히 높은 매출을 경험하고 있으며 현재의 높은 매출수준을 미래의 정상적인 경우로 간주할 수 없음을 알아야 한다. 우리는 그것을 정상적인 소매활동으로 간주하더라도 그 체인은 평균매출을 1,800만 달러 수준(53개 식당이 1945년에 실현한 매출이다)으로 기대할 수 있다고 믿는다……."

결론은 상당히 재미있는 방법상의 문제입니다. 수치를 완전히 날조하지 말고 전형적인 미래에도 일치할 것 같은 과거 이익을 되돌아보십시오. 그리고 그 방법으로 수치를 찾아야 합니다.

질문 주식투자자들도 매출에 대한 논거를 기초로 기업 전체를 평가하지 않나요?

그레이엄 그들이 그 결론에 반대할 수 있는지를 묻는 겁니까?

질문 그렇습니다. 주식투자자들은 매출이 더 높다고 말할 수 있습니다. 그것은 2,100만 달러이거나 1946년의 수준일 수도 있습니다.

그레이엄 그 지적은 전적으로 옳습니다. 주식투자자는 그렇게 말할 수 있습니다. SEC도 그렇게 말할 수 있었지만 그러지 않았습니다. 그리고 여러분이 이 문제에 대한 법적 판단들을 조사해보면, 일반적인 법원의 입장을 알 수 있을 겁니다. 법원은 SEC가 유능하고 공정하다고 말합니다. SEC의 추론이 주식투자자 같은 이해집단이 하는 것보다 더 나을 거라는 말입니다. 하지만 만약 주식투자자가 아주 확실한 증거를 제시하고 (단순히 고집스러운 주장이 아니라) 그 추정치가 정상적인 기대에 어긋난다는 사실을 보여준다면 SEC의 수치는 법정에서 재고될 수 있습니다.

질문 법정관리인이 주주의 이러한 견해를 대표했습니까?

그레이엄 아닙니다. 법정관리인은 보통 주식만 대표하지 않습니다. 차일즈의 경우 SEC는 법정관리인이 제시한 견해가 지나치게 후하다고 생각했습니다. 다른 경우에는 SEC가 법정관리인의 추정이 조금 박한 것으로 간주했지요.

질문 SEC는 자신들의 계산상 가격수준을 어디엔가 소개하지 않았나요?

그레이엄 어떤 명시적인 계산은 없었습니다.

질문 1945년 가격수준을 사용함으로써 그들은 지금의 식품가격에서 부풀려졌다고 판단되는 부분을 할인할 수 있습니다.

그레이엄 아마도 그들은 상품비용분석에서 전시에 물자공급이 부족했으며 할인된 가격으로 식료품을 살 기회가 사라져버렸다는 사실을 언급했을 겁니다.

질문 그러면 다른 질문을 하겠습니다. 당신의 논평에서 식당체인점이건 무엇이건 소매업은 엄격하게 따지자면 비율 문제는 아니지 않나요? 다르게 말하자면, 가격수준이 주어지면 그들은 자동적으로 비용과 판매가격을 올리거나 내릴 겁니다.

그레이엄 일반적으로는 그렇게 진행됩니다. 그들이 세전 순이익으로 제시한 6퍼센트 수치는 상당부분 과거의 평균 경험에 근거한 겁니다. 나는 그것이 여러분이 말하는 비율이라고 생각합니다. 예를 들어 전형적인 식당에서 재료비는 총 판매수입의 3분의 1 내지 40퍼센트 정도입니다. 일단 안정된 가격수준이 정해지면 그 비율은 다시 설정되는 경향이 있습니다. 비록 가격수준의 갑작스러운 변화 때문에 일시적으로 무시되기도 하지만 말입니다. 차일즈의 상품비용은 1938년 34.7퍼센트에서 1945년에 38.5퍼센트로 상승했기 때문입니다.

질문 이 체인이 1946년에 적용해야 하는 일반적인 가격이 1945년보다 더 높아진 것에 대해 의문이 없습니까? 당신 마음속에 아무런 의심이 안 드는지 궁금합니다.

그레이엄 없습니다.

질문 그러면 그것은 자동으로 실제 매출액을 좌우할 겁니다. 그렇지 않습니까?

그레이엄 어떤 이유로 고객들이 그 식당에 등을 돌리지 않는다면 그럴 겁니다. 지금까지의 수치들이 그것을 보여준다고는 생각하지 않습니다. 물론 1946년은 SEC가 전형적인 전후 기간으로 간주하지 않았고, 아마도 그게 정확할 겁니다.

이러한 질문들은 SEC의 처리방식에 대한 비난이 아니라 정말 좋은 질문입니다. 이는 필연적인 불확실성을 의미합니다. 다만 우리가 말할 수 있는 것은, 그럼에도 이러한 종류의 일이 이루어져야 한다는 겁니다. SEC는 가능한 한 현명하게 그 일을 해야 합니다. 증권분석가 여러분도 그것을 현명하게 해내야 합니다. 그러나 매우 신중하게 작업해야 합니다. 소수점 두세 자리까지 계산했다는 이유로 여러분이 미래에 일어날 일에 대해 정확한 아이디어를 얻었다고 생각해서는 안 됩니다. 여러분은 자만해서는 결코 안 됩니다. 미래는 그러한 계산 속에 있지 않습니다.

* * *

질문 경쟁이 세후이익을 그만큼 하락시킨다는 이론이 있습니다. 세율을 추정하는 딜레마를 피하기 위해 세전이익보다 세후이익으로 작업하는 것에 의문을 제기하고 싶습니다.

그레이엄 법인세의 영향력, 즉 정말 소비자가 부담하는지, 또는 이익 없는 기업에 비해 잘나가는 기업이 부담하는지 등에 대한 논의가 학계에서 많이 있었습니다. 그 문제는 아직도 이론의 여지가 많으며, 분명한 사실은 SEC가 이익은 세전으로 계산해야 한다는 가정을 따르기 좋아한다는 것입니다. 실제로 둘 사이에는 많은 차이가 없습니다. 왜냐하면 그들은 실제로 경상세금(경상세금current tax은 대차대조표 기준일 세율을 사용해 당해 연도 과세소득에 대해 납부할 예상 세금이다)을 사용하기 때문입니다.

* * *

우리는 차일즈와 관련해 단순히 미래 이익을 추정하는 문제보다도 한 걸음 더 나아갈 것이다. 왜냐하면 나는 SEC 또는 SEC의 판단에 근거한 우리의 결론에 따라 분석을 해야 한다고 생각하기 때문이다.

그 다음에 SEC는 배수를 논의했고, 배수는 12.5이어야 한다고 말했다. 즉, 8퍼센트의 자본화 계수로 회사에 대해 900만 달러의 가치를 이익기준으로 부여했다. 나는 SEC가 왜 12.5라는 배수를 선택했는지 대답하리라고 생각하지 않는다. 여기까지가 SEC의 첫 번째 작업이다. 그러고 나서 SEC는 여러분이 세금법정에서 항상 보는 법적인 단서를 다음과 같이 첨부했다.

"다른 식당 체인들에서 일반적인 자본화 계수를 포함해 모든 요소를 심사숙고한 결과, 세전 110만 달러, 세후 71만 5,000달러의 추정 순이익은 각각 대략 12퍼센트와 8퍼센트로 자본화하는 것이 타당하며 결과적으로 900만 달러 정도의 자본화된 이익이 도출된다는 것이 우리의 결론이다."

이는 최선의 판단으로 세후이익에 12.5배를 곱한다는 의미다. 나는 선택된 세전이익의 자본화가 세후이익의 자본화와 같은 비율로 계산되었다고 확신한다. 매케슨앤로빈스Mckesson and Robbins의 경우에 그들은 세전이익을 평가(내가 아는 한 그전에는 해본 적이 없다)하기 위해 법정관리인의 계산을 따랐기 때문에 그렇게 되었을 것이다. 물론 그들의 자본화 계수는 상당히 자의적이다. 그러나 내가 보기에 대부분의 분석가들도 그들의 배수와 크게 다르지 않다.

질문 SEC는 법정관리인보다 더 낮은 배수를 사용합니다. 그것이 그 결과인가요?

그레이엄 아닙니다. 더 높은 배수입니다. SEC는 법정관리인의 이익을 약간 줄이고 그의 배수를 늘렸습니다. 나는 그래서 그들이 거의 같은 평가에 이르렀다고 생각합니다.

질문 당신은 8배라고 말했습니다. 아닙니까?

그레이엄 아닙니다. 8퍼센트입니다. 9퍼센트(8퍼센트의 오타임 _ 역자 주)가 12.5배입니다. 수탁자는 10퍼센트의 배수를 사용했습니다.

질문 그러면 SEC는 법정관리인의 10퍼센트 사용에 반대하는 논의를 했나요?

그레이엄 그렇습니다. 하지만 여기서 다루기에는 문제가 너무 복잡합니다. 법정관리인은 소위 '구분방법 segmental method' 을 사용했습니다. 그 방법에서 법정관리인은 일부는 채권과 일치하고, 다른 일부는 우선주와 일치하고, 또 다른 부분은 주식과 일치하는 것으로 간주했습니다. SEC는 그것에 대해 논의했습니다. 여러분은 SEC가 이것을 아주 심각하게 다루었다는 사실을 알아야 합니다. 그들의 평가는 여러분이 내 설명에서 생각하는 것처럼(비록 나는 그것에 대해 약간 유보하고 있지만 여러분은 간단한 방법으로도 같은 결과를 얻을 수 있다고 믿습니다) 그렇게 대충 이루어진

게 아니라는 뜻입니다.

SEC는 이익추정치의 분석을 시작하면서, 경영요소에 대해 세 페이지 정도를 검토하고 매출에 대해 세 페이지, 상품 비용에 대해 반 페이지, 노동비용에 대해 반 페이지, 그리고 기타 비용, 건물운영이익, 감가상각비와 임대료, 간접비 등에 대해 한 문단 정도씩 검토합니다. 결국 그러한 검토 끝에 1,800만 달러 매출의 6퍼센트라는 계산에 도달했습니다. 직원들의 많은 작업이 이러한 결론으로 모아졌습니다.

SEC는 수익력에 기초해 900만 달러의 가치평가를 했습니다. 그리고 내가 SEC와 아주 구체적으로 의견을 달리하는 몇 가지에 대해 약간의 논의를 거쳤습니다. 첫째, 그들은 세금환급과 그와 비슷한 것들로 세금을 조금 절약했으며 그것으로 120만 달러를 얻었습니다. 그런 다음에 식당의 재구축에 180만 달러를 지출해야 했고 그것을 차감했습니다. 그에 따라 그들은 900만 달러에서 60만 달러 정도를 차감해 840만 달러를 구했다. 이것이 이익방법에 의한 SEC의 순가치입니다.

그 수치에 초과된 운전자본과 불필요해진 부동산을 더했습니다. SEC의 계산에서 그 금액은 510만 달러이고, 그들은 최종적으로 총 1,350만 달러를 얻습니다. 이 1,350만 달러에서 320만 달러의 장기차입금을 차감해야 합니다. 그리하여 SEC는 주식에 대한 순가치로 1,030만 달러를 얻습니다. 그들은 우선주 청구권을 액면으로 평가하고 764만 9,000달러에 달하는 배당금을 차감했습니다. 보통주에 남겨진 잔고는 265만 6,000달러가 되었습니다.

SEC는 만약 주식이 신규 발행되면 전체의 70퍼센트와 75퍼센트 사이의 어디에서 우선주에 배당해야 하고, 25퍼센트와 30퍼센트 사이의 어딘가에서 보통주에 배정되어야 한다는 결론에 도달했습니다.

이는 SEC로서 특별히 신중한 결론이었다. 과거에는 보통 정교한 계산으로 산출한 다음에 "이 회사의 72.45퍼센트는 우선주에 배정하고 27.55퍼센트는 보통주에 배정되어야 한다"고 말했습니다. 내가 보기에 SEC는 좀더 부드러워졌으며 그들의 계산이 대부분 추정치이고 잠정치로 판명된다는 사실을 깨달았습니다.

실제적으로 법정관리인 등이 제안한 원래 계획이 대부분 이러한 비율에서 출발했다고 하더라도, 구조조정은 지금 SEC의 근거에 가깝게 수행되고 있는 것으로 판명되었습니다. 나는 곧 다른 제안이 무엇인지 이야기할 것입니다. 그러나 법정관리인은 이제 신주의 76.66퍼센트를 우선주에 할당했습니다.

강의 5

준비단계로 급하게 끝낸 지난 강의에서 여러분의 마음에 생겨난 질문에 대답해야 하겠다. 뭐든 생각나는 것이 있는가? 우리는 차일즈 컴퍼니에 대한 SEC의 가치평가를 검토했다.

SEC가 차일즈를 주로 미래수익력에 기초해 평가했다고 한 말을 기억할 것이다. 미래수익력은 우리의 관심을 끌었지만 초과 운전자본의 일정액(실제로 채권을 지불하고 남은 130만 달러)을 더했다.

증권분석가는 증권보유자에게 돌아가는 돈이라고 믿지 않으면 자산평가에 초과운전자본을 더하지 말아야 한다. 초과운전자본의 일부는 차일즈의 오래된 부채를 상환하는 데 쓰여야 한다. 물론 그 부분은 옛날 회사의 수익력 가치에 추가된 것으로 나타난다. 우리의 '실질적인' 가치평가는 SEC가 말하는 1,000만 달러가 아니라 900만 달러일 것이다.

우리가 2주 전에 그 문제를 검토했기 때문에 연방법원은 법정관리인의 신중한 제안에 근거해 차일즈 계획을 승인했다. 그리고 주식지분을 SEC가 제시한 것보다 30만 달러가 적은 998만 달러로 판단했다.

그들의 현재 상황을 이해하기 위해 그 증권가격을 살펴보면 흥미로울 것이다. 우선주와 보통주 모두 어제 약 840만 달러에 거래되었고 우선주는 155달러, 보통주는 7.16달러였다. 우리가 이야기한 평가보다 낮다. 물론 놀라울 것은 전혀 없다. 왜냐하면 법정관리회사의 증권은 분석가가 구조조정기준으로 재산에 대해 평가한 가치보다 낮게 팔리는 것이 정상이기 때문이다. 기업이 대중의 적절한 호평을 받는 위치에 서게 되면 그 가치는 시간을 두고, 즉 한두 해 정도 법정관리를 받으며 정상적으로 상승할 것이다. 그것은 거의 필연이다.

* * *

여기서 우리는 아메리칸 라디에이터American Radiator에 대해 논의할 것이다. 이 과정에서 해당 산업에 대한 많은 정보가 제공된다. 1947년에 대한 다른 사람들의 추정치에 근거한 과거와 미래의 계산, 1946년부터 1951년까지 신규 주택 수요와 공급에 대한 수년간의 다른 추정치들도 있다.

SEC는 후에 아메리칸 라디에이터의 수익력을 다루게 되었다. 그리고 우리가 말하는 이러한 분석 그룹에서는 처음으로 SEC는 수익력과 배수에 대한 가정에 기초해 실제 그 회사의 가치가 무엇인지 결정하려고 노력한다. 방법은 다음과 같다.

SEC는 1,000만 달러의 일정 비율로 매출을 추정한다. 알다시피 우리에게 익숙한 차일즈 컴퍼니 방법이다. 그런 다음에 15퍼센트의 예상 이익률을 적용한다. SEC는 말한다. "주당순이익은 1.4달러이다." 어떤 계산식을 따랐는지는 말해주지 않는다. 그러나 여기에 그 계산식이 있다. 세전 순이익은 2,400만 달러일 것이다. 거기에서 약 40퍼센트의 세금을 차감하면 1,400만 달러 정도로 줄어들고 그것은 1,000만 주에 대해 주당 1.4달러이다. SEC는 "해외 이익은 25센트로 추정된다"(이것은 아주 거친 추정이다)고 덧붙인다. 그렇게 전체적으로 주당 1.6달러 내지 1.7달러의 이익을 구한다. 게다가 회사의 주식은 1946년 2월 '현재 수준' 이 약 20달러이지만 비교적 가까운 미래에(우호적인 이익들은 상당 기간 계속되어야 한다) 매력적인 것으로 증명되어야 한다.

이러한 분석은 나중에 증권거래회사에서 사용된다. 그들은 별다른 용기를 낼 필요도 없이 그 주식이 1946년 10월 23일 가격이었던 15달러에 비교적 매력적으로 보인다고 결론을 내린다.

이 분석에 대해 꼭 불리하지만은 않은 비판을 시도하기 전에, 나는 내 책상에 도착한 「호황이 예상되는 건축산업」이라는 주제의 마지막 부분을 검토하고 싶다. 여기에는 건축산업계에서 제일 큰 아메리칸 라디에이터를 포함한 많은 회사들의 정보가 담겨 있다.

거기서 그들은 194×년에 대한 아메리칸 라디에이터의 수익력을 계산했는데 주당 1.75달러가 나왔다. 12퍼센트의 예상 이익률을 사용했다. 12퍼센트와 최종 결과 사이에는 약간의 격차가 있다. 그 문제가 궁금하다면, 그들이 해외 이익을 리서치 회사가 분석한 것보다 더 크다고 간주했기 때문이라고 설명할 수 있다.

이 분석에서 재미있는 부분은 이중적이라는 점이다. 우선 그들은 약 1.75달러의 이익을 얻는다. 그것은 다른 추정과 크게 다르지 않다. 그러나 그들은 추정치를 다음과 같이 설명한다.

"향후 수년간 최적조건에서 잠재수익력의 대략적인 추정치는 194×년에 나타난 추세를 따른다고 할 수 있다."

설명서에는 아주 구체적이지는 않지만 어쨌든 194×년의 예상이익을 근거로 자신들이 열거한 주식들이 매력적이라고 말한다. 예컨대 아메리칸 라디에이터의 가격은 그날 겨우 13.50달러에 불과했지만, 그들 말대로 미래수익력을 반영할 경우에 1.75달러라는 추정이익이 13.50달러라는 가격을 매력적으로 만들어줄 수 있다.

이러한 분석에 대해 나는 이렇게 논평한다. 그들은 '호황기의 이익'을 기준으로 한다는 사실을 충분히 강조하지 않았다. 분석기법은 그러한 점도 신중히 검토해야 한다.

건축 호황기의 이익은 우리가 전시 이익을 평가할 때처럼 익숙한 방법으로 평가해야 한다. 바로 한정된 기간에만 지속될 것이라는 가정이다. 그 기간의 초과이익은 일반적인 평화시 이익에 근거한 회사의 정상적인 평가에 추가적인 요소로 봐야 한다.

아메리칸 라디에이터 같은 기업을 신중하게 평가하고자 한다면 최적의 수익력이 아니라 정상적인 수익력에 대한 가정을 바탕으로 평가하고, 호황기에 직면한 사실에 대해 적절한 충당금을 추가하는 것이 타당하다.

만약 여러분이 비관적이고 싶다면 그 방법까지 비판할 수 있다. 여러분은 이러한 호황기가 건축 사이클의 일부일 뿐이라고 주장할 것이기 때문이다. 그것들은 실제로 초과이익이 아니다. 정상이익의 상당한 부분이며 건축 경기가 악화될 때 아주 낮은 이익에 의해 상쇄될 것이다. 그 논평은 정당화될 수 있다. 그러나 어떤 경우에는 내가 앞서 말한 방법이 여러분이 사용할 수 있는 가장 후한 방법이다.

* * *

질문 왜 1억 6,000만 달러의 매출 추정에 그 같은 요소들이 고려되지 않았다고 생각합니까?

그레이엄 그것이 호황기 매출이었다는 의미입니까?

질문 아마도 그들은 그렇게 간주했을 겁니다.

그레이엄 나는 그에 대해 구체적인 이유를 댈 수 있습니다. 그들은 이익이 예상되는 주거용 건물의 합계와 밀접한 관련이 있다고 말합니다. 그리고 1946년부터 1951년까지의 공급량과 수요량 추정치를 제시하는 데 어려움을 겪었습니다. 1947년부터 1951년까지 그들은 연간 100만 채의 건물을 예상했습니다. 그 기간 말에 부족은 완전히 채워질 겁니다. 그들의 통계에 근거해 수요는 연간 55만 채 정도(즉 50만 정도의 새로운 가구 수에 철거를 더한 것이다)로 감소했습니다. 1952년까지 이러한 계산법에 따른다면, 여러분은 새로운 예상치가 1억 6,000만 달러 매출의 근거였던 것의 절반에도 못 미친다는 사실을 알 수 있을 것입니다.

또 다른 이유가 있습니다. 1939년에 실현되었던 매출이 겨우 8,000만 달러였으며 1938년에는 6,800만 달러였습니다. 1억 6,000만 달러 매출은 약간의 가격 상승을 감안하더라도 분명히 높은 편에 속합니다.

다른 질문이 있는가? 이런 종류의 질문은 아주 좋다. 왜냐하면 평가의 근거를 명확히 하는 데 도움을 주기 때문이다.

아메리칸 라디에이터는 이전에 사용하던 방법과 조금 다른 평가방법이 필요할 듯하다. 여러분은 최적이익이 아니라 그 회사의 정상이익으로 간주되는 것에서 시작해야 한다.

회사는 전쟁 전에 주당 50센트 정도의 이익을 거두었다. 만약 전쟁 이후에 주당 1달러의 이익을 올린다면 여러분은 건축 붐이 가라앉고 나서도 회사의 이익에 대해 낙관적일 것으로 가정한다. 현재로서는 지나치게 낙관적으로 보인다. 건축 붐이 가라앉았을 때 건축 사이클이 과거처럼 미래에도 똑같다면 여러분은 보통 이하의 이익을 보는 시기에 접어들었을지도 모르기 때문이다. 그러나 1달러 이익을 받아들인다면(나는 정말로 여기에 후한 점수를 주고 싶다) 그 배수는 12와 15 사이 어디쯤 될 것이다. 회사의 과거 어느 때의 기록보다 더 높다. 아메리칸 라디에이터는 대형 우량회사로서 상당한 비교우위를 지니며 수년 전에는 아주 큰 수익 기업이었다. 결과적으로 나는 여러분이 정상적인 기준으로 12달러 내지 15달러의 가치평가를 얻을 수 있다고 생각한다.

거기에다 호황기 이익에 대한 충당금을 더할 수 있다. 정상 예상치에 대해 주당 75센트이다. 만약 4배로 한다면 여러분은 추가로 3달러를 더 벌 수 있다. 결국 우리의 가치평가는 주당 약 15달러에서 18달러가 되고, 회사에 대해 품고 있던 의심을 선의로 바꿀 수 있다. 내 생각에 이러한 평가는 과거에도 이루어졌으며, 1946년 초 가격으로 그 주식을 사는 것에 대한 경고를 정당화할 것이다.

그러나 이 주제와 관련해 '투기'를 목적으로 주식을 사는 것은 적절하다는 점을 덧붙이고 싶다. 투기는 범죄가 아니다. 여러분이 투기를 위해 주식을 하면서 투기요소들을 고려하는 것은 정당하다. 물론 투기는 투자하고 다르다. 만약 회사가 3~4년 동안 주당 1.75달러를 벌었다면 시장은 그 수치가 일시적이라는 사실을 고려하지 않고 투기적인 기준으로 그 같은 이익을 온전하게 반영할 것이라는 점을 명심해야 한다.

항상 일어나는 일은 아니다. 예를 들어 전쟁 기간에 시장은 전시이익이 항구적이지 않다는 이유로 전시 이익을 반영하지 않았다. 그런데 시장은 주기적인 이익에 대해서도 그러는 경향이 있다. 호황기 이익을 항구적인 이익으로 간주한다. 아메리칸 라디에이터가 좋은 시장 여건과 회사의 호황기 아래 15달러에서 18달러의 가치를 훨씬 상회하는 가격에 팔릴 수 있었던 것도 그 때문이다.

아메리칸 라디에이터가 1942년 3.75달러에 팔렸다는 사실을 잊어서는 안 된다. 아메리칸 라디에이터는 주식으로서 뿐만 아니라 사업의 본질상 투기 유형의 증권이다. 불경기에 4달러에 팔리는 것과 마찬가지로 호황기에는 쉽게 30달러에 팔릴 수도 있다. 그리고 두 가격 모두 기본적으로 정당화된다.

다만 우리의 의도는 주식의 중심값이라는 것을 찾아내려는 것이다. 이는 주로 투자자들이 관심을 기울인다. 그 다음으로 현명한 투기자들이 관심을 보인다. 왜냐하면 이러한 평가를 통해 자신이 투기상황을 따르는 동안에 중심값에서 얼마나 많이 벗어났는지 확인할 수 있기 때문이다.

나는 이와 관련한 질문을 환영한다. 그것이 아주 중요하다고 생각하기 때문이다.

질문 만약 우리가 단지 5년에 대해 미래 이익을 추정해야 한다면, 산업의 정상 기간에 대해 말할 때 당신의 분석은 그 5년을 벗어나지 않나요? 호황기는 그 다음 5년일 수도 있습니다. 당신이 정상수준으로 나아간다면 그것은 그 다음 5년으로 넘어가고 있을 겁니다. 결과적으로 향후 5년간 당신의 이익은 좀더 커지고 당신의 정상 기간에는 더 낮아집니다.

그레이엄 그렇습니다. 정확하게 지적했습니다. 만약 나의 기억이 정확하다면 나는 세 번째 강의에서 그것을 지적했습니다. 나는 정상적으로 여러분이 추정하려고 하는 이익은 그 다음 5년에서 얻을 수 있다고 말했습니다. 아마도 5년에서 7년 정도. 하지만 예외도 가능합니다. 나는 건축산업을 생각하고 있었습니다. 거기서 향후 5년은 정상적인 예상으로 간주되지 않을 수도 있습니다. 그때 분석가는 특별히 불리한 위치에 있지요. 여러분이 생각하는 정상이익은 너무 미래를 앞서가서 어떻게 될지 계산할 때 잘못될 가능성이 그만큼 더 크기 때문입니다. 거기에 도움이 될 만한 건 전혀 없지요. 당신은 그 다음 몇 년간의 호황기 이익을 정상적인 것으로 적절히 평가할 수 없습니다. 그래서 당신은 그 다음의 이익까지도 고려해야 합니다.

질문 시장이 회사의 이익을 검토할 때, 만약 그 회사가 5년간 높은 이익률을 계속 유지한다면 시장은 높은 수준의 이익이 얼마나 지속될지 생각하면서 그 이익에 대해 더 높이 평가하지 않을까요?

그레이엄 그렇습니다. 왜냐하면 시장은 우리가 제안한 방식으로 단순하게 더하는 대신에 그 이익을 표준배수인 15 내지 그 전후로 적용하려는 경향이 있기 때문입니다. (나는 지금 그러한 이익의 비정상적이거나 초과된 요소에 대해 이야기하고 있습니다.) 그런 경우에 투자자는 아메리칸 라디에이터 같은 주식에 대한 태도에서 시장과 조화를 이루지 못했습니다. 투자자가 시장과 조화를 이루지 못하는 경우가 많습니다. 그것은 전혀 새로운 경험이 아니지요. 그러나 투자자는 합리적인 가치에 대한 개념을 가질 필요가 있습니다. 그것이 유용합니다. 현재 시장이 그것을 전혀 반영하지 않더라도 말입니다.

* * *

　해당 회사와 산업의 위치를 너무 자세하게 분석하느라 많은 시간을 쓰는 데 대해 나는 여러분에게 경고하고 싶다. 생산되었거나 생산될 미지막 상품까지 세는 것을 포함해서. 왜냐하면 여러분은 오래 연구했고 너무 많은 수치들을 모았기 때문에 추정치가 반드시 정확해야 한다는 느낌에 빠진다. 그러나 그렇지가 않다. 그것들은 그저 대강의 추정치에 지나지 않는다. 나는 그 산업을 연구하는 데 며칠 또는 몇 주를 쓰지 않고 반시간 만에도 아메리칸 라디에이터의 추정치를 추출할 수 있다. 여러분도 마찬가지다.

* * *

　특정한 국민총생산 수준 또는 특정한 고용 수준에서 다양한 산업의 물리적 생산량이나 현금 매출액을 예측하는 정교한 기법이 최근에 개발되었다. 경제개발위원회는 완전고용 조건에서 해당 산업 전체의 추정치를 보여주는 종류의 연구를 발표했으며 상무부에서도 똑같이 이루어졌다.

　그런 측면의 분석을 접하고 싶은 사람들은 이러한 예측들로 시작해야 한다. 그리고 여러분의 판단과정에도 이러한 예측들을 받아들이거나 반영해야 한다. 만약 그것을 인정한다면 산업 전체와 관련해 개별회사의 매출을 예상할 수 있다.

　여러분은 완전고용, 약간의 실업, 상당한 실업을 기초로 (지금도 가끔 하는 것처럼) 세 가지 다른 추정을 할 수 있다. 그리고 각각의 매출 추정치를 만들 수 있다. 그것은 새로운 기법이다. 나는 여러분이 그것을 증권분석에 적용하는 데 흥미를 느낄 것이라고 생각한다.

강의 6

미래 이익을 전망하는 일과 관련해 분명히 하고 싶은 것이 있다. 첫 번째는 일반적이든 특수한 것이든 분석가는 예측하는 기간에 대해 수정 구슬로 보고 정확한 대답을 구하려 하지 않는다는 것이다. 분석가가 정말로 하고자 하는 바는 어떻게 행동하고 생각해야 하는지를 판단하는 일이다. 그것은 수수께끼 같은 미래에 대해 얼마나 논리적으로 사고할 수 있느냐에 달려 있다.

나는 우리 중 어느 누구도 아주 훌륭한 분석가이거나 아주 정교한 계산을 했다는 이유로 결과의 정확성을 확신한다고 잘난 척하지 않으리라 믿는다. 우리가 합리적이고 현명하게 행동하고 있다는 것만이 유일하게 믿을 만한 사실이다. 그리고 자주 그렇듯이 만약 우리가 틀린다면, 적어도 어리석지 않고 현명하게 틀릴 것이다(웃음).

* * *

1914년 전후에 나는 주로 다우지수에 속해 있던 14개 회사를 연구했다. 그들 중 7개가 전후에 더 큰 이익을 내고, 6개는 더 낮은 이익을, 나머지 하나는 그대로였다. 그 나머지 하나가 US스틸이다. US스틸은 전쟁 후에 이익이 크게 변동했다. 그 5년간의 평균은 그 전 3년의 평균과 같다.

1920년부터 1922년까지 겪은 아주 심각한 침체를 감안하더라도 이 같은 결과는 만족스럽지 않았다. 침체상황은 회사의 평균이익을 국민소득 수준의 하락보다 훨씬 크게 감소시켰다. 내가 이야기한 620억 달러라는 수치는 5년간의 평균 국민소득이다. 그러나 매년 상당히 큰 변동이 있었다. 전체 이익에 미치는 영향은 아주 나빴다. 사업에서 침체기에 손해를 보는 만큼 호황기에 벌 수 있는 것은 아니다. 이는 자연스러운 이치다.

* * *

나는 역사가 스스로 반복하는 확률에 점점 더 놀라게 된다. 어떤 가격수준이 너무 비싸지 않다는 단순하고 쉬운 결론으로는 월스트리트에서 오래 버티지 못한다. 그런 결론이 만족스러운 경험으로 이어지지 않는 것은 당연한 귀결이다. 그래서 우리는 너무 비싸지 않을 뿐만 아니라 분석에 근거해 지나치게 낮은 것으로 나타나는 증권에 투자함으로써 반대상황에 대해 안전을 보장받아야 한다고 강조한다. 그렇게 한다면 여러분은 항상 스스로에게 자신이 증권시장에 투자하는 것이 아니라 매력적인 조건으로 회사 일부를 소유하고 있다고 말할 권리가 있다. 시장이 여러분이 좋아하는 방식으로 진행하지 않을 때에도 스스로 그러한 마음을 품는 것은 커다란 이점이다.

* * *

그룹 평가에는 큰 이점이 있다. 많은 요소를 함께 검토하게 되면 개별 요소에 집중할 때보다 훨씬 더 정확하다고 확신하게 된다. 여기서 여러분의 실수가 서로 상쇄되기 쉽다. 게다가 그룹 기준에서는 투자자가 투자상 문제점을 해결하지 못할 것이 전혀 없다. 누군가 그렇게 한다고 들어보지는 못했지만(그레이엄이 이 강의를 진행한 1940년대와 달리 현재는 인덱스, ETF 펀드를 이용하여 산업평균지수를 살 수 있다. _편집자 주) 투자자가 다우존스 산업평균지수를 사지 못할 이유도 없다. 누군가 실제로 했다면 거기에는 많은 의미가 있을 것이다.

우리가 할인종목 구매에 대해 이야기할 때는 예컨대 '그룹 평가'에 대해 훨씬 더 강조하게 될 것이다. 왜냐하면 여러분은 흔히 말하는 '보험수준'에 도달했기 때문이다. 여기서 여러분은 분명히 각 개별 회사보다 유리하다. 그 이점은 개별적인 경우에는 사라지거나 실현되지 않는다. 그러나 분석가로서 아주 능숙하다면 그룹 평가의 이점을 이용해야 한다. 그래서 나는 그룹 분석과 그룹 평가를 상당히 편애한다. 물론 대중에게 제 구실을 하는 증권분석가, 자문가로서 여러분이 모든 작업에서 그 이점을 얻을 수는 없다. 여러분은 개별 회사에 대해 좀더 구체적인 결론에 도달해야 하고 그것은 그룹 분석의 결과에서 숨길 수 없기 때문이다.

강의 7

좋은 저녁이다. 여러분은 모두 지난 강의 이후 한 달을 쉬었다. 나는 여러분이 그동안 즐거운 방학을 보내고 이제 약간의 고생을 할 각오가 되어 있으리라 기대한다.

우리는 지난 강의에서 한 묶음으로 간주되는 다우존스 편입종목의 예상 수익력과 예상 시장 중심값을 주로 다루었다.

여러분은 질문할 것이다. 다우존스에 편입된 개별종목들의 이익은 어떠한가? 어떻게 그것들을 평가하고 어떤 결과를 얻을 수 있는가?

공교롭게도 1945년 7월 〈애널리스트 저널〉에 게재된 글에서 답을 찾을 수 있다. 적어도 예상 수익력의 견지에서 그렇다. 그 글은 〈전쟁 이후 이익 추정Estimating Earnings of an Active Post-War Year〉으로 찰스 콜린스Charles J. Collins가 썼다. 이 글은 다우존스의 모든 편입종목들에 대해 전쟁 이후 이익의 추정치를 전체 합계와 함께 보여준다.

찰스 콜린스의 추정치는 단위당 15.96달러와 17.58달러 사이에서 변동한다. 나는 상당히 대략적인 수치로 13.60달러를 제시한 바 있다. 내가 제시한 수치는 콜린스보다 상당히 낮다. 그러나 실제로 그것은 사실이 아니다. 왜냐하면 콜린스의 이익은 전쟁 이후 호황기의 이익만을 동일시한 반면, 내가 말한 이익은 다우존스의 평균적인 미래수익력(호황기만이 아니라 침체기도 고려한)을 나타내는 것이었다.

개별 기업에 대한 콜린스의 추정치는 전쟁 이전의 이익, 즉 1940년의 수치로부터 상당한 변동을 보이고 있어 흥미롭다. 자, 여러 회사들에 대한 그의 예상이 얼마나 다양한지 한번 보자.

여기에 1940년을 기준으로 미래에 큰 폭의 증가가 예상되는 네 가지 사례가 있다. 아메리칸 스멜팅American Smelting은 4.21달러에서 9.50달러로, 크라이슬러는 8.69달러에서 17.75달러로, 존스 맨빌은 6.34달러에서 14.75달러로, 굿이어Goodyear는 3.44달러에서 8.60달러로 대폭 상승한다.

아주 미미한 증가를 보여주는 또 다른 네 가지 사례가 있다.(내가 여기서 사용하는 것은 그 수치들 범위의 평균이다.) AT&T는 10.80달러에서 10.50달러로, 아메리칸 토바코American Tobacco는 5.59달러에서 5.90달러로, 내셔널 디스틸러스는 3.28달러에서 3.35달러로, 울워스는 1940년 2.48달러에서 전후 기간에 2.62달러로 미미하게 증가한다.

콜린스는 자신의 계산법을 상세히 알려주지 않지만 여러분이 잘 따라

할 수 있도록 설명을 해준다.

그는 상무부 소속 경제개발위원회의 산업 매출 추정에서 시작한다. 그것을 1,120억 달러의 예상 국민소득으로 조정한다. 이는 상당히 보수적인 수치다. 왜냐하면 1946년의 국민소득은 대략 1,650억 달러였다.

그는 각 산업의 증가율을 특정 개별 회사에 정확히 적용하지 않는다. 그는 1929년부터 1940년까지 개별 기업이 전체 산업의 증가율보다 더 좋거나 나쁠 수 있다고 인정한다. 다시 말해서 동기간에 각 산업보다 증가율이 더 높은 회사는 전쟁 이전부터 증가율이 비례적으로 더 높을 거라고 가정한다. 마찬가지로 더 나빴던 회사는 비례적으로 더 나쁠 것이라고 가정한다.

콜린스는 추정 매출에서 전쟁 이전의 비율에 근거해 세전 순이익을 계산한다. 세율은 40퍼센트로 상정한다. 이는 그가 조정할 수 있는, 범위가 작은 수치로 나타난다.

우리가 사용한 이익마진은 전쟁 이전보다 뚜렷이 낮다. 그러나 다른 한편으로 우리는 더 높은 국민소득을 가정했고, 또 더 낮은 예상 세율을 적용했다. 이러한 방법상의 차이는 미래 이익을 추정하는 방법이 한 가지만은 아니며 개인 판단이 중요한 역할을 한다는 점을 시사한다. 방법상의 차이가 여러 회사들의 미래 전망에 대한 시장 반응만큼 차이가 크지는 않은 듯하다

상당히 중요한 고려사항 한 가지를 제외하면 콜린스의 방법을 비난하려는 것은 아니다. 콜린스는 1929년부터 1940년까지의 추세가 앞으로도 계속될 것이고 그것이 당연하다고 가정한다. 다만 나는 그러한 가정을 지나치게 신뢰하는 데 대해 경고하고 싶다.

몇 년 전에 우리는 이익 추세의 지속 여부를 주제로 상당히 강도 높은 연구를 했다. 우리는 1926년부터 1936년까지 10년의 기간을 연구하면

서, 1926년부터 1930년 사이에 이익을 개선한 기업들과 반대로 동기간에 이익을 개선하지 못한 기업들이 어떻게 됐는지 궁금했다. 우리는 이익 추세를 유지하는 기업이 있는 만큼 그 추세를 유지하지 못하는 기업도 많다는 사실을 알아냈다. 그것은 모든 미래의 추정에서 고려해야 할 아주 중요한 사항이다.

실제로 콜린스는 그 추세를 인정할 때 이익이 너무 커져서 보수적인 입장에서 이익을 줄일 수밖에 없었다고 고백하기도 했다. 아마도 그가 옳을 것이다.

* * *

이제 월스트리트 전체 분석가의 관점으로 잠시 돌아가자. 증권시장에서 분석가들의 활동범위와 증권을 분석하고 결론을 도출하는 방법을 알아볼 차례다.

나는 기본적으로 분석가가 증권 전체를 검토하는 두 가지 접근방법이 있다고 생각한다. 1) 전통적이라고 부르는 것으로 대부분 투자등급과 전망을 다룬다. 2) 약간 우대하는 의미에서 현명한 것이라고 부르는데 주로 가치에 관한 것이다.

먼저 분석가들의 실제 활동과 관련지어 서로 다른 접근방법을 간략히 살펴보자. 전통적인 접근방법은 다시 세 가지로 구분할 수 있다.

첫째는 '좋은 주식', 다시 말해 강한 주식, 강한 회사, 잘 정착한 회사, 우량회사를 찾는 방법이다. 그런 회사는 합리적인 가격으로 안전하게 살 수 있다. 아주 간단한 일이다. 둘째는 이익이 성장할 전망이 장기 평균 이상인 회사를 찾는 방법이다. 보통 '성장주'라고 부른다. 셋째는 가까운 장래에 평균보다 나은 기업활동이 예상되는 회사를 선택하는 것이다. 세 가지 모두 전통적인 방법에 속한다.

또 다른 접근방법인 현명한 방법은 두 가지로 나뉜다.

첫째는 증권분석가의 판단에 따라 시장이 낮은 수준에 있을 때마다 주식을 사는 방법이다. 둘째는 특수한 증권이나 개별 증권의 가격이 평가하거나 분석한 가치보다 아주 낮게 거래될 때마다 사는 방법이다.

먼저 평가자나 분석가 자신을 평가하고 나서 간략히 설명한 다섯 가지 접근 방법에 대해 이야기해보자. 물론 나는 경험과 많은 생각에 바탕을 둔 개인적인 의견을 말하고 있다. 이것이 증권분석 업무에 대한 표준 관점을 대표한다고 이해해서는 안 된다.

전통적인 접근법 중 첫 번째는 좋은 회사와 좋은 주식을 간단히 검증하는 방법이다. 이것이 쉽고 초보적인 작업이라고 생각할 수 있지만 내가 내린 결론은 다르다. 나는 세 가지 중에서 이 방법이 가장 유용하다고 생각한다. 보수적인 가치보다 싸게 팔리는 것이 '좋은 주식'이라는 원칙만 지켜진다면 더욱 그러하다.

투자자들은 좋은 주식을 적정한 가격에 사는 경우에 실수나 심각한 오류를 범하지 않는다. 나쁜 주식, 특히 다양한 이유로 밀어붙이는 주식을 살 때 큰 실수를 한다. 그들은 강세장의 정점 부근에서 좋은 주식을 매수하는 실수를 하는 일이 잦다.

투자자가 올바른 길에서 벗어나지 않도록 하는 간단하고 가치 있는 조언이 있다.

"이것은 좋은 회사들이며 가격은 대체적으로 합리적이다."

그것은 잘 구축된 투자자문회사의 전략에서도 핵심을 차지한다. 그리고 아주 치열한 경쟁 환경에서도 살아남을 수 있는 능력을 제공한다.

단순하고 가치 있는 업무(예를 들어 바커 브라더스 Barker Brothers를 25.75달러에 사는 것보다 GM과 GE가 더 안전하다고 투자자들에게 말할 수 있는)에서 두 번째 방법으로 넘어가면 여러분은 재미있기는 해도 훨씬 더 어려운 단계에 직면한다. 바로 성장주를 선택하는 방법으로 분석가의 역할 중에서 가장 오랫동안 인기 있고 존경받는 분야였다.

성장주 투자가 성공하기 위해서는 두 가지 명백한 전제조건이 필요하다. 즉, 성장주들에 대한 전망이 실제로 실현되어야 하고, 현재 시장이 아직 이러한 전망을 충분히 반영하지 않아야 한다.

분석가들이 검토할 때 이러한 조건들을 충족하는 성장주들이 일부 있다. 그 작업은 매우 만족스러운 이익을 가져다준다. 그 결과는 선택자의 기술과 운에 따라 많이 달라진다. 성장 전망이 좋을 뿐만 아니라 시장에서 아직 전망을 반영하지 않은 성장주를 판별하는 기법을 내가 쉽게(좋은 교수가 제자에게 알려주듯이) 설명할 수 있을지 잘 모르겠다.

이렇게 생각해보자. 나는 성장주 판별의 성공 여부는 영리함과 명석함에 달려 있다고 생각한다. 그러나 영리함과 명석함이 좋은 증권분석의 일반적인 특성은 아니다. 부정하지는 않지만 이처럼 드문 속성이 일반적인 패턴이나 증권분석에 반드시 필요하다고는 여기지 않는다.

차라리 증권분석가는 현명하면서도 기술적으로 유능하고 풍부한 경험과 신중함을 지녀야 한다. 나는 그런 종류의 지혜가 놀라움과 실망으로 가득 찬 주식시장에서 성공적인 성장주의 선택에 잘 맞는지 알 수 없다. 다만 많은 사례들을 기억할 뿐이다.

오랜 동안 성장주의 표본이었던 한 화학회사를 분석해보면, 다른 회사들이 인기가 없을 때 많은 인기를 누렸다는 이유만으로 그 회사의 주가 추이가 오랫 동안 다른 회사들에 비해 상당히 불만족스러웠다는 사실을 알게 될 것이다.

여러분이 항공운송 주식을 가지고 있다고 하자. 그런 증권들을 성장주 개념에 입각해 투자로 선택하는 것은 지나치게 투기적이다. 알다시피 그런 산업에는 아주 많은 위험요인들이 상존한다. 그리고 다른 많은 측면에서 비정상적인 성장 전망을 나타냈다.

이제 전통적인 접근방법에서 세 번째로 넘어가자. 이는 월스트리트 금융업계에서 가장 일상적으로 이루어진다. 즉, 거래 분석은 해당 산업이나 회사가 향후 12개월 안에 비정상적으로 좋은 성과를 거둘 거라 믿게 하고, 또 그럼으로써 그 주식을 사야 한다고 생각하게 하는 것이다.

유감스럽지만 나는 이러한 월스트리트 활동에 가장 회의적이다. 아마도 증권분석가의 시간을 잡아먹는 가장 인기 있는 형태이기 때문일 것이다. 그것은 극도로 순진한 행동이다. 증권분석가가 내년에 어떤 기업이 잘될 것이기 때문에 그 회사가 정말 유용하다는 판단을 내렸다고 하자. 그리고 이러한 판단을 해당 기업 주식을 사야 한다는 무조건적인 권유처럼 읽히게 했다면 이는 증권분석의 흉내내기에 지나지 않는다.

전형적인 사례를 보자. US플라이우드^{Plywood}가 1946년보다 1947년에 더 좋아질 것이기 때문에 내셔널 백화점$^{National\ Department\ Stores}$은 1946년보다 1947년에 더 나빠질 것이라고 생각하는 데 무슨 근거가 있는가? 내셔널 백화점을 17달러에 사는 것보다는 US플라이우드를 34달러에 사는 편이 좋다는 생각은 무엇에 근거하는가?

다음해 영업이라는 개념과 현재 시장가격으로 그 증권을 사고파는 것 사이에는 깊은 관계가 없다. 왜냐하면 US플라이우드의 가격이 34달러인 것은 3년간의 아주 좋은 이익을 반영하고, 내셔널 백화점의 가격은 이론상 3년간의 이익 부진을 반영했기 때문이다. 많은 경우에 그것은 이론이 아니라 실제로도 그렇다.

나는 만약 여러분이 분석가로서 전통적인 방법에 따라 일하고 싶다면 자기 생각, 보고서, 그리고 추천에 대해 아주 명백하면서도 엄격한 조건을 부과하라고 제안하고 싶다. 이것은 현실적인 제안이다.

내가 앞서 한 말이 아마도 여러분의 눈에는 이론적인 분석으로 보일 것이다. 이런 식으로 하면 여러분은 분석가로서 책임감을 벗을 수 있다고 확신한다. 만약 여러분이 고객을 위해 좋은 주식(즉, 우량하고 평판이 좋은 주식)을 고르고 싶다면, 좋다. 나는 전적으로 동의한다.

그러나 여러분은 그 같은 추천을 할 때 가격이 타당한 범위에 있는지 판정하고 입증해야 한다. 여러분은 자신과 고객을 위해 성장주를 고를 때 투자자가 성장요소에 대해 이미 지불한 가격과 성장 전망이 평균일 경우의 합리적인 가격을 비교해 판정하고 입증해야 한다. 그리고 나서 신중한 투자자가 현재 가격으로 지불해도 될 만큼 성장 전망이 충분히 안정적인지 분석가로서 판정하고 설명해라. 나는 증권분석과 분석가 집단이 그런 식으로 설명하는 모습을 보고 싶다. 이로써 여러분이 종목을 추천하는 과정을 방어하는 방법을 마련하는 것이나 같다.

마지막으로 좋은 단기전망 때문에 주식을 추천하는 경우에 여러분은 분석가로서 시장가격과 최근 시장 움직임이 이미 분석가의 예상을 반영했는지 아닌지를 판정하고 설명해야 한다. 그런 다음에야 비로소 단기 전망에 비추어 주식을 추천한 여러분의 역할이 적어도 합리성을 획득하게 될 것이다.

여러분은 증권분석가의 전통적인 평가방법(아마도 어느 정도 편향된)에 의문을 품은 적이 있는가?

질문 당신은 단기 평가를 3년으로 정의합니까? 아니면 1년으로 정의합니까?

그레이엄 1~2년 사이의 어느 기간으로 생각합니다. 사람들은 특정 분야에서 향후 12개월에 대해 이야기하는 데 만족하는 것 같습니다.

다음 5분간은 가치를 강조하는 비전통적이거나 통찰력 있는 증권분석에 할애하기로 하자.

첫째는 시장 전체적으로 저점에서 매수하는 것을 의미한다. 물론 그것은 틀에 박힌 과정이다. 모든 사람들이 그것을 이론적으로 타당하다고 알고 있다. 그것은 어떤 설명이나 방어가 필요 없다. 그것을 지속적이고 성공적으로 하는 사람이 너무나 적기 때문에 주의할 것이 있지만 말이다.

여러분의 첫 번째 질문은 "시장가격이 낮은지 어떻게 아는가?"이다. 그 대답은 쉽게 할 수 있다. 분석가들은 시장의 과거 패턴을 통하거나 우리가 논의하는 것 같은 간단한 평가방법으로 낮은 시장수준을 알아낸다. 좋은 분석가는 시장이 낙관적이든 비관적이든 간에 향후 5년간 이익이 얼마일지에 대한 생각이 변하지 않는다는 사실을 명심해라. 평균 미래 이익에 대한 분석가의 견해는 그가 기초 요소에 아주 중요한 변화가 있다고 확신할 때에만 바꿀 수 있다.

만약 원한다면 친숙한 예일대 방법처럼 시장에서 운영되는 기계적인 시스템을 따를 수도 있다. 주가가 중심값이나 평균값보다 올라서 주식의 일정 비율을 매도하거나, 주가가 평균값보다 하락하여 채권의 일정 부분을 주식으로 전환할 수 있다.

나는 그것이 좋은 전략이라고 확신한다. 경험 측면에서도 보증된다. 물론 아주 중요한 예외가 있다. 여러 경우에 '너무 오래 기다려야 한다'는 것이다. 다음 기회를 위해 너무 오래 기다려야 한다. 여러분은 지쳐서 성급해진다. 특히 봉급을 받는 분석가라면 다음번 시장 저점이 돌아오기를 기다리면서 봉급을 계속 받기는 아주 어렵다. 그러니 여러분이 다른 것을 하고 싶어지는 것은 너무나 명백하다.

가치 중심으로 생각한다면 자연스럽게 여러분의 관심을 끄는 것은 증권시장의 모든 상황에서 저평가된 개별 증권을 매입하는 것이다. 그것은 성공 가능하며 그렇게 되도록 되어 있다. 한 가지 단서가 있는데, 시장 일반이 아주 고점이어 보일 때 저평가된 주식을 사는 것은 현명하지 않다는 것이다. 이를 이해시키기는 아주 어렵다. 왜냐하면 피상적으로 고점 부근의 시장에서 저평가된 증권이 가장 두드러지기 때문에 그것들을 사기에 적기처럼 보이기 때문이다.

시장 일반이 아주 높을 때 훨씬 더 많은 운전자본을 가진 만델^{Mandel}을 13달러에 살 수 있다면 시장이 평균이거나 낮을 때보다 더 잘 산 것처럼 보인다. 그러나 아주 특이하게도 경험은 그것이 사실이 아님을 보여준다.

시장 일반이 너무 높은 수준이다가 심각하게 하락하면 13달러에 만델을 산 것은 당분간 행복을 주거나 수익이 나기 힘들다. 그 주식은 한순간에 급격히 가격이 하락할 것이다. 만약 만델이나 그와 비슷한 회사가 당신이 생각한 가치보다 낮게 팔린다면 그것은 인기가 없기 때문에 그렇다는 것을 잊지 마라. 그 주식은 시장 전체가 상당히 하락하는 기간에도 인기를 얻지 못할 것이다. 그 인기는 보통 주식 전체의 인기와 함께 하락하기 쉽다.

질문 그레이엄 씨, 당신이 에치슨^{Atchison}의 등락과 같은 부정적인 인기를 부르는 말이 없습니까? 하락하는 시장에서는 저평가된 증권도 하락하는 게 사실이지만 그것이 우량주만큼 빨리 하락하는지 궁금합니다.

그레이엄 비율 측면에서 대체로 그렇다고 말하고 싶습니다. 그만큼 빨리 하락할 겁니다. 저평가된 증권은 저가 증권이기 쉽기 때문입니다. 저가 증권들은 고가 증권들에 비해 중요한 침체기에 더 큰 비율로 하락하기 쉽지요. 통계적으로 고점인 증권시장에서 저평가된 증권을 사는 것이 수익으로 연결되지 않는 몇 가지 기술적인 이유가 있습니다.

만약 시장이 너무 높다고 확신한다면 돈을 할인주식에 투자하기보다 현금이나 국채로 유지하는 것이 더 나은 전략입니다. 그러나 다른 시기에(물론 대부분의 시기에) 저평가된 증권 분야는 수익을 거둘 수 있으며 분석가의 활동에도 적합합니다. 우리는 다음 강의에서 그것에 대해 이야기할 것입니다.

강의 8

저평가된 증권을 취급하면서 분석가는 특정 기업의 발전과 적절한 기업전략에 많은 관심을 기울이기 쉽다. 그리고 기업전략에 관심이 생기면서부터 그는 잘못된 전략을 비난하고 올바른 전략(주주의 이익이라고 여겨지는 모든 것)을 수립하도록 적극적으로 촉구할 수 있다. 왜냐하면 회사가 적절하게 행동하면 아주 많은 경우에 저평가는 시장에서 사라지게 되기 때문이다.

결과적으로 이유를 알 수 없는 상태에서 저평가 증권 전문가들은 월스트리트가 싫어하는 불만스러운 주식 보유자 부류로 구분된다.

나는 불만스러운 주식 보유자에 대해 한마디 하고 싶다. 내가 생각하기에 그들의 문제는 불만을 충분히 이야기하지 않는다는 것이다. 그리고 월스트리트의 큰 문제는 경영자나 다른 주주들이 관심을 가져야 할 합리적인 불평자를 단순한 문제나 '파업 주동자'와 구분하지 못한다는 점이다.

*　*　*

질문 투자소득은 이자나 배당에서 나오고 자본가치의 상승은 제외하는 것이 보수적인 입장입니까?

그레이엄 네. 그 질문을 해주어서 기쁩니다. 나는 보험회사 투자에서 자본가치의 상승이나 하락에 대한 논평을 생략했기 때문입니다.

그 점에 대해 말하자면 1920년대에 보험회사 주식이 인기를 끈 이유를 먼저 되돌아보고 싶습니다. 그 당시 분석에 따르면 보험주식 보유자는 아주 운이 좋은 사람들이었습니다. 그들은 세 가지 다른 소득원을 가졌기 때문입니다.

첫째는 보험업입니다. 보험업이 이익에 얼마나 기여했는지에 대한 분석은 없지만 아주 좋은 업종이었던 듯합니다. 그것이 주주들에게 좋은 산업이었음은 당연하죠. 둘째로 자기 자금에서 발생하는 이자뿐만 아니라 정책 결정자들이 미경과 보험료 unearned premiums 와 미지급 손실 unpaid losses 등의 형태로 남겨두는 많은 돈에 대한 이자와 배당금도 얻습니다. 현금 1달러에 대해 총 2달러 정도를 운용해 투자소득을 얻게 되는 것입니다. 셋째로 증권에 돈을 투자하고 많은 이익을 벌어주는 아주 유능한 투자관리를 받았습니다.

물론 보험회사들은 시장이 상승세였던 1920년대에 이익을 냈고 시장이 하락하던 1930년대 초에 많은 손실을 보았습니다. 같은 일이 1937년과 1938년 사이에도 발생했지요. 그들은 1937년 3월까지 많은 돈을 벌었고, 뒤이은 하락장에서 많은 손실을 보았습니다.

모든 역사의 최종 결론은, 오늘날 정교한 투자자들이 수년간 자신들에게 자본이득을 안겨준 보험관리의 능력에 많은 대가를 지불하려고 하지 않는다는 것입니다. 특히 보험회사의 투자성과에 대해 우리는 신중하게 분석하고 확인하지 않았습니다.

그러나 보험회사들은 그런 종류의 일에 쉽게 적응하지 못합니다. 물론 잘할 수도 있습니다. 나는 아메리칸 증권보험회사$^{American\ Equitable\ Insurance\ Company}$가 20년 넘게 보험업과 증권투자업을 어떻게 운용했는지 보여주기 위해 이 회사에 대한 해당 기간의 자료들을 제공할 것입니다.

구체적인 질문에 대답부터 하자면, 대체적으로 오늘날 어떤 투자자도 증권의 원본가치로 이익을 만드는 능력 면에서 보험업을 특별히 신뢰하지는 않을 것입니다. 호황기에 보험회사는 이익을 낼 것입니다. 그리고 이후 불황기에 손해를 볼 것입니다. 이러한 태도는 불공정할 수도 있습니다. 그러나 현시점에서 증권분석가들의 일반적인 견해라는 것은 확신합니다.

* * *

질문 보험료와 보험이익의 차이를 잠시 설명해주십시오. 조금 전문적입니다. 보험이익이 무엇입니까?

그레이엄 보험이익은 보험업 자체에서 발생하는 이익입니다. 여러분이 보험업의 손실과 비용을 지불한 나머지 잔고로 구성되지요. 그것은 미경과 보험료 잔고의 증가라는 특별한 요소를 포함하는데 전문적인 사항입니다. 대차대조표에 '미경과 보험료 잔고'로 나타나는 부채는 통상적으로 40퍼센트 정도까지 주주지분을 포함하는 것이 인정됩니다. 수치가 올라가면 그해 보험이익도 따라서 증가하고 반대의 경우도 마찬가지입니다. 여러분은 정말로 보험성과에 대해 두 부분을 갖게 됩니다. 하나는 직접적인 성과이고, 다른 하나는 미경과 보험료 잔고의 증가 또는 감소에 따른 지분입니다. 이 분야에서 청산가치나 지분을 계산하는 방법에 대해 좀더 이야기하고 싶지만 잠시 뒤로 미루어야겠습니다.

질문 보험이익이 증가할 가능성과 보험업의 성장률은 어느 정도인가요? 당신은 항상 전쟁 이후 소강상태가 있고, 그때 재산에 대한 보험은 대체가치replacement value가 상승한 다음에 상승해야 한다고 했습니다.

그레이엄 이제 그 질문에 대답하면서 최근 성과와 장기 평균 성과를 아주 분명하게 구별하고 싶습니다. 화재보험의 최근 성과는 나빴습니다. 내가 생각하기에 대부분의 회사들이 1946년에 손실을 보았습니다. 수치들은 아직 발표되지 않았지요. 아마도 그들 중 절반 정도는 1945년에 손실을 보았을 것입니다. 내가 다루고 있는 성과들은 10년 평균 수치였습니다. 그것들은 여러분이 보험업계에서 수년간 예상할 수 있는 것을 상당히 잘 나타내준다고 생각합니다. 그들은 지난 10년보다 향후 10년간 성과가 좀더 나아질 것입니다. 그러나 나는 보험 분석가나 투자자가 그것을 특별하게 고려해야 한다고 믿지 않습니다. 그들은 지난 2~3년보다 향후 5년간이 더 나아질 것을 고려해야 합니다. 물론 이건 다른 문제입니다.

질문 그렇다면 아메리칸 리저브 보험회사American Reserve Insurance Company나 심지어 노스 리버 보험회사North River Insurance company가 왜 아직까지 존속하고 있나요?

그레이엄 물론 노스 리버는 존속하고 있습니다. 왜냐하면 126년간 존재해왔고, 수십 년에 걸쳐 성장하면서 대형기업이 되었으며, 업계에 종사하는 사람과 고객 그리고 정책담당자들이 만족스러워하기 때문입니다. 아마도 그들은 주주들한테서 이렇다 할 불평불만을 들어본 적이 없을 것입니다. 이런 기업들에 대해 그런 의문이 있을 것 같지 않습니다. 나는 화재보험회사들의 주주 보고서를 많이 보았습니다. 일반적으로 대차대조표 한 페이지와 보유증권 목록 몇 페이지로 구성되지요. 그 회사가 얼마나 수익성이 있는지에 대해서는 논의되지도 않습니다. 나는 그 문제를 제기하는 것은 비신사적이라고 생각합니다.

질문 여기에서 당신의 수치는 보고된 보험이익을 보여줍니까? 아니면 미경과 보험료에 대해 '최선의 조정'과 같은 조정치인가요?

그레이엄 이 수치들은 상당히 표준적인 미경과 보험료 조정을 포함합니다. 사실 많은 경우가 회사들 스스로 주주총회에 보고하는 금액을 나타냅니다. 그것이 표준적인 방법이죠. 손해보험에는 또 다른 조정이 있는데 그것은 나중에 언급하겠습니다. 두 가지 준비금 방법의 차이입니다.

질문 주식 보유자가 보험회사에 대해 아무것도 모르는 이유는 최근까지 보험회사들이 어떤 손익계산서도 보고하지 않았기 때문이라고 생각합니다. 그들은 은행들이 그랬듯이 단지 대차대조표만 보고했습니다.

그레이엄 그렇습니다. 내가 보험회사의 주주라면 그 회사가 충분히 이익을 내는지 알고 싶고 또 묻고 싶습니다. 하지만 확실히 보험회사 주주들은 그런 질문을 하지 않습니다. 그 수치들을 분석하거나 연차보고서에 보고해야 한다는 요구도 하지 않지요. 손해보험회사들은 재미있게도 오히려 많은 정보를 담은 더 정교한 보고서를 제출합니다. 아마도 한 가지 이유는 손해보험회사가 지난 10년간 꽤 많은 수익을 거두었다는 사실일 겁니다.

질문 주주의 자기만족이 콘티넨탈Continental이나 홈 그룹Home Group 같은 보험회사의 초기 투자자가 최근 20년 동안 자기 투자관리에 성공했다는 사실에 기인한다고 생각하지 않습니까? 그를 잠자도록 달래는 것은 또 다른 문제입니다. 하지만 나는 그것이 원인이었다고 생각합니다.

그레이엄 나는 모든 사람들에게 이런 회사들에서 최근 20년 동안 일어난 일에 대해 말할 위치에 있지 않습니다. 다만 화재보험 분야에서 일부 회사들이 지난 20년 동안 정말 부진했다는 사실은 압니다. 가장 대표적인 회사는 노스 리버로 초기에 아주 잘했지만 기간 말에는 주주들이 좋았다고 할 수 없는 상황으로 끝났지요. 다른 회사를 예로 들더라도 분석에 큰 차이가 있을 거라고 생각하지 않습니다. 세인트 폴 화재해상보험St. Paul Fire and Marine 같은 한두개의 예외를 찾을 수는 있습니다. 아주 특별한 경우지요.

질문 상호보험회사와 경쟁한 것이 원인인가요?

그레이엄 그것이 원인인지는 잘 모르겠습니다. 그럴 수도 있지요. 하지만 보험회사는 다양한 보험위원회에 신청하는 데 필요한 높은 등급을 얻으려고 노력합니다. 그것을 얻기까지 항상 시간차가 있습니다.

질문 상호보험회사 판매원은 주식회사보다 싼 보험료를 계속 주장합니다. 그게 장점입니다. 즉, 중개인에 대한 수수료 형태지요. 보험계약자에 대한 순비용입니다.

그레이엄 그렇다고 해도 놀랍지 않습니다. 화재보험계약에 지불하는 수수료의 규모(중개인에게 지불하는 수수료)는 너무 높다고 할 만합니다. 내 생각에 화재보험계약을 판매하는 데 많은 판매기술이 필요하지는 않습니다. 아마도 생명보험계약을 판매할 때 더 많은 기술이 필요하겠지요. 화재보험 수수료는 상당히 큽니다. 그리고 최근 몇몇 경우에 주정부 보험당국이 중개인에 대한 수수료가 너무 많다는 이유로 보험료 인상에 미온적이라고 생각합니다. 적어도 내가 듣기로는 그렇습니다. 그렇지만 나는 그것이 사실이라고 보지는 않습니다.

질문 손해보험 판매원은 항상 보험계약자에게 비용을 강조합니다.

그레이엄 상호보험회사도 그렇습니까? 상해보험 분야에서는 상호보험회사와 경쟁하는데도 주식회사들이 주주들을 위해 아주 상당한 돈을 벌 수 있었습니다. 그에 대해 다른 질문이 있나요?

질문 기초적일 수 있는 문제로 돌아가, 나는 이 산업에 대해 전혀 모릅니다. 당신은 1927년과 1945년 통계를 칠판에 썼습니다. 나는 왜 투자소득이 감소했는지 알 수 있습니다. 그런데 반복일지 모르지만 왜 보험이익이 급격히 감소했는지, 그것이 일시적인 상황인지 아니면 지속될지 설명해주시겠습니까?

그레이엄 노스 리버의 보험이익이 감소한 것은 두 가지 요소 때문입니다. 하나는 계약된 보험의 1달러당 이익이 그동안 6퍼센트 정도에서 4퍼센트로 하락한 것입니다. 영구적인지 아닌지는 말하기 어렵습니다. 나는 수년에 걸쳐 그 비율이 하락하는 것은 어느 정도 추세를 나타낸다고 생각하고 싶습니다. 더 중요한 사실은 이 회사의 사본 1달러 딩 계약된 보험료 금액이 반 토막이 된 것입니다. 그에 따라 같은 이익률에 대해 여러분은 주식 절반의 이익만 얻게 됩니다. 그것은 이제 1달러 자본에 대해 1달러 매출 대신 50센트 매출을 올리는 것과 같습니다. 그 이유가 아주 재미있는데 나는 그것에 대해 약간 논평하고 싶습니다.

이런 회사들이 그 기간에 축적한 보험료보다 훨씬 더 많은 주주지분을 다양한 방법으로 축적했습니다. 이러한 결과는 1945년의 영업 1달러당 자본에 비해 훨씬 더 많아진 것인데, 이는 주주들에게 '좋은 성과'를 보여주기 위해서라고 주장하고 있는 듯합니다.

물론 보험회사들은 다르게 주장할 겁니다. 더 많은 자본을 가질수록 보험계약자들도 더 좋아지고, 그래서 주주들도 더 좋아진다고 말하겠지요. 또한 미래에 훨씬 더 많은 사업을 하고 사업을 확장하기 위해 가용 자본을 확보해야 한다고 말할 것입니다. 하지만 사실상 현금 측면에서 노스 리버는 1945년에 주주자본으로 2,500만 달러를 가지고 있는데 사업은 약 900만 달러만큼만 하고 있는 상황입니다. 자본당 사업의 규모가 아주 작습니다. 1927년에 그들의 자본은 지금의 절반보다 작았고 사업은 좀더 컸습니다. 그 문제에 대해 어느 누구도, 어느 주주도 관심을 보이지 않았습니다. 경영자에게 자본이 많아질수록 그들은 더 부유해집니다. 이것에 대해서는 조금의 의심도 없습니다.

질문 그들은 주식에 투자하기 위해 더 많은 자금을 가진 게 아닙니까?

그레이엄 주식에 투자하기 위해 더 많은 자금을 가집니다. 하지만 주주에게 특별히 이익이 되지는 않습니다. 왜냐하면 주주는 직접 투자한 자금이 더 많기 때문입니다. 물론 질문은 수익률에 대한 것이고 그것도 역시 하락했다는 것입니다. 여러분의 질문에 더 나은 대답이 있습니다. 그들은 더 많은 자본을 가졌기 때문에 자본당 투자금액이 하락했습니다. 주주자본에 투자한데다 사업행위에서 나오는 다른 돈에 투자했기 때문입니다. 사업에 관련된 자본이 많을수록 그에 상응하는 초과 보유분은 줄어듭니다. 그것은 다음의 수치로 알 수 있습니다. 1927년에 그들은 주주자본 1달러당 투자자산이 1.45달러였습니다. 지금은 겨우 1.18달러에 불과하지요. 그들은 그 점에서도 손해를 보았습니다.

이제 나는 누군가 다음 질문을 제기해야 한다고 제안한다. "주주들은 노스 리버 보험회사에 대한 투자에서 적절한 이익을 얻기 위해 무엇을 할 수 있는가?" 이는 주주가 결정할 문제라고 가정하자. 또한 그것은 누군가가 하게 될 아주 특별한 제안일 수 있으며, 이는 이론적으로 보이는 만큼 기초적이다.

여기에 가능한 대답이 있다. 여러분이 1927년에 존재했던 자본과 보험료의 관계를 회복한다고 가정해보자. 그때는 사업 성과와 관련해 초과자본을 주주에게 되돌려줌으로서 모든 것이 상당히 만족스러웠다. 만약 그렇게 했다면 여러분은 자본에 대해 약 6퍼센트의 이익을 얻고 4퍼센트의 배당을 지불한 셈이다. 주주에게 합리적인 수익의 정의라고 내가 제안했던 것이다. 그것은 여러분이 현재 31달러에서 주당 15달러를 차감하고(그러면 주주를 위해 벌어야 할 돈이 16달러만 남는다) 여러분이 차감한 15달러에 대한 순 투자소득만큼 이익을 줄일 수 있으며, 그것은 기껏해야 대략 40센트 정도다. 그래서 여러분은 나머지 16달러의 투자에 대해 85센트 정도를 벌 수 있다. 여러분이 필요한 6퍼센트에 가까운 돈을 벌게 된다.

　이것은 보험회사 경영에서 추천하지 않는 방법이다. 그러나 적어도 주주의 입장에서는 조금이나마 산술적인 유효성을 가진다.

　노스 리버에 대한 이 같은 분석에 대해 다른 질문이 있는가?

질문 이해가 잘 안 됩니다. 계약보험료의 규모가 줄어든 이유는 무엇입니까? 해당 산업의 경쟁과 성장의 문제입니까? 당신은 20여 년 동안 보험료의 규모가 증가할 것으로 예상하지 않았나요?

그레이엄 상황은 이렇습니다. 전체 화재보험회사의 계약 순보험료는 1927년 9억 6,600만 달러에서 1945년에는 12억 2,600만 달러로 증가했습니다. 대략 3분의 1이 증가한 겁니다. 노스 리버는 보험료가 1945년에 910만 달러였는데 1927년에는 1,090만 달러였습니다. 약 16퍼센트 감소했습니다. 노스 리버만 홀로 시간을 거슬러 간 것이 분명합니다. 보험료가 늘어난 다른 회사들은 20년간 다른 회사들을 흡수해 보험료를 늘렸습니다. 또한 많은 보험계약들이 손해보험회사 같은 화재보험의 새로운 자회사에 의한 것이었습니다.

기업 변화를 겪지 않고 옛날 방식을 고집하던 전형적인 회사들은 노스 리버와 크게 다르지 않은 상황, 즉 보험료 감소를 겪었습니다. 보험 1,000달러당 보험료율이 1927년부터 1945년까지 크게 하락했다는 점이 중요합니다. 회사들은 보험계약자들에게 더 많은 돈을 지급해야 했습니다. 그 결과, 보험료 이익이 부진해지고 보상 범위의 확대를 반영하지 못했습니다.

질문 노스 리버는 18년 동안 추가 증자를 했습니까?

그레이엄 그렇습니다. 나는 이전 설명에서 수정하고 싶은 실수가 있습니다. 노스 리버가 옛날 상황을 유지했다고 말했지만 실제로는 그렇지 않았습니다. 그들은 총자본의 5분의 1 정도 되는 다른 회사를 인수했습니다. 다른 회사를 인수함으로써 규모를 25퍼센트 정도 키웠다는 의미입니다. 그들은 영업이 어느 정도 증가한 것을 보여주어야 했습니다. 이 회사가 왜 그러지 못했는지 정확히 모르겠습니다.

질문 노스 리버는 기업그룹 중 일부가 아닌가요?

그레이엄 그렇습니다. 크럼앤포스터Crum and Forster 그룹에서 운영했습니다.

질문 그들은 다른 자회사들의 보험료 수입에서도 부진했습니다.

그레이엄 거기에는 이유가 있을지도 모릅니다. 그것은 보험회사 경영자가 주주의 지분을 처리하는 것과 관련해 또 다른 재미있는 질문입니다. 많은 보험회사들이 소위 '함대' 또는 기업그룹의 일부입니다. 함대에도 아주 놀라운 일이 일어나지요. 그 회사들 중 일부는 꽤 수익성이 높은 경우가 많고, 같은 그룹에서 나머지 회사들은 부진한 경우가 있습니다. 여러분이 약간 놀랄 만한 이야기가 있습니다. 나를 항상 놀라게 만드는 것은 다름 아니라 보험업계 사람들은 결코 주주에 대해 말하지 않는다는 사실입니다. 그들은 항상 영업 그 자체에 대한 말만 합니다. 여러분은 왜 회사 A가 수익이 나야 하는지, 회사 B는 수익이 나지 않아야 하는지 영업상에서 여러 가지 이유를 찾을 수 있을 것입니다. 그러나 회사 B

의 주주를 만족시킬 만한 이유는 없을 것입니다.

강의 9

이제 우리는 뉴암스테르담 손해보험의 사례로 돌아간다. 이 사례는 내가 이전 강의에서 지적했듯이 완전히 다른 이유로 재미를 선사한다. 여러분은 청산가치에 비해 가격이 크게 할인된 회사를 보고 있다. 그러나 수익성이 없는 회사 대신에 여러분은 수년간 정말로 아주 좋은 성과를 거둔 회사를 선택한다. 주주들은 자산 낭비 같은 것으로 고생하는 대신에(수년간 상대적으로 떨어지는 기준으로 영업하는 회사라는 의미에서) 정반대의 것을 가질 수 있다. 그러나 가능한 한 모든 자산을 모아 유보하고 주주에게는 가능한 한 최소로 지급하려는 경영자의 부당한 욕망 때문에 주주들이 고생한다.

아주 극명한 대비를 보여주는 위의 두 경우에 대해 여러분은 사려 깊게 생각할 가치가 있다. 이는 아주 다양한 정책들이 주주의 권리에 영향을 끼친다는 의미이며, 주주는 이익이 실현되지 않아 고통받는 만큼 실현된 이익을 지급받지 못하는 것으로도 고통받는다는 사실을 잘 보여주기 때문이다.

기업경영자들은 그 같은 사실을 강력히 부인할 것이다. 기업경영자들은 돈을 벌고 그것이 금고에 보관되어 있는 한 주주들이 고통받지 않고 얻을 수 있다고 주장한다. 나는 여러분이 그 질문을 심판하기에 다른 누구보다도 적임이라고 생각한다.

배당의 형태로 지분가치에 상응하는 타당한 수익을 받는 것하고는 별개로, 외부 주주들은 회사의 이익 유보로 변함없이 혜택을 받는다는 것이 사실인가? 주주에 대한 최고의 대우는 회사의 이익과 증권의 진정한 가치(수익력과 자산에 기초해 정상적으로 검증하고 평가한)와 관련해 적절하고 합리적인 배당을 지불하는 것임을 월스트리트의 경험은 분명히 보여준다.

뉴암스테르담 손해보험은 증권 보유자가 적절한 배당을 받는 데 실패함으로써 얼마나 고통을 겪었는지에 대한 생생한 사례다. 이 회사는 내가 2주 전에 언급했듯이 다른 두 회사가 지급하는 것과 똑같은 규모의 배당을 지급해왔다. 평균이익은 훨씬 더 높았다. 1941년부터 1945년까지 5년간 세후이익은 평균 4.33달러였다. 반면에 회사의 최대 배당은 연간 1달러였다.

여러분은 노스 리버가 같은 기간에 4분의 1 수준인 평균 1.12달러를 벌고 똑같이 1달러를 배당했다는 사실을 기억할 것이다. 아메리칸 에퀴터블American Equitable 은 같은 5년 동안 평균 9센트를 벌었는데도 똑같이 1달러 배당을 했다.

만약 뉴암스테르담 손해보험이 수익력과 자산에 모두 상응하는 배당을 했다면 주주들은 두 가지 측면에서 혜택을 받았을 것이 틀림없다. 첫째, 투자에 대해 적절한 수익을 얻는다. 이 점은 보통 주주들에게 아주 중요하다. 둘째, 주식에 대해 더 나은 시장가격을 누린다.

우리는 또 다른 손해보험회사인 유나이티드 스테이츠 피델리티앤개런티를 딱 맞는 비교사례로 들 수 있다. 이 회사는 뉴암스테르담 손해보험과 거의 같은 사업을 하고 주당이익과 주당자산이 거의 같다. 그러나 주당 1달러 대신에 2달러를 배당했으며, 그 결과 최근에 거의 45달러에 거래되고 있다. 반면, 뉴암스테르담 손해보험은 26달러 내지 28달러 수준에서 거래된다. 적절하고 타당한 배당과 인색한 배당이 주주들에게 미치는 영향은 이처럼 명백하다.

여러분은 질문할 것이다. 주식가격과 주주의 배당수익이 모두 고통 받는데 경영자가 좀더 실질적인 배당을 지불하지 않는 이유는 무엇인 가?

만약 경영자에게 그 주제에 대해 묻는다면 그들은 여러분에게 세 가지 이유를 제시할 것이다. 오랫동안 비슷한 선전을 들으면 그러한 주장이 이상하리만치 친숙하게 들린다.

그들이 제시하는 첫째 이유는 보수주의다. 주주이익 측면에서 가능한 한 보수적인 편이 바람직하다는 것이다. 물론 보수적인 것은 좋다. 문제는 어떤 회사가 지나치게 보수적일 수 있느냐이다. 예를 들어 1달러도 아니고 전혀 배당을 받지 못하는 주주들이 더 나을까? 어느 편이 보수주의를 극도로 수행하는 것일까? 나는 이런 종류의 보수주의가 주주이익을 심하게 해치는 지점까지 나아갈 수 있음을 경험을 통해 알고 있다.

둘째 이유는 해당 사업이 아주 특별하고 특별한 위험을 수반한다는 것이다. 그들에 따르면 여러분이 언급하는 다른 일반 회사에서보다 훨씬 더 조심스러워야 한다. 그러면서 그들은 1946년의 성과는 불만족스러웠지만 현재 상황도 결코 좋지 않다는 점을 지적할 것이다.

모든 회사가 특별한 기업이기 때문에 그 주장은 어느 정도 대답이 되는 듯하다. 만약 회사마다 서로 너무나 달라서 일반원칙을 적용할 수 없다면 여러분은 주주들이 적절한 대우를 판단할 어떤 원칙도 없다는 결론을 내려야 한다.

1946년의 성과가 부진했다는 설명을 듣고 그들을 보통 방법으로 분석하려 한다면 여러분은 1946년처럼 부진한 해에도 뉴암스테르담 상해보험은 주당 2.5달러 정도를 벌었다는 사실을 알아야 한다. 1년의 성과만 보더라도 그 회사는 1달러보다는 더 많은 배당을 할 여력이 충분했다. 그것은 결코 따라야 할 적절한 기준이 아니다. 배당정책은 과거의 평균이익과 미래의 예상 평균이익에 기초해야 한다.

몇몇 회사들은 지난 2년간 보험영업에서 어려움을 겪었다고 지적할 것이다. 그런 이유로 보수주의를 따르는 것은 바람직하다. 그러나 그중에서도 어떤 회사는 전혀 수익성이 없고 어떤 회사는 그렇지 않다. 수익이 없거나 업계에서 흔들리는 몇몇 회사들 때문에 수익성이 있는 회사의 주주는 합리적인 배당을 받지 못한다. 그러나 그것은 아무런 관계도 없는 일이다.

셋째 주장(이것은 특히 재미있다. 왜냐하면 주주의 행동과 권리의 본질에 관계되기 때문이다)은 주주들이 경영자만큼 그 회사의 문제를 이해하지 못한다는 것이다. 따라서 주주들이 그들의 권리에 따르는 적절한 정책이 무엇인지 경영진보다 더 잘 안다고 주장하는 것은 거의 무례에 가깝다.

물론 이 주장의 문제점은 너무 많은 것을 주장한다는 것이다. 그것은 제기된 문제가 무엇인지 상관없이 주주는 결코 스스로 주장해서는 안 되며 감히 경영자의 의견에 반하는 주장을 해서도 안 된다는 의미일 수 있다. 만약 여러분이 경영자는 항상 주주의 이익을 위해 최선을 다하고 있다고 가정한다면, 경영에 대한 주주 통제의 원칙은 완전히 무력해질 수 있다.

뉴암스테르담 손해보험에 관해 (생동감을 주기 위해 이 과정에서 실명을 언급했기 때문에) 두 가지를 말하고 싶다.

우선은 내 투자회사가 뉴암스테르담 상해보험에 관심을 갖고 적절한 배당정책에 대해 경영자와 논쟁을 했었다는 것으로 시작해야겠다. 나의 설명이 편향되었다고 여길지 모르므로 이것에 대해 밝히고 싶었다. 여러분이 원한다면 그 결론에서 완전히 자유로울 수 있다. 여러분은 편견일 가능성을 염두에 두어야 한다. 물론 나는 주제를 공정하게 다루었다고 믿는다.

내가 강조하고 싶은 둘째 문제는 뉴암스테르담 손해보험은 최고의 재능을 가진 유능한 사람들이 매우 잘 경영한다는 점이다. 여기서 발생하는 문제는 경영자의 자기 이익 추구나 능력 부족이 아니라 순전히 배당정책에 대한 의문과 그것이 주주이익에 미치는 영향이다.

뉴암스테르담 손해보험과 다른 많은 사례에서 주주이익 문제의 해법은 예측하기 쉽지 않다. 이 주제에 대해 많이 생각하고 분석하고 논쟁한 다음에 여러분은 주주들이 스스로 자신들을 위해 생각하고 행동할 수 있도록 교육할 필요가 있다. 물론 정말로 실현될지는 미지수다. 그러나 월스트리트 사람들은 주주들에게 그들이 사거나 팔려고 생각하는 증권만큼이나 그들이 가진 보유잔고에 관해 건전하고 공정한 지침을 전하는 역할을 할 것이다.

강의 10

이번이 마지막 강의다. 내가 이 강의를 준비하면서 그랬던 것처럼 여러분도 이 강의를 통해 즐거운 자극을 받을 수 있기를 바란다.

마지막 주제는 일종의 출발점이 될 것이다. 왜냐하면 투기(증권분석과 관련한 투기)에 전념할 것이기 때문이다. 투기는 거의 사랑만큼이나 인기 있는 주제. 그러나 두 사안 모두에서 대부분의 논평은 특별한 도움이 되기보다 차라리 진부하다고 할 만하다(웃음).

이 강의에서 투기를 논의하는 것은 투자론에서, 그리고 여러분 자신의 작업에서 이 중요한 요소의 명백하지 않은 측면들을 분명히 드러내러는 나의 노력이다.

이 시간에 내가 이야기하고 싶은 세 가지 요점이 있다.

첫째, 투기요소는 거의 모든 증권분석가의 작업에서 아주 중요하고 그 작업의 일부분으로서 상당히 의미 있는 요소다. 투기의 전체적인 비중이나 중요성은 과거 30년 동안 지속적으로 커져왔다.

둘째, 현명한 투기와 현명하지 못한 투기 사이에 진정한 차이가 있다. 그리고 증권분석은 종종 두 종류의 투기를 구별하는 가치 있는 작업일 수도 있다.

셋째, 위의 두 가지 요소를 고려하더라도 투기에 대한 현재 증권분석가의 태도는 대개 불건전하고 해롭다. 그러한 근본적인 이유는 우리가 성공적으로 투기하는 능력보다도 성공적인 투기의 보상을 강조하기 쉽기 때문이다.

결과적으로 증권분석가는 투기자로서 신중한 자기검증을 거칠 필요가 있다. 투기자로 행동하는 소위 전형적인 투자자의 자기검증기법 말이다.

첫째, 투기란 무엇을 의미하는가? 투자와 투기를 구별하는 데 《증권분석》에서 한 장을 할애했다. 나는 우리의 결론적인 정의를 반복하는 것으로 끝내고 싶다. 그것은 다음과 같다.

"투자관리는 철저한 분석하에 원금의 안전과 만족스러운 수익을 전제한다. 이러한 요건을 충족하지 못하는 운용은 투기다."

이는 투기에 대한 아주 간략한 설명이다. 우리는 이 말을 "투기적인 운용의 성공적인 결과는 증권분석 과정의 근거가 될 수 없다"는 말로 약간 확대할 수 있다. 투기가 성공할 수 없다는 것이 아니라 단순히 우리의 증권분석기법을 따르는 것만으로는 실전에서 모두 성공한 투기자가 될 수 없다는 의미다.

투기적 운용은 모두 가격 변화와 관계가 깊다. 어떤 경우에는 가격 변화 자체만을 강조한다. 또 다른 경우에는 가격의 변화를 일으킬 것으로 기대되는 가치의 변화를 강조한다. 나는 바로 이 두 가지가 투기적 운용을 구분하는 중요한 방식이라고 생각한다. 사례를 들기는 쉽다.

철강 주식은 주로 강세장 후반부에 실질적인 움직임이 나타나는 경향이 있다는 것을 믿고 1946년 초에 US스틸을 80 근처에서 샀다고 하자. 이는 명백히 가치에 대한 특별한 설명 없이 가격 변화에 대한 의견을 근거로 운용한 투기적인 방식이다.

한편, 스탠더드 가스앤일렉트릭Standard Gas and Electric을 파산시키려던 계획이 변경될 것 같은 생각에서 그 회사 우선주를 1945년 어느 때인가 낮은 가격인 주당 4달러 정도에 샀다면 틀림없는 투기다. 그러나 동기는 가치분석(또는 예상되는 가치 변화)과 관련이 있다. 그것은 공교롭게도 스탠더드 가스의 우선주에서 실현되었다.

반대로 생각하면, 예측에 근거한 거의 모든 증권 운용은 그것이 가격이든 가치든 간에 반드시 투기적이며 투자와는 구별되어야 한다.

투기와 투자에 대한 장에서 우리는 가격의 투기요소를 논의했다. 어떤 증권이든 일부는 투자가치를, 일부는 투기요소를 반영한 가격에 팔린다고 한 것을 기억해라.

우리가 1939년부터 1940년까지의 기간으로 되돌아가 상당히 불안하게 제시한 사례는 GE였다. 그 안에 존재하는 투기요소를 설명하기 위해 의도적으로 초우량 투자종목을 골랐다. 1939년 평균가격인 38달러에서 분석가들은 약 25달러는 투자요소를, 나머지 13달러는 투기요소를 반영했다고 결론지을 수도 있다. 그러므로 어느 정도 평균적인 시장에서 최우량 종목의 평균가격 중 3분의 1 정도가 투기적인 평가를 나타낸다.

투자등급 증권의 투기요소가 얼마나 큰지를 보여주는 이 사례는 제1차 세계대전 이후 시장의 아주 전형적인 상황이었다. 그것이 나의 첫 번째 요점, 즉 투기요소가 분석가의 작업에서 점점 더 중요해진다는 점을 뒷받침해준다. 나는 아주 오랜 동안 월스트리트에 있던 사람들만이 최근에 발생한 투자주식의 지위 변화와 모든 주식에 끼어든 투기요소의 정도를 평가할 수 있다고 생각한다.

내가 1914년 월스트리트에 발을 들였을 때, 투자종목은 투기적이라고 간주되지 않았고 투기적이지도 않았다. 가격은 주로 정해진 배당에 근거했다. 그것은 정상적인 해에는 비교적 변동하지 않았다. 시장과 회사에 상당한 변화가 있는 해에도 투자종목의 가격은 아주 큰 변동을 겪지 않았다. 투자자가 만약 바란다면 배당수익의 타당성과 신뢰성만을 고려하면서 가격 변화를 완전히 무시하고 그대로 내버려두는(아마도 가끔은 자기 종목에 대해 신중하게 조사하겠지만) 것도 어느 정도 가능했.

전후 첫 번째 호황기와 침체기를 맞이한 1919년부터 1923년 사이의 컨솔러데이티드 가스, 지금의 컨솔러데이티드 에디슨을 아주 극단적인 사례로 들 수 있다. 이 같은 변동은 회사에 정말 심각한 영향을 미쳤다. 이익은 큰 폭으로 감소했고 1920년에 액면가 100달러이던 주식이 주당 1.4달러로 급감했다. 그러나 그 기간에 정해진 배당 7달러는 유지되었으며 가격 변동(106달러에서 71달러 범위)은 대규모 시장 변동에 비해 비교적 적은 편이었다.

교재에서 1년 동안 '경기후퇴'가 지속된 시기로 언급하는 1936년부터 1938년까지의 기간을 되돌아보면, 우리는 컨솔러데이티드 에디슨이 특기할 만한 이익 변화도 없이 가격 변화의 폭이 유난히 컸다는 사실을 알게 된다. 1937년 한 해 동안에 주식이 약 50달러에서 21달러로 하락했다. 그 다음 해에는 다시 17달러로 하락했다. 그 기간에 회사는 실제로 배당을 인상했고 이익은 아주 안정적이었다(표 8 참조).

제1차 세계대전 이후에 주식 분야에서 확대된 변동폭은 주식매수자로 하여금 가격 변화를 더 이상 무시할 수 없게 만들었다. 주식을 사고 나서 자신은 배당수익에만 관심이 있고 가격 변화에는 전혀 관심이 없다고 말하는 것은 아주 현명하지 못하며 위선적이다.

문제는 가격 변화를 무시해야 한다는 것이 아니다. 분명 가격은 무시해서는 안 된다. 다만 관건은 투자자와 증권분석가가 이미 발생한 가격 변화에 현명하게 대응해야 한다는 것이다.

GE의 경우에 1939년 가격이 투기요소를 상당 부분 반영했다는 설명으로 잠시 되돌아가 보자. 그것은 투자자들이 소위 등급과 미래 전망에 대해 기꺼이 지불하려 하고 주식가치평가에 심각한 투기요소를 도입하려 했다는 사실에서 비롯된다.

■ 표8. **컨솔러데이티드 에디슨(컨솔러데이티드 가스)의 연도별 기록(주당 수치)**

년도	이익	배당	가격범위
1919년	4.10	7	106~80
1920년	1.40	7	94~71
1921년	6.80	7	95~73
1922년	10.16	7.5	146~86
(신주)			
1936년	2.33	1.75	48~27
1937년	2.19	2.00	50~21
1938년	2.09	2.00	34~17

단위: 달러

등급이나 전망은 심리적인 요소이기 때문에 이러한 요소들은 그들의 태도에 반드시 동요를 불러일으키게 된다. 물론 배당은 심리적인 요소가 아니라 다소 고정된 데이터들이다. 내가 지금 말하는 전망과 등급은 주식을 사고파는 사람들의 심리 태도에 폭넓은 변화를 주기 쉽다. 그래서 우리는 GE가 같은 가격대에 속하는 이류 주식의 가격 변동폭만큼이나 변동한다는 것을 알았다.

1939년부터 1946년까지 되돌아보면 GE는 44.50달러에서 21.50달러로 하락했다가 1946년에 다시 52달러로 상승했으며, 이후 다시 33달러 수준까지 하락했다. 큰 변동폭이다. 이는 GE 주가의 상당한 부분이 투기적이거나 일시적이라고 보아야 한다는 나의 주장을 정당화한다.

여러분은 GE의 순수한 투자가치인 25달러가 결과로 증명될 수 있다고 말할 것이다. 1941년과 1942년에 모두 그 수준에서 주식을 살 기회가 있었기 때문이다. GE의 가격 변화가 1939년과 1946년 사이에 다른 주식들만큼 우호적이지 않았던 것도 사실이다. 그것은 제2차 세계대전 이전에 GE에 나타난 지나친 투기요소를 반영한다.

투기요소는 주식에서뿐만 아니라 채권과 우선주에도 나타난다. 그러나 대부분의 우량채권은 투기요소가 거의 없다. 만약 투기요소가 많다고 생각했다면 여러분은 우량채권에 투자하거나 높은 등급을 매기지 않았을 것이다.

여기에서 기억해야 할 중요한 요소가 하나 있다. 금리 상승은 아주 우량한 채권의 가격을 실질적으로 하락시킨다. 그러한 경우에도 높은 등급의 채권은 잔존기간에 대해 할인된 기준으로 가치를 평가받으며, 따라서 가격 변동폭은 전통적인 가치평가에서 무시될 수 있다. 알다시피 그것은 정확하게 우리가 최근에 검토한 보험회사 평가방법과 같다. 우량채권은 가격 변동폭에 상관없이 매년 할인된 기준으로 평가된다.

증권분석가가 주식에서 발견되는 골치 아픈 투기요소를 피하고 채권시장에서 좀더 민감하고 관리 가능한 요소에 집중하는 것은 즐거운 일인지도 모른다. 월스트리트는 1929년 이후 채권분석기법을 아주 많이 발전시켰다.

그러나 어떤 것을 통제하게 되자 예전의 매력이 사라져버린 것은 인생의 아이러니이다. 나는 채권분석이 분석가의 업무에서, 그리고 투자자의 활동에서 과거에 비해 훨씬 더 작은 부분을 차지하게 되었다는 사실을 우리 모두 받아들여야 한다고 생각한다. 이유는 아주 명백하다. 이제 채권투자에서 미국 국채의 비중이 더욱 더 커지고 있으며 공식적인 채권분석이 필요 없게 되었다.

나머지 작은 부분인 회사채에 대해 습관적으로 신중한 채권분석을 하는 척하는 것이 사실이지만 그마저도 조금 실망스럽다. 정말 유능한 채권분석가라면 거의 모든 경우에 잘 짜인 회사채보다 국채가 더 낫다는 결론을 도출해야 한다고 확신한다. 현재 시장에서 회사채 매수는 거의 정치적인 이유로 국채뿐만 아니라 회사채도 포트폴리오에 편입하려는 대형 기관투자자들의 형식적인 업무다. 그 결과 투자자에게 너무나 중요했던, 그리고 많은 수익을 낸 채권분석의 여러 분야는 이제 실질적인 관심 측면에서 상당히 평가절하되어야 한다고 생각한다.

이것이 나의 첫째 요점이다. 즉, 어쩔 수 없이 증권분석가들은 우리의 관심을 끄는 증권의 투기요소에 점점 더 많은 중요성을 부여하게 된다.

둘째 요점은 현명하지 않은 투기에서 현명한 투기를 구별하는 분석가의 역할과 관련이 있다. 이 문제는 몇 가지 사례를 통해 다루고 싶다.

나는 네 가지 저가 증권들을 골랐다. 그것들은 분석가들이 투기적인 증권들을 다루면서 얻게 되는 다양한 결과를 보여줄 것이다. 하나는 앨러게니 코프Allegheny Corp.다. 앨러게니 코프는 월말에 5달러에 팔렸고, 그레이엄 페이지Graham-Paige도 5달러에 팔렸다. 한편 제너럴 셰어홀딩스General Shareholdings는 4달러에 팔렸고 일렉트릭 본드앤셰어Electric Bond and Share는 우선주 부스러기를 어제 3달러 정도에 살 수 있었다.

이 증권들은 모두 같아 보인다. 4개의 투기종목은 확실히 그렇다. 그러나 증권분석가의 심도 깊은 검증이 두 쌍에 대해 상당히 다른 그림을 그릴 수도 있다.

제너럴 셰어홀딩스는 투자회사의 보통주다. 총자산이 2,150만 달러이고 선순위 채권이 1,200만 달러로 보통주에 대한 잔고는 약 950만 달러이다. 주식은 시장에서 640만 달러에 팔리고 있다. 여러분은 제너럴 셰어홀딩스에서 주식의 명백한 현재가치에 따른 시장 할인과 레버리지가 큰 조건에 참여하는 기회를 모두 누린다. 만약 총자산가치에 640만 달러를 지불하고 결과적으로 총자산가치가 10퍼센트씩 증가한다면, 보통주의 장부가치는 30퍼센트가 증가한다는 의미이기 때문이다. 게다가 여러분은 실제로 심각한 기업문제의 위험에 면역되어 있다. 선순위증권의 상당히 큰 비중이(사실 6분의 5 정도) 배당을 줄 필요도 없고 만기도 없는 우선주로 나타나기 때문이다.

결과적으로 제너럴 셰어홀딩스는 매력적인 투기조건의 조합이다. a) 매우 큰 판으로 들어가는 저가의 '입장권'이면서 b) 입장권의 산술 가치보다 더 적게 지불해도 되고 c) 수년간 양방향으로 크게 변동할 경우에 잃을 수 있는 것보다 더 많이 얻으려는 기대다. 제너럴 셰어홀딩스에 대한 분석은 이 정도에서 마치자.

이와 대조적으로 만약 앨러게니를 5달러에 샀다면, 비록 그것이 처음에는 어느 정도 비슷한 상황(즉, 투자회사 포트폴리오의 지분)처럼 보이더라도 여러분은 완전히 다른 산술적 그림을 보게 될 것이다. 1945년 말에 앨러게니는 자산이 약 8,500만 달러였으며 미지급 배당을 포함해 채권과 우선주 형태로 1억 2,500만 달러의 채무가 있었다. 따라서 주식가치는 4,000만 달러 정도 마이너스였다. 그러나 여러분이 5달러에 사는 것은 먼저 선순위 채권을 만족한 다음에 8,500만 달러의 자산에 대해 회복된 가치로 참여할 권리를 얻기 위해 2,200만 달러를 지불한다는 의미다.

물론 증권분석가는 그런 상황에 많은 레버리지가 있다고 말할 수 있다. 그러나 여러분은 너무 많이 지불했다. 실제 실현 가능한 이익에서 너무 멀리 떨어져 있으며 그것은 현명하지 못한 투기일 것이다.

문제의 실상은 자산가치에 대한 보상이 주식의 시장가격과 같지려면 앨러게니의 포트폴리오 가치가 70퍼센트 증가해야 한다는 것이다. 제너럴 셰어홀딩스의 포트폴리오 가치가 70퍼센트 증가하려면 여러분은 약 4달러의 보통주 시장가치에 비해 주당 약 15달러의 자산가치를 얻어야 한다.

분석가 입장에서 앨러게니와 제너럴 셰어홀딩스는 대략 비슷한 그림을 보이지만 둘 사이에는 아주 큰 격차가 있다. 하나는 현명한 투기로, 다른 하나는 현명하지 못한 투기로 판명이 났다.

이제 5달러에 거래되는 그레이엄 페이지로 넘어가서 또 다른 상황을 살펴보자. 여기서 대중은 자산가치가 약 800만 달러(대부분이 카이저 프레이저Kaiser-Fraser 주식)인 주식에 대해 2,400만 달러를 지불하고 있다. 여러분이 카이저 프레이저를 원한다면 3배를 지불하는 대신에 공개시장에서 직접 살 수 있다. 가격의 나머지 1,600만 달러는 농기계 사업(모든 사업에서 수익이 나야만 수익이 날 수 있는)에서 자산 300만 달러에 대한 지분을 나타낸다. 유일한 약점은 수익이 나는 영업 기록이 없다는 점이다. 약간의 가능성에 비해 너무나 많은 현금을 지불하는 셈이다. 다시 말해서 그것은 증권분석가에 의해 현명하지 못한 투기로 간주될 것이다.

이제 일렉트릭 본드앤셰어의 경우로 옮겨가 보자. 이는 간략하게 설명할 것이다.

여러분이 어제 일렉트릭 본드앤셰어 우선주를 73달러에 샀다면 지금 배분되는 것은 주당 70달러어치의 지분이라는 의미다. 나머지는 10달러 배당에 대한 경과이자다. 그에 대한 청구권은 SEC와 법원이 결정한다. 여기서 10달러는 상환을 요청하면 발생하는 일렉트릭 본드앤셰어 우선주의 액면가를 넘는 프리미엄이다. 결정할 사항은 상환요청가격, 액면가, 또는 그 사이의 어느 수치가 이 경우에 적용되는지 여부다.

이 상황이 투기라는 것은 명백하다. 여러분은 3달러에 대해 주당 10달러를 얻거나 아무것도 얻지 못하거나, 아니면 그 사이 어느 정도를 얻을 수도 있다. 물론 증권분석가의 기법을 벗어나는 투기행위는 아니다. 증권분석가는 각 경우의 이점을 확인하고 다른 공공 유틸리티 해체에서 찾을 수 있는 자신의 기술, 경험, 유사성에 근거해 의견을 제시할 수 있다.

일렉트릭 본드앤셰어 경과물이 10달러 프리미엄을 얻을 확률이 절반이라고 가정하면 증권분석가는 주당 3달러를 현명한 투기라고 결론지을 수도 있다. 왜냐하면 몇몇 경우에서 잃는 것보다 더 많이 벌 수 있다고 수학적으로 나타나기 때문이다. 이러한 사례는 우리를 현명한 투기와 투자의 관계에서 소위 수학적이거나 통계학적인 공식으로 이끈다.

현명한 투기는 신중한 가중치와 경험에 바탕을 두되 적어도 수학적 확률 면에서 부정적이지 않아야 한다.

예를 들어 우리의 평가방법으로 발견하는 가치의 범위에서 주식을 매수하는 데 적용할 수 있다. 우리가 아메리칸 라디에이터를 평가하던 시점으로 돌아가자. 우리는 다섯 번째 강의에서 많은 계산을 거쳐 아메리칸 라디에이터가 분명히 주당 15달러에서 18달러의 가치가 있다는 결론을 도출했다. 그 작업이 잘되었다고 가정한다면 다음과 같은 결론이 가능하다. 아메리칸 라디에이터의 투자가치는 약 15달러이다. 15달러와 18달러 사이에서 여러분은 소위 현명한 투기를 시작할 것이다. 이 경우에 투기요소에 대한 여러분의 평가가 그것을 정당화하기 때문이다. 만약 범위의 상한인 18달러를 넘으면 여러분은 현명하지 못한 투기의 영역에 들어가게 된다.

수학적 검증을 거친 그 가능성이 확실히 투기를 지지한다면 우리는 분산투자라는 간단한 도구로 각각의 현명한 투기를 투자로 전환할 수 있다. 분산투자는 월스트리트에서 가장 성공적이고 유익한 투기 해결책이다. 노련하고 전문적인 계산 과정에서 여러분이 최후의 승산을 얻을 수 있는 간단한 방법이기도 하다.

일렉트릭 본드앤셰어의 사례로 돌아가자. 우리가 정말로 이러한 가능성 평가를 통해 결론적으로 절반의 승률을 얻을 수 있다면, 일렉트릭 본드앤셰어는 다양한 특성을 지닌 벤처 10개 정도로 구성된 포트폴리오로 간주할 수도 있다. 운이 보통 수준만 된다면 이러한 투자를 통해 30달러로 50달러를 얻을 수 있다. 다시 말해 그중 5개에서 각각 10달러를 벌고 나머지 5개에서 아무것도 건지지 못한다 하더라도 전체 수익은 50달러가 될 것이다.

여러분은 다소 의외라고 생각할지도 모르지만, 월스트리트에서는 유리한 승산에 근거를 둔 현명한 투기의 수학적 측면을 연구한 적이 거의 없다. 잘못된 일이다. 만약 우리가 월스트리트와 경마를 간단히 비교함으로써 어떤 잘못을 용인한다면, 월스트리트의 현명한 분석가들은 경마에 배팅하는 사람들보다 사설마권업자의 기법을 따르려는 생각을 갖게 될 것이다. 게다가 월스트리트 활동의 상당 부분이 불가피하게 승률과 같은 요소를 가질 수밖에 없다고 가정하면, 여러분은 가능한 한 정확하게 이러한 승률을 평가하고 승산이 있는 방향으로 게임을 이끌어야만 한다.

그러므로 다양한 형태의 월스트리트 활동에서 이러한 그룹과 다른 그룹들의 투기에 관한 수학적 승산은 여러분에게 완전하고 수익성 있는 연구 분야를 제공한다고 말할 수 있다.

우리가 분석가의 입장에서 현명하지 못한 투기라고 지적한 앨러게니 주식과 그레이엄 페이지 주식에 대해 잠시 살펴보자. 이것은 우리가 설명하기에 위험하지 않을까? 두 종목 모두 현재 5달러이지만 그레이엄 페이지는 지난해 16달러에 팔렸고 앨러게니도 8.25달러로 높게 팔렸다. 적어도 현재 두 회사 주식을 사는 것은 아주 좋을 수 있다. 왜냐하면 a) 영Young 씨나 프레이저Fraser 씨의 능력은 지금 거의 존재하지 않는 실질가치를 창조할 테고, b) 그 주식은 가치에 상관없이 좋은 투기 움직임을 보일 것이기 때문이다.

이러한 가능성은 언제나 존재하고 분석가들은 그것을 무시할 수 없다. 그러나 분석가는 그 주식을 현명하지 않은 투기로 지적했던 주장을 굽혀서는 안 된다. 이러한 유형의 투기는 일반적으로 좋은 결과를 가져오지 않는다는 사실을 우리는 경험을 통해 배웠다.

먼저, 이 주식을 5달러에 산 사람은 10달러에서 팔지 않고 더 많이 사는 경향이 있다. 중간에 덜 현명한 매수자들에게 팔 기회가 있는데도 결국 손실을 입는 게 보통이다. 현명한 투기와 현명하지 못한 투기의 범주는 분산화된 경험의 결과에 달려 있다.

세 번째 요점으로 들어가면서 나는 월스트리트의 투기위험과 관련해 평범한 습관이 우리가 논의한 것과 얼마나 다른지 이야기할 것이다. 그러나 둘째 요점에 대해 어떤 질문이 있는지부터 먼저 보자.

질문 일렉트릭 본드앤셰어처럼 분산투자함으로써 당신은 우선주 상환방법이 유사한 10개의 상황에 집중투자하지 않았습니다. 당신은 일렉트릭 본드앤셰어 주식과 제너럴 셰어홀딩스 등에 분산투자하고 싶어 합니다. 완전히 다른 상황인가요?

그레이엄 그렇습니다. 그 접근방법은 거래의 특성이 아니라 여러분 자신의 만족 여부에 따르는 수학적 승산만 근거했습니다. 여러분이 합리적으로 승산이 있다고 충분히 만족하면 무엇을 사든, 채권이든 주식이든, 무슨 분야이든 전혀 차이가 없습니다. 그것들은 모두 똑같이 매력 있고 모두 여러분의 분산투자 포트폴리오에 속합니다. 훨씬 건전한 논리를 세우고 그것에 따라 일렉트릭 본드앤셰어의 열 가지 상황(모두 실질적으로 같은)을 생각해봅시다. 여러분이 정말로 분산투자하는 것은 아닙니다. 각각 1주씩 사는 대신에 일렉트릭 본드앤셰어의 주식 10개를 사는 것과 똑같기 때문에 진짜 분산투자는 아닙니다. 열 가지 모두 같은 요소가 적용되기 때문입니다. 무슨 말인지 잘 알 겁니다. 진정한 분산투자라면 한 가지 경우의 성공 또는 실패가 다른 경우의 성패요소와 달라야 합니다.

* * *

질문 절반의 승산에 대해 당신은 왜 채권과 주식을 60대 40으로 하지 않습니까? 나는 어떻게 당신이 수학적으로 정확한지 모르겠습니다.

그레이엄 물론 그 말이 맞습니다. 여러분이 그 점을 지적해주어서 고맙습니다. 이것은 유클리드식 증명은 아닙니다. 그러나 여러분은 그 승산이 50대 50이거나 60대 40인지 정확하게 확신하지 않고도 7대 3(매수와 관련된 승률로서)보다 상당히 높다는 결론에 도달합니다. 일반적으로 여러분은 그 승산이 적어도 여러분에게 유리하며 그것으로 충분하다고 간단히 말합니다. 그런 목적이라면 그 정도로 충분합니다. 여러분은 실제 행동에서 그보다 더 정확할 필요는 없습니다.

그 수치가 주식과 채권의 비율이 얼마인지에 대한 나의 결론은 아닙니다. 여러분은 그 상황을 연구할 만한 능력이 충분하므로 누구라도 다른 유틸리티 청산에서 발생하는 것에 근거한 결론을 도출할 수 있습니다. 나는 단지 설명하기 위해 이 사례를 사용하고 있을 뿐입니다. 6달러 우선주에 대해 5달러 우선주와 같은 가격을 지불하는 것은 시장이 아주 현명하지 않다는 것입니다. 나는 이 점을 지적하고 싶습니다

나의 마지막 주제는 투기에 대한 증권분석가의 태도다. 투기에 대한 월스트리트 분석가의 태도는 정교함과 순진함의 특별한 결합을 보여주는 듯하다. 분석가들은 투기가 그들이 처한 환경에서 중요한 부분이라고 알고 있으며 어느 정도는 사실이다. 우리는 투기적인 대중을 따르면 결국 돈을 잃게 된다는 것을 안다. 그런데 웬일인지 스스로 그런 일을 자주 하게 된다. 증권분석가와 대중이 똑같은 일을 하는 경우가 얼마나 잦은지 놀라울 정도다. 사실 나는 그들이 그렇지 않았던 경우를 기억하기가 더 힘들다는 점을 밝혀야겠다(웃음).

천국에 가서 베드로에게 자신을 들여보내 달라고 부탁한 오일맨^{oil man}의 이야기가 생각난다.

베드로가 말했다. "미안합니다. 여기에서 오일맨 구역은 자리가 꽉 찼습니다. 당신이 문에서 보아도 알 수 있을 겁니다." 오일맨이 말했다. "유감입니다. 그런데 내가 사람들에게 한마디만 해도 되겠습니까?" 베드로가 대답했다. "물론입니다." 그래서 오일맨은 아주 큰 소리로 외쳤다. "지옥에서 석유가 발견되었다!" 그러자 모든 오일맨들이 천국에서 떼를 지어 나와 지옥으로 직행했다. 베드로가 말했다. "정말 놀라울 정도로 좋은 묘책이군요. 이제 자리가 충분합니다. 어서 들어오십시오." 오일맨은 머리를 긁적이며 말했다. "다른 사람들과 같이 가야겠습니다. 결국 그 소문 속에 어떤 진실이 있을지도 모르니까요." (웃음)

나는 그것이 주식시장의 움직임 속에서 우리가 자주 하는 행동방식이라고 생각한다. 우리는 결국 좋지 않게 끝난다는 것을 경험을 통해 잘 안다. 그러나 "소문 속에 어떤 진실이 있을지도" 모르고, 그래서 나머지 사람들을 따라가게 된다.

왠일인지 월스트리트의 모든 증권분석가들은 시장의 미래에 대한 의견을 요구받는다. 최고의 분석적인 두뇌들이 항상 가격의 움직임을 예측하기 위해 노력한다. 나는 여기서 그들의 활동이 타당한지 아닌지에 대해 반복해서 논쟁하고 싶지 않다. 다만 이 주제에 대해 한 가지 논평을 하고 싶다.

현명하지 않고 숙련되지 않은 사람이 시장을 예측하는 것이 문제가 아니다. 오히려 정말로 많은 전문가들이 하고 있으며, 그들의 노력이 항상 서로 상쇄되어 결국에는 거의 제로로 끝난다는 데 문제가 있다.

시장은 전문가들이 미래에 대해 확실히 말할 수 있는 모든 것을 거의 매시간 반영한다. 그들이 덧붙여 말하는 모든 것들은 신뢰하기 어렵고 반시간 정도만 옳다. 만약 시장을 분석하는 사람들이 적절하게 자기반성을 한다면 환각을 좇고 있음을 깨닫게 되리라고 확신한다.

발자크의 소설 《절대의 탐구 The Search for the Absolute》에 나오는 매우 현명한 의사는 발견하기만 하면 굉장한 그 무언가를 찾기 위해 일생을 허비한다. 그러나 결코 찾을 수 없는 것이었다. 물론 시장에서 계속 적중할 때의 보상은 엄청나다. 우리가 항상 매료당하는 이유이기도 하다. 그러나 주식시장에 대한 예측이 항상 적중할 수 있다는 믿음은 전혀 근거가 없다. 증권분석가가 이런 것을 좇는 데 시간을 허비하는 것은 논리적으로나 실제적으로나 잘못이다.

물론 시장예측은 기본적으로 시장 '타이밍'과 똑같다. 이 주제와 관련해 언제나 유용한 타이밍의 단 한 가지 원칙은 가격이 싼 시점에 주식을 사고, 더 이상 싸지 않거나 비싼 시점에 파는 것이라고 할 수 있다. 타이밍의 문제인 것이다. 그러나 실제로 매매를 고려할 때 여러분은 타이밍이 아니라 오히려 가치평가방법으로 증권을 사고파는 것일 뿐이다. 시장의 미래에 대해서는 어떤 의견도 필요 없다. 증권을 충분히 싸게 샀다면 비록 시장이 계속 하락하더라도 여러분의 포지션은 타당하기 때문이다. 만약 그 증권을 상당히 높은 가격에 팔았다면 시장이 더 상승하더라도 여러분은 현명한 일을 한 것이다.

이 과정의 결론으로 나는 증권분석가들이 주식시장 분석과 결별해야 한다고 강력하게 주장하고자 한다. 그럴듯해 보이는 두 가지, 즉 증권분석과 주식시장분석을 결합하려고 하지 마라. 그 결합의 최종산물은 분명 모순과 혼란이 될 것이다.

한편, 나는 증권분석가들이 투기행위를 현명하게 다루려는 노력을 적극 환영한다. 전제조건은 계량적인 접근방법이다. 모든 경우의 가능성을 계산하고 매매를 성공시킬 승산이 있다는 결론에 근거한다. 계산은 각각의 경우에 따라야 하며 수학적으로 정확할 필요는 없다. 그러나 적절한 지식과 기술이 뒷받침되어야 한다. 이른바 '평균의 법칙'은 바로 그러한 상황에서 투기에 내재하는 많은 개별적인 좌절과 사소한 잘못들을 수습할 것이다.

투기로 돈을 잃었다고 해서 현명하지 않았다고 믿는 것은 큰 잘못이다. 명백한 결론처럼 보이지만 전혀 사실이 아니다. 투기는 불충분한 연구와 잘못된 판단으로 이루어질 때에만 현명하지 않다. 여러분이 브리지 선수라고 치자. 브리지 전문가는 게임에 승리하기보다 올바른 방법으로 게임하는 데 집중한다. 알다시피 올바르게 게임에 임하면 여러분은 돈을 벌게 될 테고, 그러지 않으면 결국에는 돈을 잃을 것이다.

짧고 아름다운 이야기가 있다. 어느 부부 브리지 선수 중 실력이 처지는 남편에 대한 이야기다. 그는 그랜드슬램을 비드[bid](카드놀이에서 으뜸 패를 선언하는 것_편집자 주) 했다. 결국 그는 굉장히 환호하며 아내에게 말했다. "나는 당신이 계속 나에게 신호를 보내는 것을 보았어. 당신은 내가 이번에 그랜드슬램을 비드할 뿐만 아니라 그것을 완성했다는 걸 눈치챘지. 어떻게 생각해?" 그러자 부인이 아주 퉁명스럽게 대답했다. "만약 당신이 제대로 플레이했다면 그랜드 슬램을 못했을 거야."(웃음)

월스트리트에는 이런 일이 많다. 특히 투기영역에서는 여러분이 신중한 계산에 따라 투기하더라도 계산대로 되지 않는다. 어떤 경우에는 나쁘게 작용하기도 한다. 그러나 그것은 순전히 게임의 일부일 뿐이다. 만약 제대로 할 수 있다면 전혀 '투기'가 아니다. '건전한 투기'라는 표현 자체가 모순이다. 나에게는 그것이 자명해 보인다.

* * *

항상 논리적으로 행동하려 하고 자기 작업과 결론을 합리적인 재무영역에만 국한할 때 증권분석가가 직면하는 문제가 무엇인지 나는 알고 있다. 분석가들은 모두 그렇게 하기 힘들다고 불평한다. 고객과 고용주가 그들에게 무엇인가 다른 일을 해주기를 원하고 즉석에서 투기적인 판단과 시장의견을 제시해주기를 기대하기 때문이다. 최근에 나는 증권분석가들은 스스로 시장분석가와 완전히 구분해야 한다고 확신하게 되었다.

시장분석가와 증권분석가가 이룩한 것을 추적하고 평가하는 데 2년 정도 검증기간을 거친다면 아주 좋을 듯하다. 누가 더 좋은 점수를 받을지 미리 이야기해보면 더 쉬울 것이다. 이것이야말로 정말 결정적인 결론이다. 결국 고용주와 고객은 증권분석가가 그들의 전문영역인 증권분석을 하도록 놓아두고, 그들이 잘 모르고 알 수도 없는 다른 종류의 일, 특히 시장분석을 하지 않도록 하는 편이 현명하다는 결론에 도달할 것이다.

마지막으로 나는 월스트리트의 영업행위에서 나타나는 현상을 장기적인 측면에서 논평하고 싶다.

만약 나처럼 1914년까지 옛날을 회상할 수 있다면, 여러분은 그 당시와 지금 월스트리트에서 몇 가지 특별한 차이점을 발견하고 놀랄 것이다. 발전은 엄청나다. 월스트리트의 윤리는 훨씬 더 강화되었다. 정보 자료가 확대되었으며 정보 자체도 더욱 신뢰할 만하다. 증권을 분석하는 기술도 많이 진보했다. 모든 측면에서 우리는 과거에 비해 훨씬 앞섰다.

그러나 한 가지 중요한 측면에서 전혀 진보하지 않았다. 바로 인간의 본성이다. 모든 기구와 기술이 진보했는데도 사람들은 여전히 돈을 아주 빨리 벌고 싶어 한다. 그들은 여전히 시장과 좋은 관계에 있고 싶어 한다. 가장 중요하고 위험한 것은 월스트리트에 투입한 작업의 가치보다 월스트리트에서 더 많이 얻고자 하는 점이다.

월스트리트 사고방식에서 분명히 퇴보했다고 생각하는 부분이 있다. 투자와 투기의 구분이다. 이 강의를 시작할 때부터 말해온 것이다. 나는 1914년대 사람들이 자기 돈을 투자할 때의 의미와 투기할 때의 의미를 훨씬 더 분명하게 구분했다고 확신한다. 그들은 투자거래로 생기는 생각들을 전혀 과장하지 않았으며, 투기한 사람들은 누구나 자기가 감수하는 위험의 종류가 무엇인지 어느 정도 알고 있었다.

5부

상품비축계획

제2차 세계대전 이후의 세계는 '대담한 것' 과 '새로운 것' 으로 특징지어진다.
정말로 대담하다는 데 동의한다. 그렇지만 그만큼 새롭다는 데는 동의하지 않는다.
우리는 과거와의 완전한 단절에 회의적이다.

_《증권분석》 제4차 개정판, 1962년

◆ 20세기 초반은 일련의 물가상승과 생산성 정체, 1930년대의 세계 대공황, 그리고 제2차 세계대전 등 호황과 불황의 반복으로 특징지어진다. 정치지도자부터 사업가, 일반시민에 이르기까지 모두 전쟁이 끝난 후에 경제 혼란이 만연할 것을 걱정했다. 그러나 다른 한편으로 전시의 경제체제 붕괴가 옛 방식들을 개선할 가능성이 있다는 걸 알고 있었다.

벤 그레이엄은 이 주제에 대한 자기 생각에 집중했고 1937년 《비축과 안정Storage and Stability》이라는 책으로 발표했다. 이 책은 1998년에 다시 발간되었다.

처음 발간되었을 때 그레이엄의 개념은 장려되었고 그레이엄이 속한 경제안정화위원회는 국내외 지도자들에게 그의 개념을 제안했다. 그레이엄의 아이디어는 진지하게 검토되었으며 저명한 영국의 경제학자 존 메이나드 케인스 경과 의견을 교환하기에 이르렀다.

비축상품buffer stock 또는 상품예치에 대해 그레이엄과 친구인 프랭크 그레이엄Frank Graham 교수가 발간한 논문이 있다. 그 해석에 대해 이견을 나타냈던 케인스는 결국 스스로를 수정했다. 케인스는 "단기 상품가격 안정화의 수단으로 비축상품을 이용하는 데 대해 당신과 나는 같은 편에 선 적극적인 개혁운동가다. 우리 사이에 잘못된 논란이 발생하지 않도록 하자"고 벤 그레이엄에게 썼다.

국제통화, 국제수지, 인플레이션 통제, 그리고 기타 경제요인들에 대한 새로운 정책들은 1944년 뉴햄프셔의 화이트 마운틴스에서 개최된 역사적인 브레튼 우즈 회의에서 결정되었다. 그레이엄의 친구들은 브레튼 우즈에서 그레이엄의 생각을 발표할 수 있도록 프랭클린 루스벨트 대통령과 의회에 열렬하게 촉구했으나 소용이 없었다. 그 대신 회의에 참석한 44개국(소련은 초대받았으나 참가하지 않았다)은 국제통화기금IMF이 관리하는 '조정 가능한 연동환율제adjustable peg' 또는 조정된 금본위 통화체계를 채택했다.

그러나 그레이엄의 상품비축계획 옹호자들은 남아 있고 몇 년에 한 번씩 경제학자들은 그레이엄의 개념을 꺼내어 다시 논의한다. 세계경제가 훨씬 더 안정적이고 평화적인 협력을 지향한다고 믿으며 그레이엄의 상품비축계획을 채택하도록 주장하는 사람들이 여전히 존재한다.

국제 상품비축통화를 위한 제안

1. 제안 배경

국제통화회의는 통화의 교환가치를 안정시키는 방법을 검토하기 시작했다. 이러한 목적을 달성하기 위해 금의 지위와 비슷하거나 더 나은 기초 상품basic commodities에 대한 국제통화의 지위에 따라 크게 도움을 받을 수 있다. 이러한 협정은 기타 원재료를 생산하는 나라들을 금을 생산하는 나라들과 똑같은 위치에 올려놓는다. 적절한 가격을 보장함으로써 많은 나라들이 원재료 생산을 확대해 최종재의 수입에 충당하도록 할 것이다. 이는 환율 안정을 유지하기 위해 신용을 확대하려는 수요를 크게 감소시키는 효과가 있다.

우리의 제안은 환율 안정에 기여하는 것 이상으로 훨씬 더 중요한 측면이 있다. 세계의 기본 가격 구조를 안정시키고, 그에 따라 세계의 생

1944년 6월 21일 경제안정화위원회가 뉴햄프셔 브레튼 우즈의 국제통화금융회의에 제출함.

산과 소비를 제한 없고 균형적으로 확대할 것이다. 기초 상품들의 비축 상품을 만들 것이다. 수요와 공급의 불균형을 바로잡고 긴급 용도의 비상업용 비축 재고를 만들어 생활수준을 향상시킬 것이다. 이러한 비축 상품들은 금융 준비금처럼 기능함으로써 자기금융, 수요가 요구하는 정도까지의 유동화, 그리고 증가한 구매력의 창조자가 된다.

금융 준비금 제도와 비축상품 제도의 조합은 두 가지 도전(한편으로는 과잉과 부족의 선택적인 도전, 그리고 다른 한편으로 불충분한 구매력의 도전)에 대한 하나뿐인 합리적 해법을 제공한다. 기초 상품의 화폐적 용도에 관련된 것은 기본적으로 기술 문제였다. 우리는 종합적 또는 상품단위 방법이 상품예치에 통화기능을 부여하는 수단으로서 유용하다고 믿는다. 그것은 단일상품의 통화기능에 따르는 많은 함정을 피한다. 한 가지 상품을 통화로 만드는 계획에 내재하는 심각한 기술적 결점은 안정적이고 종합적인 가치의 기본틀 안에서 변동하는 개별 가격을 인정함으로써 대부분 극복된다.

상품 예치 제안은 의혹과 회의를 불러일으키는 약점을 치유함으로써 계획된 IMF의 성공적인 운영에 기여할 것이다. 그것은 금 가격뿐만 아니라 기초 상품들의 국제 가격수준을 안정시키기 때문에 엄격한 금본위제가 몇몇 나라들이 두려워하는 것처럼 전 세계의 일부에서 다른 지역으로 디플레이션과 경기침체를 확산시키려는 것을 막아준다. 그리고 재화에 대한 대가를 재화로 지불하는 일차상품 생산국가들의 능력을 크게 향상시켜 수출균형국가[export balance nation]들이 쉽게 받아들일 수 있는 범위 안에서 그 기금의 신용관리를 유지하게 될 것이다.

2. 제안 개요

이 계획은 1944년 4월 21일의 전문가 성명에서 설명했듯이, IMF의 기본틀 안에서 기능하도록 고안되었다. 전문가 성명의 어떤 조항도 변경할 필요는 없다. 국제적인 상품단위통화$^{\text{commodity unit currency}}$는 다음과 같은 근거를 제공하기 위해 부가조항을 도입함으로써 구축할 수 있다.

1) 기금은 적절한 상품단위를 규정한다. 그것은 기초가치나 액면가치로 주어지고 금이나 달러로 표시된다. 기금은 언제라도 회원국에서 액면가치의 95퍼센트 가격으로 창고증권의 변제 요청에 대해 완전한 상품단위를 인정한다. 그것은 전체 상품단위를 액면가치의 105퍼센트에 가능한 만큼 회원국에 판다.

2) 기금과 회원국 사이의 상품단위 거래는 보통 금 거래와 같은 방법으로 결제한다. 금이나 상품단위를 기금에 팔아 회원국은 기금 회계장부의 대변 잔고뿐만 아니라 할당량 분담을 채운다.

3) 기금이 중개인의 지위를 갖고, 전체 상품단위를 보유하기 위해(보안 등의 이유로) 공급국과 수요국은 상품단위의 물리적 관리에 대해 적절한 약정을 한다. 보관비용은 다음과 같은 방법으로 부담한다. a) 공급국이 일정 기간 부담 b) 상품단위의 관리를 희망하는 국가가 그것에 대해 부담 c) 구매가격과 판매가격의 차이로 발생하는 이익으로 충당 d) 개별 상품의 일시 부족이 발생하는 기간에 현물의 판매와 저가 선물계약으로 전환하면서 발생하는 이익으로 충당 e) 회원국에 대한 신용평가 등이다.

4) 상품 단위의 구성은 적절한 통계기법에 따라 달라진다. 연간 수정은 전 세계 생산과 수출의 10년간 이동 평균에 기초해 어렵지 않게 상품 단위의 통계 타당성을 유지할 수 있다.

3. 제안의 정상 운영과 효과

본 제안에서 상품단위의 매수와 매도에 나타나는 가격차를 가장 바람직하게 유지하기 위해서는 금과 주요국 통화의 경우와 같은 방법으로 그 국제적인 가치를 고정해야 한다. 개별 구성요소들의 가격은 고정되지 않고 상대적인 수급상황의 정상적인 변화를 반영하기 위해 공개시장에서 자유롭게 변동한다. 그러나 전체 가격수준은 일정하게 유지하기 때문에 좁은 범위에서 개별 가격의 변동은 이전보다 훨씬 덜할 것이다.

상품단위의 실제 축적은 소규모 경쟁적인 중개 마진으로 운영하는 상품 중개인이나 기금의 대리인이 관리할 수 있다. 어느 쪽이든 국제 가격수준이 매수가격 이하로 조금 하락하면 상품들은 자동으로 기금에 유입되고 가격수준이 매도가격을 넘어서면 기금에서 유출될 것이다.

회원국이 기금에서 공급된 시장 수요의 혜택을 얻기 위해 모든 구성요소를 생산할 필요는 없다. 단위들은 개별 구성요소들의 주요 수출시장에서 운영되는 정상적인 세계무역 절차에서도 축적될 수 있다. 각각의 원재료를 생산하는 국가들은 전체 단위의 상승 가치를 제공하는 것과 같은 방법으로 그 단위를 공급한 비율만큼 혜택을 볼 수 있다.

4. 국제 상품비축통화의 이점

1) 거래안정성의 측면

상품비축통화는 세계의 실제 자금에 추가된다. 그것은 많은 원재료 생산국들의 지불수단을 확대하고 공산품과 서비스 수입에 대한 대금 지불을 돕는다. 앞서 말했듯이 상품비축통화는 금융상 취약하고 수입이 많은 국가에 대해 금융상 우위에 있고 수출 초과인 국가들이 직간접적인 신용을 공여하는 것을 크게 줄인다. IMF가 적절한 규모의 국제 신용을 사용함으로써 그 목적을 달성하도록 도울 수 있다.

2) 가격안정성의 측면

기본 원재료의 가격수준을 안정시키는 이러한 메커니즘은 전 세계 경제 혼란의 주요 원인을 제거할 것이다. 결과적으로 충분한 안정성이 최종재와 서비스의 가격수준을 유지하게 된다.

3) 비축상품의 창안자로서

본 제안은 전 세계 국가에 그들의 상업시장을 위협하지 않는 무이자의 비축상품을 제공할 것이다. 그리고 비축상품 기법의 수요에 관해서 식량회의의 결론을 실행한다. 이 계획이 만들어낼 비상업적인 물자비축은 세 가지 주요한 이점을 제공한다. 바로 방어적인 비축, 가격수준의 안정성, 생산 증대의 촉진이다.

비축상품에서 얻을 수 있는 혜택이 일반적으로 인정되더라도, 이는 여전히 기업가들로 인해 발생하는 가격구조에 대한 위협 때문에 매우 경원시된다. 금융기법은 비축상품을 상업시장에서 격리하고 내재적인 이점을 최대한 고양시킬 것이다.

현물상품을 선물계약 단위로 대체하는 조항은, 현물상품이 프리미엄을 가지고 팔릴 때 상품 비축분이 개별 상품의 일시적인 부족상황에서 유리하게 활용될 수 있도록 하는 것이다.

4) 세계경제 확대의 핵심요소로서

안정된 가격에서 변하지 않는 수요에 대한 확신보다 완전생산을 더 확실하고 직접적으로 자극하는 것은 없다. 금융시스템은 금광업에서 불황과 실업이 없었던 까닭에 지금까지 금에 대한 수요를 제공해왔다. 상품비축 제안은 기초 원재료 전체에 대해 비슷한 수요를 제공할 것이다. 그래서 전 세계를 일차상품의 조화로운 확대를 확실히 진전시키는 위치에 자리하게 할 것이다. 전 세계 경제의 모든 요소에 상응하는 혜택을 제공하면서. 생산에 대한 이 같은 긍정적인 자극 없이 전후 세계는 카르텔 원칙에 지배되고 완제품과 원재료의 생산과 수출이 여러 가지 제한을 받아 이전에 존재했던 상업수요의 수준까지 감소하는 심각한 위험에 처해 있다.

*다중 상품비축 계획의 개요

1941년 4월 경제안정화위원회

목적 연구와 교육을 통해 경제안정을 강화하기 위한 목적으로 처음 조직되었으며, 우리의 금은 태환기금(편집자 주: 태환화폐는 불환화폐의 반대 개념이다. 금 보유량이 많은 국가는 화폐를 금으로 교환할 수 있다. 우리나라는 금 보유량이 적어 불환화폐이다.)에 대한 보조적이고 보완적인 다중 상품 비축을 옹호하기 위해 1) 희소한 기간에 이용 가능한 기본적이고 필수적인 상품들의 저장소를 만들고 2) 은행관리의 문제점과 금융신용 규모 통제 사이의 구분을 가져오고 3) 인플레이션과 디플레이션, 그리고 복합적인 악영향을 방지하기 위한 자동적이고 객관적이고 효과적인 메커니즘을 준비하고 4) 우리 경제에 충실한 담보를 가지고 제한적으로 발행되며 기본적으로 일정한 구매력을 가진 안정적인 가치단위와 건전한 달러를 제공하는 것이다.

---

*출처는 벤저민 그레이엄의 개인기록

일반계획 기본적이고 저장 가능한 범용 원재료 상품에 통화적 기반을 제공하고, 그것에 대해 통화가 발행되고, 그것으로 담보되고 변제할 수도 있다. 그래서 금과 같은 기존의 기준 상품에서처럼 구체적인 상품들의 종합적인 그룹에 대해 정확히 똑같은 화폐 대우가 이루어진다.

세부사항 상품단위commodity units는 법으로 정해지며, 이것들은 기본적이고 저장 가능한 25개 정도의 원료 상품으로 구성된다. 종합 그룹에서 개별 상품의 비중은 상업상의 중요도에 따라 결정된다. 상품단위는 예탁과 청산의 목적에 편리한 규모다. 의회에 화폐가치를 규정하는 권한을 준 헌법조항에 따라 1달러에 해당하는 상품단위의 일부는 의회가 그 계획을 실행하는 시점에 고정된다. 그리고 수년간, 예를 들어 1921년부터 1940년까지의 기간에 상품단위를 구성하는 상품 그룹의 시장가격 평균으로 결정될 수도 있다. 이것들은 아주 어려운 통계상 계산 문제가 아니다.

이미 누구라도 통화와 교환하기 위해 금을 예치하거나 인출할 수 있다. 이처럼 재무부는 하나 이상의 상품단위로 구성되는 상품거래소에서 현재 거래되는 창고증권warehouse receipts의 예치에 대해 법정 통화를 발행하고 선하증권을 같은 금액의 통화로 교환하기 위해 인도한다. 그래서 이러한 계획 아래 누구든 언제라도 상품단위나 통화를 예치하거나 인출할 수 있다.

따라서 달러는 효과적으로 '상품단위증서'가 되고 금 증서나 금 태환 화폐(확실한 담보, 상환 가능성, 발행 제한)의 모든 바람직한 특성과 현재 화폐에 없는 중요한 특성을 지닌다.

적절한 필요 조항들이 있어야 한다. a) 상품단위를 구성하는 다양한 상품들의 상대적인 상업적 중요성의 변화에 맞추어 정기적이지만 빈번하지 않은 상품단위의 구성 변경 b) 저장 비용을 부담하는 방법 c) 특정 조건에서 실제 창고증권에 대한 선물계약의 대체 d) 가능한 한 상품단위에 금과 은을 구성요소로 편입하거나 보유자의 선택에 따라 상품단위, 금, 은 증서를 인도할 수 있는 조항들이다. 이러한 문제들과 다른 구체적인 사항들, 즉 관련 기본원칙에 영향을 미치지 않는 사항들은 의회에서 이 계획을 검토할 때 공식적인 연구 주제가 될 것이다.

운영 이제 계획의 운용에 대해 검토해보고 그것이 실제로 어떻게 기능하며 결과가 어떠할지 구체적으로 살펴보자.

어떠한 이유로 상품단위를 구성하는 상품그룹의 전체 시장가격이 총 발행원가$^{\text{total minting value}}$ 이하로 하락한다고 하자. 그러면 누구라도 그 상품들을 거래소에서 살 수 있고 각 상품들의 적절한 양을 커버하는 창고증권 그룹을 재무부에 인도하고 상응하는 통화를 인출할 수 있다. 이는 상품재고의 시장가격을 지지하는 효과가 있다. 통화공급을 늘려 일반물가수준을 지지하기 쉽기 때문이다.

반대로 어떠한 이유 때문에 상품단위를 구성하는 상품그룹의 전체 시장가격이 총 상환가치$^{\text{total redemption value}}$ 이상으로 오른다고 하자. 그러면 누구라도 재무부에서 고정된 화폐가치로 상품단위를 인출할 수 있고 시장에 상품을 팔 수 있다. 그래서 그 통화는 환수되고 폐기된다. 이는 특정 상품의 가격을 하락시키는 효과를 낳는다. 통화공급을 줄이고 일반 물가수준의 상승을 억제하기 쉽기 때문이다.

화폐 발행 수수료가 부과되고 상품단위를 인출하고 매도하거나 상품단위를 예탁하기 위해 모으는 수수료 및 부대비용이 얼마인지(모두 합쳐서 전체의 1~2퍼센트를 넘지 않는)에 따라서 상품단위에서 상품그룹 전체 시장가격의 변동폭은 좁아질 수 있다. 상품단위를 화폐로, 또는 화폐를 상품단위로 교환하는 것은 연방은행이나 재무부에서 금을 예치하거나 인출을 하는 이유와 같다.

결과 상품비축 계획을 지지하는 사람들은 다음과 같이 믿는다.

A. 상품단위를 구성하는 상품그룹의 평균가격을 좁은 범위 안에 한정한다.

B. 우리 경제에 실질적으로 일정한 구매력(통화 인플레이션과 디플레이션의 극단적이고 심각한 정치사회적 영향을 방지하는)을 가진 건전한(다시 말해 확실하게 담보하는) 화폐를 제공한다.

C. 시간과 자금 두 요소와 관련된 모든 계약에 대해 채무자와 채권자, 고용자와 피고용자 및 기타 당사자 사이에 형평성을 촉진한다.

D. 다음과 같이 완전히 정착될 경우에 기업과 경제상황을 안정시키는 데 도움을 준다.

E. 불황기에 공공지출과 다른 고용촉진정책에 대해 탁월한 대안을 제공한다.

F. 원재료의 일반 과잉이 불황을 심화하고 가격구조를 왜곡하지 않도록 함으로써 '풍요 속의 빈곤'이라는 역설을 제거하는 방향으로 나아간다. 그것은 불황을 가속화하는 두 가지 요소인 일차 생산자(특히 농민)의 구매력 파괴와 모든 담보가치 하락에 따른 은행신용규모 축소(일종의 '악순환')를 제거한다

G. 가뭄, 전염병, 전쟁, 다음 절에서 언급할 이유 등 긴급사태시 아주 중요한 일차상품의 저장고를 마련한다. 이것은 전쟁 지출이 사라진 현재 이후 평화시 경제로의 재조정을 아주 용이하게 할 것이다.

H. 소득규모를 늘리기 쉽다. 왜냐하면 그것은 최대 수준의 소비, 최대 수준의 고용으로 생산을 장려하고, 기술 진보로 불가피해진 조정을 촉

진할 것이기 때문이다. 기초 상품들의 가격 불안정으로 인해 발생하는 실업, 노동, 경기불안 등을 방어할 수 있다. 상품단위의 종합적인 상품들이 고정된 가격으로 유통되는 무제한 시장이기 때문에 비슷한 상황에서 금광 개발이 촉진되듯이 불황 초기에 경제의 상당 부분을 지탱하고 자극하기도 한다.

I. 중요한 원재료 재고의 인출, 그리고 그에 상응하는 화폐의 청산과 소멸로 인플레이션 정도를 점검한다.

J. 최근 10년간 은행 문제의 발생과 물가수준의 소용돌이를 불러온 강력한 원인이었던 은행신용의 극심한 인플레이션과 디플레이션으로부터 전체 물가구조와 은행 시스템을 방어할 수 있도록 운영한다.

K. 외국 무역과 금융에 대한 편의를 증진한다. 우리의 수출이나 외국 부채에서 발생하는 수입이 유형 상품으로 지불되므로 시장을 압박하지도 않고 유용한 상품의 저장고를 채우는 효과도 얻을 수 있다. 통화의 상대적 평가절하도 없다. 외국통화의 달러 가치가 자동으로 상품단위 조합의 외국통화가격과 연계되기 때문이다.

논평 이 계획은 개별 상품들의 가격을 고정하는 것하고는 상관이 없다. 그것은 변화하는 수요와 공급으로 완전히 자유롭게 변동할 수 있다. 직접적이고 좁은 범위로 고정되는 것은 상품단위의 종합가격이다. 그러나 개별 상품 가격들의 관계는 이전처럼 자유롭게 변동한다. 간접적으로는 모든 상품의 가격수준이 실질적 안정을 찾는다. 경쟁이 여러 등급의 상품들 사이에 큰 격차를 방지하기 때문이다.

이 계획은 자동적이고, 일반적이고, 비정치적이고, 자기 통제적이며, 지수 사용과 관계없고, 어떤 종류의 생산 감축이나 통제도 없고, 은행이나 시장절차의 수정도 없고, 통화관리나 가격규제, 생산, 소비에 대해 누구에게 재량권을 주지도 않는다.

많은 경제학자들이 이 계획이 질적인 신용 문제와 다른 순수한 은행 문제에 집중하게 함으로써 우리 은행가들과 은행 당국들을 달러 구매력에 대한 책임에서 구제한다고 느낀다.

이 계획이 만병통치약이 아니지만 지지자들은 그것이 지금 급변하는 달러로 인해 초래된 심각한 문제들을 해결해줄 것이라고 믿는다.

계획을 신중하고 객관적으로 분석해보지 않은 사람들에게는 이 유익한 결과에 대한 동의가 버거울지도 모른다. 그러나 위원회는 계획의 효과 분석에 대한 구체적인 비판을 환영한다. 또한 그 목표에 관심을 보이는 이라면 누구에게서든 도덕적, 지적, 재정적 도움을 환영한다.

관계된 인용들

데이비드 레카르도 David Recardo **(1816년)** 화폐를 목적으로 귀금속이 도입된 것은 상업과 문명화된 삶의 기술 발전에서 가장 중요한 단계 중 하나다. 그러나 지식과 과학이 발달하면서 이전에는 유익하게 사용하던 것을 다시 추방하는 것도 또 다른 발전임을 발견했다.

허버트 후버(1925년) 이러한 경제체제에서 우리 모두가 원하는 것은 더 큰 안정성이다. 사람들이 고용과 사업을 보장받는 것 말이다.

오웬 영 Owen D. Young **(1929년)** 갑작스러운 변화가 화폐의 구매력에 영향을 미칠 때, 그것은 모든 종류의 도덕과 모든 종류의 의무에 영향을 준다.

로드 스템프 Lord Stamp**(1929년)** 물가수준은 우리 시대에 가장 중요한 문제다. 그것은 모든 의문들 중에서 가장 현실적이다. 오늘날 가장 우선적으로 생각할 필요가 있는 사회문제다.

라이오넬 에디 Lionel E. Edie**(1931년)** 중앙은행은 은행시스템의 준비금을 규제하는 데 목표를 두어야 한다. 준비금을 기초로 창조된 신용이 장기 생산 증가율과 같은 비율로 증가하도록 해야 한다.

프랭클린 루스벨트(1933년 4월 4일) 적절하면서 건전한 통화에 대한 규정이 있어야 한다.

프랭클린 루스벨트(1933년 6월 3일) 솔직하게 말해서 미국은 미래 세대가 가까운 장래에 얻고자 하는 달러 가치와 같은 부채상환능력과 구매력을 가지는 그런 종류의 달러를 원한다.

킹 조지 King George V.**(1933년)** 문명의 물질적 발전을 확신하기 위해 세계의 막대한 자원을 이용하는 것은 인간의 능력을 벗어날 수 없다.

헨리 포드 Henry Ford**(1936년)** 우리에게 필요한 것은 몇몇 금융기술자들이다.

시미언 스트런스키 Simeon Strunsky**(1936년)** 우리는 불황이 민주주의의 적이라는 사실을 안다.

폴 아인찌히 Paul Einzig**(1936년)** 장기 보존 가능한 주요 상품이 제한적으로 통화 잔고에 포함될 수 있는 원칙을 승인하는 것은 세계 통화 문제와 잉여

재고의 문제를 모두 해결하기 위한 장기적인 방법이다.

앨빈 존슨 Alvin Johnson**(1937년)** 우리는 모두 그 성질에 대해 거의 동의하고 그것이 표준 화폐로 실현되는 것을 보고 싶어 한다. 우리는 가능한 한 그것이 가치를 안정받기를 바란다. 우리는 안정성이 일반적인 힘으로 유지되기를 바란다. 그레이엄의 발견(다중 비축상품 계획)은 두 가지 필요조건을 충족한다. 이 발견은 놀라울 정도로 단순해서 그것을 검사해본 사람이면 다들 자기도 한번 해본 생각인 것처럼 느껴진다.

헨리 월리스 Henry A. Wallace**(1937년)** 국가이익, 소비이익, 농업이익의 견지에서 항구적인 곡물과 일치하는 공급과 가격의 안정성 증대가 꼭 필요하다.

연방준비제도이사회Board of Governors of the Federal Reserve System**(1939년)** 이사회는 과열과 침체를 방지하고자 하는 노력에 완전히 동감한다. 그리고 항상 이러한 결과를 달성하는 데 도움이 되도록 하는 것을 의무로 생각하고 있다.

벤저민 벡하트 Benjamin H. Beckhart**(1940년)** 통화이론가들은 통화정책의 목적이 경기 변동폭을 줄이고 최소비용으로 최대생산을 촉진하는 것을 포함해야 한다는 데 완전한 일치를 보았다.

맬컴 머 Malcolm A. Mur**(1940)** 신용과 화폐의 관리 실패는 개인기업 시스템을 파괴할 위험의 중요한 요인이다.

6부

벤저민 그레이엄과의 인터뷰

내가 인생에서 즐기는 모든 기쁨의 절반 이상은 마음의 세계, 아름다운 것들, 그리고 문학과 예술에서 비롯된다. 이 모든 것들은 누구에게나 공짜다. 단, 시작하기 위한 관심과 그 풍부함을 감상할 비교적 적은 노력이 필요하다……. 가능하면 처음의 관심을 잊지 마라. 그리고 계속 노력해라. 일단 문화적인 삶을 발견하게 되면 결코 놓치지 마라.

_캘리포니아 라호야의 80세 생일파티에서 벤저민 그레이엄

◆ 벤저민 그레이엄의 가르침과 습관을 연구한 많은 독자들은 그와 마주 보며 이야기할 기회를 가지지 못한 것을 아쉬워한다. 다음 인터뷰는 그러한 아쉬움을 어느 정도 덜어줄 것이다. 모든 인터뷰들은 그레이엄의 생애 거의 말기에 이루어졌기 때문에 그의 인생과 아이디어를 모두 요약한다.

*가치투자의 아버지, 벤저민 그레이엄

_존 퀴트John Quirt

지난 1960년대 텔레비전 토크쇼에서 당시의 젊은 수완가 중 하나가 벤 그레이엄의 이름을 거명하며 공격적인 투자에 대해 이야기하고 있었다. 그레이엄을 명성만으로 알고 있었던 그 잘나가는 펀드 매니저는 "원로 벤old Ben의 문제점은 시장을 이해하지 못한다는 것"이라고 경박하게 말했다.

5년도 더 지난 오늘날 내가 던질 질문은 이것이다. "누가 무엇을 이해하지 못했다는 말인가?" 그 수완가가 한때 기세등등하던 동료들과 함께 표현한 "성과의 제전"이 끝장난 지 오래다. 그러나 "원로 벤" 그레이엄은 여전히 건재하며 진정한 투자가치, 안전마진의 복음을 전도하고 있다. 그리고 많은 사람들이 그로부터 새삼 기관투자자에 대한 혹독한 비판을 듣고 있다.

---

*〈인스티투셔널 인베스터Institutional Investor〉 1974년 4월호

아직 왕성한 일흔아홉의 벤저민 그레이엄은 요즈음 캘리포니아 바닷가가 보이는 라호야 콘도미니엄에서 볼 수 있는데, 곧 출간될 그의 영원한 베스트셀러 《증권분석》의 제5차 개정판 마무리 작업을 하느라 바쁘다.

고전 연구자이자 번역가인(오비디우스부터 최근의 스페인 소설까지 망라해 영어로 번역했다) 그레이엄은 여전히 투자업계의 학장으로서 폭넓게 인정받고 있다. 그레이엄 이전만 해도 증권분석은 전혀 직업이 아니었다. 그레이엄은 1940년대 중반에 증권분석이 직업으로서 인정받아야 한다는 연설을 했다. 그것은 결국 공인재무분석사[CFA] 자격으로 이어졌다. 그러는 동안에 자신의 생각을 실천하고 상당한 재산을 축적하면서 초보자를 위해 수차례 개정판을 거친 또 다른 베스트셀러 《현명한 투자자》를 출간했다. "대략 말하자면 투자관리를 다룬 좋은 책들 중에 절반은 벤 그레이엄이 썼다"고 투자 동호회의 비판적인 회원이 말했다.

회계

"그냥 벤이라고 부르세요."

그레이엄이 수정 작업을 할 한 묶음의 서류를 옆으로 치우면서 말했다. 대부분의 사람들은 회상에 잠기길 좋아할 나이에 아직도 자신의 생각을 손보고 있었다. 그러고 나서 그는 품위 있고 부드러운 태도로 물었다.

"어떤 차를 좋아하십니까?"

그때는 추운 겨울 오후였는데 그레이엄은 체크무늬 셔츠와 짙은 색 정장에 빨간 나비넥타이를 하고 있었다. 그는 때때로 지팡이의 도움을 받으며 천천히 움직인다. 그러나 투자업계의 발전에 대해서는 확실하고 분명하게 말했다.

그레이엄은 다음과 같이 주장했다.

"과거 10년간 월스트리트는 역사상 어느 때보다도 시장에 대해 설명을 잘 못하고 있습니다."

그리고 덧붙였다.

"아마도 나는 그런 것들에 대해 아무 말도 하지 말아야 할 것입니다. 하지만 여든이 되면 내가 원하는 대로 말할 수 있을 것 같습니다. 과거에 일어난 일을 되돌아보면 어떤 합리성도 기대할 수 없어 거의 실망하기 십상이죠. 우선은 비합리성의 기간에 이어 벌어진 월스트리트 시스템의 완전한 붕괴, 그리고 관리할 사업이 너무 많아서 증권회사가 파산하는 경우를 포함해 내 생애 한 번도 들어보지 못한 일들이 벌어졌습니다. 이것은 중요한데, 왜냐하면 많은 돈을 빨리 벌겠다는 욕망이 가장 평범하고 초보적인 사업적 고려사항들보다 우선했기 때문입니다."

그레이엄은 말을 이었다.

"1972년 말과 1973년 초 지수에 대해 신고점이 나타난 다음에 우리는 1970년에 보았던 것과 수치상 아주 비슷한 또 다른 형태의 붕괴를 보았습니다. 내가 정말 이해할 수 없는 것은 어떻게 사람들이 1972년 말과 1973년 초의 가치를 재건하는 데 그렇게 사리를 분별 못 하는가 하는 것입니다."

'사람' 들에 대해 언급할 때 그레이엄이 주로 반대한 것은 주식에 공격적으로 투자하기 위해 평소의 보수주의를 벗어던진 대형 연금펀드를 포함해 1972년의 불운한 급등을 이끈 기관투자자들이었다.

그는 채권수익률이 8퍼센트일 때 12퍼센트의 가중수익률을 얻으려고 노력하는 대형펀드들의 지혜를 의심한다. 그리고 2단계 시장의 붕괴 이후 비록 적어졌지만 아직도 통용되는 업계관행에 대한 상당한 불안감을 안고 있다. 비교적 높은 배수에 사기 위해 추정된 미래 이익에 대한 신뢰, 단기에 비교 가능한 성과의 평가, 더 나은 성과를 위해 노력한다는 인상을 주기 위한 표준 상품회전율의 채용, 그리고 베타나 가격 변동 분석을 통한 위험의 평가 등이 그것이다.

소크라테스식 문답

그레이엄의 견해는 '돈을 버는 첫 단계가 돈을 잃는 것은 아니다', 그리고 '크나큰 불행에 대해 스스로 방어해야 한다'로 요약된다.

이와 관련해 지난해 란초 라코스타Rancho la Costa에서 도널드슨Donaldson, 러프킨Lufkin, 잔레트Jenrette가 조직한 투자관리자 회의를 열어 특별 토론을 진행했다. 업계가 당면한 몇몇 쟁점들을 논의하기 위해 소집된 회의였다. 참석자 중 한 명인 찰스 엘리스Charles D. Ellis는 이와 관련한 글을 자주 기고하는데, 그레이엄의 기여를 아테네 젊은이에게 연설하는 소크라테스에 비유했다.

비유는 아주 적절하다. 우선 그것이 그리스라는 점에서 딱 맞아떨어진다. 그레이엄은 그리스어에 능통하며, 실제로 아담 스미스의 《머니 게임Money Game》에서 그리스어 인용의 오류를 지적해주었다. 그러나 엘리스가 말했듯이 그레이엄의 공동 토론자들이 4세대의 투자관리자들이었다는 점이 중요하다.

그들은 1934년에 처음 출간한 그레이엄과 도드를 마치 커리어앤아이브스Currier and Ives〔나다니엘 커리어Nathaniel Currier와 제임스 메리트 아이브스James Merritt Ives의 석판인쇄회사(1835년 커리어가 창설)로 미국의 역사, 생활,

풍속, 습관 따위의 판화를 제작함_ 역자 주)만큼 낡은 것으로 간주했다. 업계의 할아버지와 대면하는 것은 그들에게 틀림없이 무기력한 경험이었다. 몇몇은 그레이엄의 말을 이해하는 것 같지도 않았다. 이는 그레이엄에게도 상당히 힘 빠지는 일이었다.

그레이엄은 "그 회의에서 들은 말들에 충격을 받았다"고 했다.

"나는 기관에 의한 자금관리가 건전한 투자의 입장에서 어떻게 짧은 기간에 가장 최고의 수익을 얻으려는 이러한 과당경쟁으로 변질되었는지 이해할 수 없습니다. 그 사람들은 자기 업무를 관리한다기보다 죄수가 된 듯한 인상을 주었습니다. 내가 '죄수'라고 한 의미는 그들이 고용주나 고객이 원하는 것, 즉 그들이 관리하는 막대한 규모의 자금에 대해 평균 이상의 수익을 얻는 일이 가능한 것처럼 희망을 준다는 의미입니다. 정의상 그것은 불가능합니다. 그들은 실제로 성취할 수 없는 상승과 하락에서 모두 성과를 약속합니다."

그레이엄은 이어갔다.

"그렇게 하려는 노력은 필연적으로 펀드 관리에서 투기적인 접근방법을 채택하게 만듭니다. 그러한 친구들이 하는 말을 들으면서 나는 그들의 접근방법이 결국에는 후회와 아마도 일부는 아주 심각한 소송을 겪게 되고, 전체 투자관리업계에 대한 일반적인 불신을 낳는다고 상상할 수밖에 없었습니다."

란초 라코스타 회의에서 그레이엄은 투자관리자 중 한 명에게 시장이 심하게 하락할 것이라고 확신한다면 그의 운용에 어떤 결과가 나타날지 물었다. 그의 대답은 이랬다.

"전혀 없습니다. 나에게 중요한 것은 상대적인 성과입니다. 시장이 붕괴되더라도 나의 펀드가 피해를 적게 입으면 그것은 나에게 좋은 일입니다. 나는 내 일을 잘한 거죠."

그레이엄이 타일렀다.

"나는 걱정이 되는데 당신은 걱정이 안 되나요?"

또 다른 참석자가 자기는 정말로 투자가와 투기자를 구분할 수 없다고 주장했다. 그레이엄은 거의 알아들을 수 없게 말했다.

"그것은 이 시대의 병입니다."

또 다른 중요한 고비에 그레이엄이 물었다.

"당신이 관리하는 자금 유형에 평균적인 회전율이 있습니까?"

참석자가 대답했다.

"예. 대략 25퍼센트에서 30퍼센트 됩니다."

그레이엄이 물었다.

"당신의 회전율이 더 낮아지면 무슨 일이 일어날지 조사해본 적은 있나요?"

대부분의 참석자들은 조사해보지 않았다고 인정했다. 조사해본 사람 한 명이 말했다.

"회전율은 대부분의 경우에 성과를 해치는 것 같습니다."

그레이엄이 물었다.

"그러면 혹시 높은 회전율에 어떤 이기적인 이유가 있습니까?"

한 참석자가 말했다.

"네. 우리는 자금관리로 보수를 받습니다. 그리고 고용주와 고객은 우리가 적극적인 매니저이기를 바랍니다. 우리는 노력한다는 것을 보여주어야 합니다."

거품 붕괴

회의 말미에 주제는 성장주와 수익률로 전환되었고 그레이엄은 그 그룹에 이의를 제기하기 위해 목소리를 높였다. 그는 물었다.

"여러분은 어떻게 한 해에 40퍼센트 오르고 그 다음해에 20퍼센트 하락하는 주가에 기초해 연평균 수익률 7.3퍼센트를 올리는 문제를 진지하게 논의할 수 있습니까? 그리고 시장이 어떻게 상장된 기업들의 이익 증가보다 더 높은 성장을 한다고 예상할 수 있지요?"

당황스럽고 근본적인 질문에 만족스러운 대답을 듣지 못한 채 그레이엄은 간단한 설명으로 성장주에 대한 그의 입장을 잘 설명했다.

"매년 15퍼센트의 이익성장을 하는 주식을 확보하십시오. 그러면 그것은 상당히 뛰어난 겁니다. 예를 들어봅시다. PER이 현재 수준에 머물기만 한다면 매수자들은 15퍼센트의 수익(배당이 있다면 추가적으로 배당까지)을 얻을 겁니다. 그것은 주식을 보유하고자 하는 다른 투자자들에게 매력적이겠지요. 그들은 그것을 매수할 테고, 그렇게 함으로써 가격과 PER을 올릴 겁니다. 이것은 가격을 15퍼센트보다 더 빨리 오르게 하고, 그 증권을 훨씬 더 매력적으로 보이게 만듭니다. '투자자'들이 점점 더 약속된 수익률에 매료됨에 따라 가격은 기초자산과 상관없이 오르게 되고, 거품을 만들면서 마음대로 부풀어 오를 수 있습니다. 마지막에 어쩔 수 없이 터지게 될 때까지 아주 아름답게 부풀겠지요. 다시 말해서 낮게 시작하면 여러분은 가격 상승을 누릴 수 있고, 가격 상승을 누리면 여러분은 만족하게 되고, 그러면 그게 더 큰 상승을 가져오고 그렇게 반복될 겁니다. 하지만 영원히 가지는 않습니다. 아주 오래 갈 수는 있어도 영원히 갈 수는 없죠."

얼마쯤 뒤에 그레이엄은 란초 라코스타의 참석자들이 토론에서 무엇인가 배운 증거를 보여줄 수 있는지 질문을 받았다. 그는 유감스럽게도 "어떤 가치가 있는 정도는 아니"라고 결론지었다. 그의 권고가 4년에 두 번 정도 정확하게 입증된 사실에 약간이나마 위로를 받을 수 있을까? 그는 말했다.

"어떤 의미에서 그것은 부적절한 질문입니다. 인간의 본성은 인간의 본성입니다. 당연히 여러분은 사람들이 '그레이엄은 그 당시에는 옳았다. 하지만……' 이라고 말하는 시기를 겪은 다음에야 어느 정도 정당성을 느낄 수밖에 없습니다."

그런데 고평가된 거품이 1970년 이후 두 번 붕괴되는 것을 보았는데도 더 많은 투자관리자들이(정말로 왜 그들은 안 되는가) 그레이엄과 도드의 기본원칙에 좀더 가까이 근접하지 못하는 이유는 무얼까?

그레이엄은 웃으면서 안경을 고쳐 썼다. 그것은 그가 이전에도 여러 번 비중 있게 던진 질문이었다.

"나는 그것이 주식시세에 더 끌리는 결과라고 생각합니다"

라고 그레이엄은 나무라듯 말했다.

"이런 사람들은 그레이엄과 도드를 읽는 것부터 시작합니다. 그리고 대부분은 경영대학원에서 그것으로 인해 상당한 감명을 받았다고 확신하지요. 나는 많은 사람들이 그 책을 읽지만 동시에 많은 사람들이 무시하는 금융 관련 책이라고 말하면서 약간은 자조적인 즐거움을 누립니다."

그는 이어서 말했다.

"월스트리트에 들어와서 그들이 배운 원칙과 개념들은 단지 이론일 뿐입니다. 내가 추측하기에 그들은 투자의 건전성보다는 주식시세로 성과를 평가하는 금융업무를 진행하면서 이론적인 견해를 더 빨리 잃어 버릴 겁니다. 소위 현실적인 견해로 전환하면서 내가 건전한 접근방법이라고 생각하는 것들에 등을 돌리겠죠."

무엇이 건전한가?

《증권분석》을 읽은 사람들이라면 알겠지만, 그레이엄의 건전한 투자방법은 그 기준으로서 순자산가치와 낮은 배수를 강조하고 가격을 이자율과 관련해 평가한다. 그레이엄 반대자들은 종종 이러한 접근방법을 수십 년 낙후했다고 비판한다. 그러나 실제로 그것은 시대를 따라잡기 위해 수차례 개정되었다. 12년 전에 발간된 제4차 개정판에서 그는 이전 판의 가치평가에 50퍼센트 정도를 더하고 기업의 기본 개선에 따른 자유화와 불황을 회피하기 위한 정부정책을 정당화했다. 그레이엄은 다음과 같이 말했다.

"일련의 논증은 1960년대 후반의 이자율 상승을 제외하고 실제로 입증되었으며, 그것은 우리가 사전에 의심해보지 않은 것들입니다."

이제 향후 이자율에 대해 4.5퍼센트 대신에 7.5퍼센트 내지 8퍼센트를 가정하고 그것의 4/3배를 적용하면(사람들은 '그들이 주식 때문에 겪는 문제들의 측면에서' 채권보다 주식투자를 통해 적어도 3분의 1 정도 더 많이 번다는 견해를 반영해) "우리는 제1차 세계대전 이전에 익숙했던 배수들에 상당히 가까워질 것이다." 부연하자면 1973년에 시장은 더 높은 비율로 "뒤늦은 조정을 하는 중"이었다.

오늘날에 적합한 수치는 무엇인가? 그레이엄은 말하기를, 다우존스의 10년 평균이익을 60으로 가정하고 7.5퍼센트의 4/3배를 적용하면 "다우에 대해 대략 600 정도를 얻을 수 있고, 만약 10년 평균이익을 최근 12개월 이익으로 대체하면 대략 750 정도에 도달할 수 있다. 그래서 여러분은 양쪽 기준 모두에서 아주 적극적일 수는 없다"고 경고한다.

요즈음 약간 적극적일 수 있는 것에 대해 그레이엄은 저평가된 주식이 널려 있기 때문이라고 이유를 밝힌다. 그레이엄과 도드 기준에서 시장은 (그의 말을 빌리자면) "할인종목으로 가득 찼다." 그 할인종목들이 특정 산업에 집중되었는가? 그레이엄은 아니라고 말한다. 그것들은 전 산업에 걸쳐 있다. 그리고 그는 한 사업의 과거 실적, 가상적인 경영평가 또는 계량적으로 평가할 수 없는 기타 요소들의 판단에 근거해 유망 가능성을 찾는 연구에 더 이상 관심이 없다고 첨언했다.

"내가 나이가 들고 경험이 많아질수록 수치 자체와 구별되는 선택적 판단을 신뢰하기 힘들어집니다."

새로운 조합들

저평가된 상황에서 가장 건전한 매수를 규정하는 데 도움을 주기 위해 그레이엄은 수치들의 새로운 조합을 실험했다. 그러나 그의 실험은 건전한 가치를 구성하는 범위의 확대를 가져오지 못했다. 사실 그레이엄은 최근에 제5차 개정판을 준비하면서 스스로 "투자에 대한 초기 생각으로 돌아가는 것"을 느낀다고 말한다.

"만약 여러분이 근거를 확실히 하고 싶다면 순자산가치에서 출발하고 그것을 고수해야 합니다. 다른 고려사항에 주의하지 않아도 된다는 의미는 아닙니다. 다만 여러분이 포함해야 할 다른 요소들이 무엇이든 보수적인 견해에서 정당화되어야 한다는 뜻입니다."

그는 계속했다.

"이것은 나에게 아주 중요합니다. 투자 일반에서도 마찬가지입니다.

그게 정말로 의미하는 바는 오늘날의 전형적인 우량회사가 종종 건전한 투자를 위한 실현 가능한 기준을 제공하지 못한다는 것입니다. 더 나아가 '우량회사'라는 바로 그 평판이 가격의 영역에 투기요소를 불러들입니다."

1968년 이후 시장에서 수학적으로 정당화될 수 있는, 투자를 위한 시스템을 개발하려는 노력의 일환으로 그레이엄이 가장 최근에 실험한 방법은 제5차 개정판에서 소개될지 모르는 '공식'이다. 기본적으로 그의 핵심적인 가치평가방법은 다우지수보다 개별 기업에 맞추는 것이고, 세 가지 기준에서 가장 최저인 주식을 사는 것이다.

1) 전년도 이익의 낮은 배수(예를 들어 10배)
2) 전년도 최고치의 절반 가격("상당한 하락을 감안해")
3) 순자산가치

이러한 공식에 따라 주식들은 50퍼센트 이익이 난 후에 팔거나 아니면 3년이 지난 다음에 거래를 청산해야 한다.

그레이엄은 공식을 테스트해왔다. 그가 여태까지의 성과에 대해 말했다.

"아주 만족스러웠습니다. 만약 1968년 이후의 시장이라면(나는 실제로 1961년까지 소급해 약간의 테스트를 했습니다) 여러분은 이 방법을 통해 상당한 매수 기회가 있다는 것을 볼 수 있습니다. 1970년에 내가 100개 회사의 표본을 사용한 한 연구에서는 이러한 기준으로 매수할 수 있었던 50여 개가 아주 좋은 성과를 보였습니다."

그러나 실제로 그는 고백한다.

"그 성과는 지금 당장에는 나를 아주 많이 매료시키고 있습니다. 물론 훨씬 더 많이 연구해야겠지만, 적어도 현 시점에 논리적으로 보이는 접근방법의 사례인 것만은 분명합니다."

더 장기적인 전망을 채택하고 자산에 대해 더 많은 관심을 기울이기 시작한 투자관리자들은 그레이엄의 최근 접근방법을 기꺼이 받아들이려고 할 것이다.

그러나 아직도 현재 성과를 개선하거나 그러지 않으면 해고되는 부담을 안고 있는 사람들은 과거에 다른 보수적인 자문서비스를 구독한 것보다 더 열심히 그 방법을 받아들이기가 어렵다.

한편으로 그것은 기업이나 산업에 대한 기본 분석에 아무런 가중치도 주지 않는 순수하고 기계적인 공식이다. 관심 있는 투자기회란 자산은 많지만 매력은 없는(성장지향적인 고객에게 항상 쉽게 설명하기 어려운 종류의 거래) 거의 인기 없는 기업이다. 더군다나 시스템이 요구하는 상당한 인내심은 분명히 분기로 성과를 평가해야 한다고 믿는 고객들에게 별로 매력적으로 보이지 않을 것이다.

마지막으로 그것은 아마도 시장 고점에서 50퍼센트 이하로 하락한 종목들이 그들의 배수가 얼마나 낮은지 또는 자산이 얼마나 충실한지에 상관없이 종종 베타 분석에 의해 가장 위험한 등급보다도 낮게 평가된다는 것은 언급할 가치가 있다. 그레이엄이 "투자관리자의 업무는 가격변동을 활용하는 것"이라고 주장하면서 베타 분석이 "모호하다"고 말하는 것은 놀라운 일이 아니다.

약속, 약속

그레이엄이 옹호하는 '건전한 가치투자'에 맞는 풍토를 조성하는 데 필요한 것은 물론 고객과 투자관리자 모두의 사고 변화다. 그레이엄의 견해에 따르면 투자관리자들이 자기 상품을 선전하는 방법을 근본적으로 개혁하는 것이다. 서로 과잉 홍보하는 회사의 관행을 타파해야 한다. 모든 광고를 '현실적으로 성취할 수 있는 것'에 한정해야 한다.

그레이엄은 강력히 주장한다.

"이 문제를 해결하는 유일한 방법은 어떤 제휴나 단체행동을 이용하는 겁니다. 투자관리자들은 아마도 힘든 꼴을 겪고 나서야 비로소 그들의 약속을 실제 성취 가능한 영역으로 한정하는 데 동의할 겁니다."

그것은 당연히 심각한 문제 제기임을 그레이엄도 인정한다.

"만약 약속할 수 있는 모든 것이 평균 성과라면 어떻게 투자관리자들이 많은 수수료를 기대하겠습니까? 많이 생각해보았지만 나는 그 해법이나 새로운 보수체계를 도출하지 못할 듯합니다"

그는 덧붙였다.

"그러나 모든 문제는 언젠가 부딪히게 되어 있습니다."

성과 경쟁을 조장하는 시스템을 극적으로 변화시키기 위한 그레이엄의 처방은 길을 걷다가 헛웃음을 짓게 만들지도 모른다. 그러나 60년 전에 시작된 뉴버거 헨더슨앤로브 Newberger Henderson and Loeb와 어린 시절을 보내고 투자업계에서 자기 길을 고집하는 사람에게 새로운 것은 전혀 없을 것이다.

그레이엄은 1956년 은퇴할 때까지 제롬 뉴먼과 함께 자기 펀드를 운영했다. 그의 동년배들은 그레이엄을 이렇게 기억했다.

"월스트리트 사람들이 어떤 방향으로 흐르든지 상관없이 그는 항상 건전하다고 느끼는 대로 행동하고 말하는 의지가 강한 사람입니다."

그것은 그레이엄과 함께 일한 거의 모든 사람들이 오늘날 그에게 바치는 최고의 찬사다.

그레이엄을 지나치게 이론적이라고 폄하하는 젊은 비판가들은 종종 그가 펀드를 운영했다(그리고 자기 이론을 실천함으로써 30여 년 동안 현업에서 살아남아 번창했다)는 사실을 간과한다. 그들이 이를 간과하는 것은 운이 나쁘다. 충분히 이해는 하지만 그것이 정확히 어제 일어난 일은 아니기 때문이다. 그레이엄은 GEICO(실제로 아주 크게 성공했다) 회장 지위에서 물러나 투자펀드 경영을 그만둔 지 거의 20년이 되었다.

사실 몇 년 동안 그레이엄은 겨울에는 라호야에서, 여름에는 남부 프랑스의 엑상프로방스에서 보내는 비교적 조용하고 개인적인 생활을 하는 데 만족해왔다. 그는 더 이상 시장에 투자하지 않는다("왜 내가 더 부자가 되려고 해야 합니까?"). 그리고 《증권분석》을 업데이트하는 일 이외에 만년의 유일한 활동은 《현명한 투자자》의 개정이었다.

"그것은 1970년까지 내가 느낀 바를 표현합니다. 나는 그것이 잘 팔리고 있다는 소식을 듣는 게 기쁩니다."

이번 인터뷰처럼 지난해 란초 라코스타의 제4세대 모임에 벤 그레이엄이 전격적으로 참석한 것은 아주 드문 일이다. 그는 만년의 칩거로 인해 현대 기관투자자의 투자 현실을 모르고 젊은 투자관리자를 과도하게 비판한다는 비난에 여전히 민감하다. 곧 여든이 될 사람이 마지막으로 말한다.

"나는 기억력이 아주 좋아서 불이익을 겪습니다. 나는 내년 5월에 여든이 되는데 두 가지를 구분하려고 합니다. 노인네의 주관적인 비관주의와 수년간 주식시장 상황을 지켜본 데 따른 객관적인 비관주의가 그것입니다. 나는 낙관적이지 않습니다. 나는 걱정이 됩니다."

*저평가 주식을 찾아내는 가장 간단한 방법

여러분은 흔히 증권분석가들의 학장으로 불리는 벤저민 그레이엄보다 주식시장과 실제 주식가치를 이해하는 비밀들에 대해 더 잘 알고 있는 사람을 찾기 어려울 것이다. 그레이엄이 공저한 《증권분석》은 업계의 경전이 되었을 뿐만 아니라 그가 성공 주식을 고른 기록은 월스트리트의 전설이다.

나이 서른다섯에 백만장자가 된 그레이엄은 얼마 전에 캘리포니아에서 은퇴했다. 최근 그는 거의 반세기 동안 성공적이었던 자신의 주식 선택 방법을 쉽게 따라 할 수 있는 몇 가지 원칙들로 요약하는 데 몰두하고 있다.

이제 여든두 살인 그레이엄은 투자자문가인 제임스 리아^{James B. Rea}와 제휴해 그 원칙들에 기초한 투자전략을 실행하는 펀드를 설립하기로 했

---

* 〈메디컬 이코노믹스 Medical Economics〉 특별보고서, 1976년 9월 20일자

다. 그레이엄은 자신의 투자를 운용할 전문가는 매년 15퍼센트 이상 평균 수익을 달성하기 위해 원칙을 활용할 수 있어야 한다고 믿는다.

라호야 해변 별장의 서재에 앉아서 그레이엄은 〈메디컬 이코노믹스〉 편집자 바트 셰리던Bart Sheridan에게 자신의 접근방법의 기본 내용을 대강 설명했다. 보조 편집자인 라톤 매카트니Laton McCartney가 그들의 대화를 편집했다.

셰리던 단순화된 그레이엄 기법에 어떻게 도달하는지 이야기해주시겠습니까?

그레이엄 과거 몇 년 동안 나는 몇 가지 단순한 기준에 따라 저평가된 주식을 선택할 때의 성과를 검토해왔습니다. 연구한 결과, 이 방법을 종합적으로 사용하는 포트폴리오는 장기적으로 다우존스 산업평균지수에 비해 2배의 수익을 얻는 것으로 나타났습니다. 분석 기간은 과거 50년으로 소급됩니다. 그러나 훨씬 짧은 기간을 대상으로 해도 성공적인 것으로 입증되었습니다. 그것은 아주 인상적이었습니다. 나는 이 접근방법을 실행해야 한다고 생각합니다.

셰리던 당신의 접근방법으로 성장주를 찾을 수 있습니까?

그레이엄 아닙니다. 내 생각에 소위 성장주 투자자 혹은 그 분야의 일반적인 증권분석가들은 성장주에 대해 얼마만큼 지불해야 하는지, 원하는 수익을 얻기 위해 얼마나 많은 주식을 사야 하는지, 또는 가격이 어떻게 움직일지에 대해 알지 못합니다. 이것은 기본적인 질문들입니다. 그래서 성장주 투자전략이 합리적으로 신뢰할 만한 결과에 적용될 수 없다고 느낍니다.

셰리던 주식평가 면에서 기업의 추정이익이나 시장점유율 같은 전통적인 척도에 대해 어떻게 생각하십니까?

그레이엄 그러한 요소들은 이론상으로는 중요합니다. 그러나 특정 주식에 어떤 가격을 지불할지 또는 언제 팔지를 결정하는 데에는 실제로 유용성이 거의 없다는 것이 증명되었습니다. 확신할 수 있는 것은 많은 주식들이 어떤 때에는 너무 높은 가격을 형성하고, 또 어떤 때에는 너무 낮은 가격을 형성한다는 것입니다. 제 결론은 구체적인 회사나 산업의 전망에 영향을 미치는 기본 요소들에 대한 가중치와 상관없이 아주 분산된 포트폴리오에 대해 논리적인 매수와 매도 수준을 사전에 결정할 수 있다는 확신을 줍니다.

셰리던 기본을 무시하는 그런 종류의 생각은 오늘날 많은 분석가들이 이단으로 낙인찍은 것입니다만…….

그레이엄 아마도 그럴 겁니다. 나의 연구는 그것이 잘 작동한다는 것을 보여줍니다. 우선은 원래 가치보다 싼 주식을 취득하려는 선험적인 관념을 나타내는 구체적인 매수원칙이 필요합니다. 둘째로, 그 방법을 유효하게 만들려면 아주 충분한 수의 주식으로 운용해야 합니다. 그리고 마지막으로 매도를 위한 아주 구체적인 지침이 있어야 합니다.

셰리던 박사님이나 나 같은 투자자들도 그런 것을 할 수 있습니까?

그레이엄 물론입니다.

셰리던 어떻게 시작해야 합니까?

그레이엄 최근 12개월 이익(추정치가 아닌)의 7배 미만으로 팔리는 보통주 리스트를 만드는 일부터 시작하면 됩니다. 〈월스트리트저널〉이나 다른 주요 일간지의 주식시세란에 나오는 PER부터 살펴보십시오.

셰리던 왜 PER 9배나 5배 대신에 PER 7배입니까?

그레이엄 특정 시기에 주식에 지불해야 하는 가격을 결정하는 방법은 우량채권의 수익률이 얼마인지 보는 겁니다. 채권수익률이 높으면 여러분은 주식을 싸게 사려고 하는데, 비교적 낮은 PER 주식을 찾는다는 의미입니다. 만약 채권수익률이 하락하면 여러분은 주식에 대해 더 많이 지불할 수 있고 더 높은 PER을 받아들입니다. 주식가격을 매기는 이처럼 간단한 방법으로 나는 이익주가비율(단순히 PER의 역수)이 최우량(AAA급) 회사채의 평균 경상수익률의 최소한 2배인 종목만을 고릅니다.

셰리던 예를 들어주시겠습니까?

그레이엄 물론입니다. 채권수익률을 2배로 해서 그 결과치로 100을 나눕니다. 지금 당장 AAA급 채권의 평균 경상수익률은 7퍼센트를 조금 넘는 정도입니다. 그것을 2배로 하면 14퍼센트가 되는데, 14퍼센트가 100이 되려면 대략 7배가 되어야 합니다. 그래서 나의 시스템을 사용한 포트폴리오를 구축할 때 여러분이 요즘 주식에 기꺼이 지불하고자 하는 최고 가격은 이익의 7배가 됩니다. 만약 어떤 주식의 PER이 7배 이상이면 당신은 그것을 포함시키지 말아야 합니다.

셰리던 AAA급 채권수익률이 하락하면, 예를 들어 6퍼센트가 되면 어떻게 됩니까?

그레이엄 받아들일 수 있는 PER이 상승합니다. 6퍼센트의 2배는 12퍼센트입니다. 100을 12로 나누면 최고 PER은 8배죠. 하지만 내 생각에 채권수익률이 아무리 낮아지더라도 PER이 10 이상인 주식은 절대 사서는 안 됩니다. 반대로 내 시스템에서 채권수익률이 아무리 상승하더라도 PER 7배는 항상 허용됩니다.

셰리던 좋습니다. 그러면 현재 시점에서 당신의 공식은 PER 7배 이하의 주식만 고려한다는 겁니다. 그게 전부입니까?

그레이엄 그 그룹만으로도 아주 좋은 포트폴리오의 기초가 됩니다. 추가 기준을 사용해 훨씬 더 좋아질 수도 있습니다. 당신은 PER 조건을 충족할 뿐만 아니라 재무상태가 만족스러운 주식 포트폴리오를 선택해야 합니다.

셰리던 어떻게 그것을 결정합니까?

그레이엄 당신이 적용할 만한 테스트는 많습니다. 하지만 나는 단순한 기준을 선호합니다. 회사는 자신이 빚진 것의 적어도 2배는 가져야 합니다. 그것을 확인하는 쉬운 방법은 총자산에 대한 주주자본의 비율을 살펴보는 거죠. 만약 그 비율이 50퍼센트 이상이면 재무상태가 건전하다고 볼 수 있습니다.

셰리던 주주자본이 무엇입니까?

그레이엄 간단히 말해서 회사의 순자산입니다. 자산에서 부채를 뺀 나머지입니다.

셰리던 그것을 알기 위해서는 회계사가 필요하지 않을까요?

그레이엄 전혀 그렇지 않습니다. 여러분은 회사의 연차보고서에서 총자산과 주주자본에 대한 수치를 쉽게 구할 수 있습니다. 아니면 브로커를 통하는 방법도 있지요.

셰리던 그 기준이 어떻게 적용되는지 사례를 들어주시죠.

그레이엄 예를 들어 어떤 회사가 3,000만 달러의 주주자본과 5,000만 달러의 총자산을 가지고 있다고 하면 그 비율은 60퍼센트입니다. 비율이 50퍼센트를 넘었으니 그 회사는 기준을 충족합니다.

셰리던 오늘날 이 기준을 충족하고 PER 7배 미만인 회사들이 있습니까?

그레이엄 네. 1973년과 1974년 시장 하락기만큼 많지는 않지만 아직도 많습니다. 〈표 9〉(편집자 주-345쪽 참조)가 그들 중 일부를 보여줍니다.

셰리던 일단 그러한 선별과정을 거쳐 매수 후보를 결정한 다음에는 포트폴리오를 구축하기 위해 어떻게 해야 합니까?

그레이엄 통계상 최고의 승산을 얻으려면 취급하는 주식이 많을수록 더 좋습니다. 30개 정도의 포트폴리오가 아마도 최소한이 될 겁니다. 자본이 제한적이라면 단주(한 종목당 100주 미만)로 거래할 수도 있습니다.

셰리던 주식들을 얼마나 오래 보유해야 하나요?

그레이엄 우선은 스스로 이익목표를 세워야 합니다. 원금의 50퍼센트 정도면 좋은 성과를 얻을 수 있습니다.

셰리던 내가 산 모든 주식에 대해 50퍼센트 수익을 목표로 해야 한다는 이야긴가요?

그레이엄 그렇습니다. 어떤 주식이 그 정도 오르면 팔아야 합니다.

셰리던 그 목표치까지 오르지 않으면 어떻게 합니까?

그레이엄 미리 보유기간에 대한 한도를 정해야 합니다. 내가 연구한 바에 따르면 2~3년 정도가 가장 좋습니다. 나는 이 원칙을 추천합니다. 만약 어떤 주식이 매수 시점에서 두 번째 연도 말까지 목표를 충족하지 못하면 가격에 상관없이 팔아야 합니다. 예를 들어 1976년 9월에 샀다면 1978년 말까지 팔아야 합니다.

셰리던 주식을 팔고 나서 그 돈으로 무엇을 합니까? 당신의 조건을 충족하는 다른 종목에 재투자하나요?

그레이엄 보통 시장상황에 따라 어느 정도 유연성이 있습니다. 1974년 하락장처럼 낮은 PER 수준에서 팔리는 좋은 주식들이 많으면 그 상황을 활용해 투자자본의 75퍼센트까지 주식에 투자해야 합니다. 역으로, 전체 시장이 과열 상태여서 조건을 충족하는 재투자할 만한 주식을 찾기 어려울 때에는 투자자금의 25퍼센트 이상 주식에 투자해서는 안 됩니다. 그 나머지는 미국 국채에 투자하십시오.

셰리던 당신의 전략을 사용하면 어떤 결과를 기대할 수 있습니까?

그레이엄 당신이 산 모든 주식에 대해 50퍼센트의 이득을 얻지는 못할 게 분명합니다. 만약 보유기간의 한도가 끝나면 작은 이익이나 심지어 손실이 나더라도 팔아야 합니다. 하지만 장기적으로 총 투자금액에 대해 매년 15퍼센트 이상 평균수익을 얻을 수 있습니다. 거기에 배당이 추가되고 수수료가 차감됩니다. 전체적으로 배당은 수수료보다는 더 많아야 합니다.

셰리던 그것이 당신이 지난 50년간 얻은 결론입니까?

그레이엄 그렇습니다. 그리고 그 결과는 5년 정도 되는 짧은 기간에도 매우 잘 들어맞습니다. 그보다 더 짧은 기간은 제 전략을 입증할 만한 적절한 기회를 주지 않는다고 생각합니다. 이 접근방법을 적용하는 모든 투자자들은 단기적으로 성과가 부진할 가능성에 대해 금전적으로나 심리적으로 준비가 되어 있어야 합니다. 예를 들어 1973년부터 1974년까지의 하락기에 투자자들은 평가상 손실을 보았습니다. 그러나 그 방법을 고수하고 계속 보유했다면 1975년과 1976년 사이에 손실을 회복하고 5년 동안 평균 15퍼센트의 수익을 거두었을 겁니다. 만약 똑같은 상황이 반복된다면 투자자들은 그 하락을 견뎌낼 준비가 되어 있어야 합니다.

셰리던 다우가 1,000 부근에 있고, 많은 종목들이 5년 내 최고치에 있는 상황에서 1960년대 말과 1970년대 초의 과열 시장에 뒤이어 급락할 위험이 있습니까?

그레이엄 나에게 시장에 무슨 일이 일어날지 예측하는 특별한 능력(또한 그 누구에게도)이 있다고 믿지는 않습니다. 그러나 가격수준이 위험할 정도로 높으면 심각한 조정을 겪게 될 가능성이 있다는 정도는 압니다. 나의 기준에서 많은 고평가 기간이 있었고 그때는 매력적인 가격의 주식이 아주 적었습니다. 그것은 시장 전체적으로 너무 높다는 경고입니다.

셰리던 당신의 전략이 잘 돌아가도록 하는 핵심을 요약할 수 있습니까?

그레이엄 투자자들은 이렇게 간단한 기준을 충분히 오랫 동안 지속적으로 추진함으로써 통계상 확률이 투자자의 편에서 작용하도록 하는 인내심이 필요합니다.

저평가주식의 표본사례

다음 주식들은 벤저민 그레이엄이 앞글에서 추천한 선별기준, 즉 PER 7배 미만이고 자기자본비율이 50퍼센트 이상인 주식이라는 조건을 충족한다. 모든 주식은 뉴욕증권거래소에 상장되어 있다.

■ 표9. 저평가주식의 표본사례

회사명	주주자본 (백만달러)	총자산 (백만달러)	자기자본비율 (%)	주가 수익률 (1976년 8월 16일)	최근 주가 (1976년 8월 16일)
어맬거메이티드 슈거	92	120	77	3	36$^{7/8}$
앰프코-피츠버그	50	65	77	7	10
앰스타	230	441	52	6	44$^{1/4}$
블루벨	164	302	54	5	39$^{7/8}$
페더럴	81	124	65	4	25$^{5/8}$
페더럴 페이퍼보드	153	291	53	5	37$^{3/4}$
고든 쥬얼리	82	147	55	5	10$^{3/4}$
그래니터빌	80	117	69	4	13$^{3/4}$
하스코	206	358	58	6	22$^{7/8}$
휴데일 인더스트리	126	190	66	6	16$^{1/8}$
호튼 미플린	54	87	62	6	12
휴스앤해처	26	47	54	6	7
젠첸	40	65	62	5	18$^{1/4}$
조겐슨	78	122	64	5	37
레인 브라이언트	76	137	55	6	11$^{3/4}$
레슬리 페이	31	62	50	6	8
맥코드	48	68	71	6	16
미시건 심리스 튜브	42	65	65	6	20$^{1/2}$
머리 오하이오	47	78	60	7	20$^{1/4}$
노리스 인더스트리	19	196	61	6	37$^{3/4}$
오마크 인더스트리	78	129	60	6	11$^{3/4}$
리브스 브러더스	73	108	68	6	30
리겔 텍스타일	82	148	56	5	16$^{3/4}$
러스 톡	48	64	75	6	10$^{5/8}$
스파르톤	23	35	66	6	8$^{1/4}$
와코	57	87	66	6	21
월리스-머리	105	209	50	7	18$^{3/8}$
웨스턴 퍼블리싱	103	163	63	6	16$^{3/8}$
웨인버그 슈	23	40	57	7	23
제일	292	181	61	7	17

* 모두 뉴욕증권거래소 종목들이며, 자기자본비율이 50퍼센트 이상, 주가수익률이 7 이하로 벤저민 그레이엄의 추천리스트이다.

*그레이엄과 보낸 한 시간

_ 하트만 버틀러 주니어 Hartman L. Butler, Jr., CFA

버틀러 그레이엄 씨, 오늘 오후에 당신을 방문할 수 있게 해주셔서 정말 감사드립니다. 밥 밀른Bob Milne이 버틀러 여사와 내가 라호야에 간다는 것을 알고는 당신을 방문할 때 녹음기도 가져 가라고 제안했습니다. 이번에 다루고 싶은 주제들이 많습니다. 우선은 화제가 되고 있는 GEICO에 대한 질문으로 시작하겠습니다.

그레이엄 좋습니다. 그 일은 그쪽 팀이 우리 사무실에 와서 약간의 협상 끝에 우리가 그 회사의 절반을 72만 달러에 산 겁니다. 그 회사는 나중에 주식시장에서 10억 달러 이상(회사 전체로) 가치가 있다고 판명되었습니다. 아주 특별한 경우입니다. 하지만 증권거래위원회가 그 주식을 주주들에게 강제로 배분하도록 했습니다. 전문적인 법적 문제로 인해

---

*〈파이낸셜 애널리스트 저널〉 1976년 11/12월호

투자펀드는 보험회사의 10퍼센트 이상을 소유할 수 없게 되어 있었기 때문입니다. 제리 뉴먼과 나는 비록 수년 전에 은퇴했지만 GEICO의 운영에 적극적이었습니다. 회사의 엄청난 손실을 고려하면 나는 지금 그 회사와 관련이 없다는 게 다행입니다.

버틀러 GEICO가 회생하리라고 봅니까?

그레이엄 그렇습니다. GEICO가 회생할 거라고 봅니다. 그 회사가 회생하지 못할 어떤 근본적인 문제도 없습니다. 하지만 나는 이렇게 큰 손실 가능성을 고려하지 않고 회사가 어떻게 그토록 빨리 성장했는지 의문입니다. 그들이 한 해에 손해를 볼 규모를 생각하면 몸서리가 처집니다. 믿을 수 없습니다! 최근 몇 년 사이에 얼마나 많은 대기업들이 한 해에 5,000만 달러나 1억 달러의 손실을 낼 수 있는지 놀랍습니다. 옛날에는 들어본 적도 없는 일입니다. 그만큼 손실을 입으려면 천재여야 합니다.

버틀러 투자 분야에서 당신의 인생을 되돌아볼 때, 핵심적인 사건이나 발전이 무엇이었는지 말씀해주시겠습니까? 1914년에 월스트리트로 들어갔나요?

그레이엄 첫 번째로 떠오르는 일은 전형적인 겁니다. 특별한 혜택으로 나는 초봉을 주당 10달러 대신에 12달러를 받았습니다. 그 다음으로 생각나는 것은 두 달 후에 제2차 세계대전이 발발했고 증권거래소는 문을 닫았습니다. 봉급은 주당 10달러로 줄었습니다. 어느 젊은이의 출발에서나 마찬가지였죠. 그 다음은 나에게 정말 중요한 일로(15년 동안 지속적인 성공을 거둔 것을 제외하고) 1929년의 시장 붕괴입니다.

버틀러 그런 일이 생길 것을 조금이라도 알았나요? 아니면 깜짝 놀랐습니까?

그레이엄 아닙니다. 내가 알았던 것은 가격이 너무 높다는 거였습니다. 나는 투기 성향하고는 거리가 멀었습니다. 나는 건전한 투자를 했다고 생각했습니다. 그런데 나는 돈을 빌렸고, 그것이 실수였죠. 1929년부터 1932년까지 크게 고생을 해야 했습니다. 그 후로는 똑같은 실수를 다시는 반복하지 않았습니다.

버틀러 1929년의 폭락과 같은 일이 일어날 것으로 예측한 사람이 있습니까?

그레이엄 뱁슨이 그랬습니다. 하지만 뱁슨은 5년이나 일찍 팔기 시작했습니다.

버틀러 그러면 1932년에 당신은 회복하기 시작했습니까?

그레이엄 우리는 그 시기에도 고생했습니다. 1937년경에야 1929년과 같은 재정상태를 회복했죠. 그때부터 아주 원만하게 진행됐습니다.

버틀러 1937년과 1938년 사이의 하락기에는 잘 대비했나요?

그레이엄 이사 중 한 사람이 제안한 대로 우리의 방법에 약간 변화를 주었습니다. 그것은 건전했고 우리는 그의 제안을 따랐지요. 우리는 우리가 하려던 어떤 일을 포기하고, 좀더 지속적인 성공을 가져다준 다른 분야에 더욱 집중했습니다. 우리는 잘해나갔습니다. 1948년에 GEICO에 투자했고, 그때부터 우리는 아주 영리한 사람이 된 것 같습니다.

버틀러 중간에 다른 약세장(1940년부터 1941년까지)에서는 어땠습니까?

그레이엄 오, 그것은 전형적인 조정기일 뿐입니다. 우리는 그때에도 수익을 냈습니다.

버틀러 제2차 세계대전이 발생한 다음에도 수익을 냈습니까?

그레이엄 네, 그렇습니다. 우리는 사업에 어떤 실질적인 문제도 없었습니다. 그것이 내가 흥미를 잃은 이유입니다. 우리는 1950년 이후 더 이상 도전적이지 않았습니다. 1956년경 나는 그만두기로 하고 여기 캘리포니아로 왔습니다.

나는 더 이상 해결해야 할 어떤 기본적인 문제도 없는 분야에서 사업하는 방법을 찾고 있다고 느꼈습니다. 내가 생각하기에 만족스러운 기준을 계속 따랐고, 그러한 것들은 더 이상 특별한 관심을 찾을 수 없는 옛날 문제들의 반복이었습니다.

6년쯤 후에 우리는 그레이엄뉴먼(일단은 경영승계가 만족스럽게 이루어지지 않았기 때문에)을 청산하기로 결정했습니다. 우리는 관심을 끌 만한 특별한 게 없다고 느꼈습니다. 우리는 원하던 막대한 사업을 만들 수 있었죠. 하지만 스스로 최대 1,500만 달러 자본으로 한정했습니다. 요즘에는 미미한 정도죠. 관심을 가진 것은 우리가 연간 최대 얼마를 벌 수 있는지에 대한 의문이었습니다. 총계의 문제가 아니라 우리가 달성할 수 있는 연간 수익률 말입니다.

버틀러 언제 고전적인 교재인《증권분석》을 쓰기로 결정했습니까?

그레이엄 1925년경이었죠. 나는 11년이 지나고 나서 월스트리트에 대해 책을 쓸 수 있을 만큼 충분히 알게 되었다고 생각했습니다. 그런데 다행스럽게도 책을 쓰기 전에 그 주제에 대해 더 많이 배워야겠다는 생각을 했습니다. 그래서 가능하다면 강의부터 시작하자고 결정했죠. 나는 컬럼비아 경영대학원에서 공개강좌 교수가 되었습니다. 1928년에 우리는 증권분석과 금융(나는 그것을 '투자론' 이라고 생각한다)에 대해 강의했고 150명의 학생이 있었습니다. 월스트리트가 정말 호황을 누릴 때였습니다.

그 성과들이 모여 1934년이 되어서야 실제로 데이브 도드와 함께 책을 썼습니다. 데이브는 첫 해에 나의 학생이었습니다. 그때 컬럼비아 대학교 조교수였고 더 배우기를 원했습니다. 당연히 책을 쓰는 데 나에게는 없어서는 안 될 사람이었습니다. 초판은 1934년에 출간되었습니다. 실제로 그것은 내 희곡이 브로드웨이에서 겨우 일주일 동안 상연되던 때와 같은 시기였습니다.

버틀러 브로드웨이에서 연극도 했습니까?

그레이엄 그렇습니다. 〈베이비 팜파도어 *Baby Pompadour*〉 혹은 〈해병의 진실 *True to the Marines*〉이죠. 두 제목으로 두 번 공연했습니다. 성공하지는 못했습니다. 다행히도《증권분석》은 대단히 성공적이었습니다.

버틀러 바로 그 책로군요!

그레이엄 사람들은 '그레이엄과 도드의 경전Bible of Graham and Dodd'이라고 일컫죠. 그렇습니다. 그런데 수년 동안 그렇게 열심히 몰두했던 증권분석의 세부사항들에 대해 내가 가졌던 대부분의 흥미를 지금은 거의 잃어버렸습니다. 나는 그러한 것들이 전체 업계의 발전을 방해한 것 같다는 생각이 들어서 이제는 상대적으로 중요하지 않다고 느낍니다. 나는 우리가 약간의 기법과 단순한 원칙들로 투자에 성공할 수 있다고 생각합니다. 핵심은 올바른 일반원칙과 그것을 고수하는 품성입니다.

버틀러 내 경험으로는 경영의 커다란 차이를 알기 위해서는 산업을 연구해야 합니다. 나는 이것이 분석가들이 해답을 찾을 방법이라고 생각합니다.

그레이엄 그것을 부정하지 않습니다. 하지만 성공한 분석가가 선택적인 접근방법을 적용할 때 얼마나 종합적일 수 있는지에 대해 상당한 의문이 듭니다. 지난 몇 년간 내 작업에서 강조해온 것은 그룹 접근법입니다. 저평가된 것에 대한 몇 가지 간단한 기준을 충족하는 주식 그룹(산업에 관계없고 개별 기업에 거의 관심을 두지 않는)을 사는 거죠. 주식에 적용하는 세 가지 간단한 방법에 대한 최근의 글은 당신의 세미나 회보에 게재되었습니다.

이제 50여 년의 연구(세 가지 단순한 방법을 주식 그룹, 실제로는 무디스의 산업별 주식 그룹의 모든 주식에 적용하는)를 끝내려고 합니다. 나는 그 성과가 50년간 아주 좋았다는 것을 알았습니다. 분명히 다우존스보다 2배의 성과를 보였습니다. 그래서 나의 열정은 선택적인 방법에서 그룹 분석으로 이전되었습니다. 내가 원하는 것은 대부분의 해에 전형적이면서 일반적인 이자율의 2배 수익률입니다. 사람들은 배당기준이나 자산가치기준을 적용해서도 좋은 결과를 얻습니다. 나의 연구는 단순한 이익기준에서 최고의 성과를 얻는다는 것을 보여줍니다.

버틀러 나는 항상 우리가 이익률$^{earning\ yield}$ 평가보다 PER을 사용하는 것이 아주 나쁘다고 생각합니다. 주식이 이익의 40배가 아니라 2.5퍼센트 이익률로 팔린다는 사실을 아는 편이 훨씬 쉬워 보입니다.

그레이엄 맞습니다. 이익률은 좀더 과학적이고 논리적인 접근방법일 것입니다.

버틀러 그런데 대략 50퍼센트의 배당 성향일 경우에 배당수익률을 이익률의 절반으로 추정할 수 있겠지요?

그레이엄 그렇습니다. 나는 수익률 기준으로 이자율의 두 배를 원합니다. 하지만 대부분의 해에 이자율은 AAA급 채권에 대해 5퍼센트 미만이었습니다. 결과적으로 나는 두 가지 한도를 설정했습니다. 이자율이 5퍼센트 이하일 때 최대 10배, 그리고 현재 AAA급 채권 이자율에서 최대 7배로 배수는 10배와 7배 사이입니다. 나의 연구는 여기에 근거합니다. 나는 지난해 시카고에서 몰로도프스키 상을 수상했습니다.

버틀러 나는 당신이 이 연구를 거의 완성한 것으로 압니다.

그레이엄 최소한의 작업으로 주식투자에서 좋은 성과를 얻는, 현실적으로 간단명료한 방법이 있다고 상상해보세요. 믿기 힘들 만큼 좋을 것입니다. 하지만 지난 60년간의 경험 후에 내가 하고 싶은 말은, 내가 만든

테스트들 중 어느 것이라도 견뎌낼 수 있는 방법이어야 한다는 것입니다. 나는 다른 사람들에게 내 방법론을 비판하라고 권하고 싶습니다.

버틀러 우연하게도 그레이엄 씨의 저작활동이 뜸해지면서부터 많은 교수들이 랜덤워크 이론에 관한 책을 쓰기 시작했습니다. 이것에 대해 어떻게 생각하십니까?

그레이엄 나는 그들이 모두 아주 근면하고 진지하다고 확신합니다. 하지만 그들이 하는 일과 실제 투자 성과 사이에 좋은 관계를 찾기가 어렵습니다. 사실 그들은 사람들이 이미 가진 것보다 더 많은 정보를 얻는 데 어떤 특별한 문제가 없다는 의미에서 시장이 효율적이라고 말합니다. 그럴 수도 있습니다. 그렇지만 정보가 너무 넓게 확산되어 그 결과인 가격이 논리적이라는 생각은 완전히 틀렸습니다. 무엇이 올바른 가격인지에 대한 현명한 정의 차원에서 나는 여러분이 어떻게 월스트리트에서 만들어진 가격이 올바르다고 말할 수 있는지 모르겠습니다.

버틀러 현업 분석가들이 학계의 뛰어난 성과에 상응하여 보조를 맞추는 데 더 많이 공헌하지 못하는 것이 유감입니다.

그레이엄 주식매수에 대해 이야기할 때 나는 아주 현실적으로 현금, 손익, 주로 이익을 기준으로 말합니다. 만약 50달러의 운전자본을 가진 주식을 32달러에 판다면, 그것은 흥미로운 주식이 될 것입니다. 그런 회사를 30개 살 수 있다면 돈을 벌 수밖에 없습니다. 손해를 볼 수가 없죠. 이런 방법에 대해 두 가지 의문이 있습니다. 하나는 운전자본가치의 3분의 2 수준에서 주식을 사면 그룹 저평가의 신뢰할 만한 지표를 가졌다고 말하는 게 옳은가 하는 것입니다. 그것은 우리의 사업 경험이 증명해줍니다. 다른 하나는 이렇게 하는 다른 방법이 있는가 하는 겁니다.

버틀러 다른 방법이 있습니까?

그레이엄 오늘 이야기한 것들이 증권가치의 가장 간단한 기준입니다. 하지만 대부분의 사람들이 장기적인 미래 때문에 제록스^{Xerox}, 3M을 고르거나 다음 해에 반도체 산업이 유망할지 결정하려고 합니다. 이는 신뢰할 만한 방법이 아닌 것 같습니다. 분명히 일을 계속할 방법은 많습니다.

버틀러 30년 전에도 그렇게 말했습니까?

그레이엄 아닙니다. 나는 30년 전에 그렇게 부정적이지는 않았습니다. 물론 나의 긍정적 태도란 오히려 저평가된 개별 회사들의 충분한 사례를 발견할 수 있다는 점이었지만요.

버틀러 효율적인 시장은 사람들을 혼란스럽게 만들었습니다. 그렇지 않나요?

그레이엄 효율적인 시장에 대한 기본 논쟁에서 그들이 옳다면 사람들이 할 일은 주가의 움직임을 연구하고 그러한 해석에서 이익을 얻는 것이라고 주장할 겁니다. 나에게는 그리 고무적인 결론이 아닙니다. 내가 월스트리트에서 60년 동안 어떤 것을 보아왔다면 그것은 사람들이 주식에서 일어날 일을 예측하는 데 성공하지 못했다는 겁니다.

버틀러 그것은 확실히 사실입니다.

그레이엄 〈월스트리트 위크Wall Street Week〉에 귀를 기울이면 주식시장이 어떻게 될지 그 무엇도 의견이나 영향력이 없다는 것을 알 수 있습니다. 그들과 경제학자들은 모두 의견이 있고, 당신이 물으면 기꺼이 그것들을 표현합니다. 하지만 내가 보기에 그들은 자기 의견이 정확하다고 주장하는 것은 아닙니다.

버틀러 인덱스 펀드에 대해 어떤 생각을 가지고 있습니까?

그레이엄 그것에 대해 아주 구체적인 견해를 밝혀도 되겠습니까? 기관투자자들이 펀드를 관리하는 방식은 인덱스 개념에서 시작해야 한다고 생각합니다. S&P 500에서 100개 또는 150개의 주식으로 인덱스와 같은 성과를 낼 수 있습니다. 그리고 나서 성공에 대한 개인 책임을 인정한다면, 변동을 만드는 특권 자체를 관리자들에게 넘겨야 합니다. 기본적으로 보상은 인덱스, 즉 S&P의 성과와 같거나 그 개선 정도에 따라 평가해야 합니다. 그러나 토론하는 과정에서 전형적인 투자관리자는 그러한 생각을 받아들이지 않습니다. 그 이유는 그들이 말하듯이 (현실적이지 않은 것이 아니라) 다양한 투자자들이 다양한 요구사항을 가지고 있기 때문에 건전하지 않다는 것입니다. 하지만 나는 동의할 수 없습니다. 모든 투자는 만족스러운 결과를 요구합니다. 그리고 만족스러운 결과는 모든 사람들에게 거의 같다고 나는 생각합니다. 최근 20여 년의 경험에 비추어볼 때, 사람들은 많은 분석, 지성, 대화보다도 S&P지수 정도로 만족할 수 있을 것입니다.

버틀러 그레이엄 씨, 증권분석가나 재무분석사^{CFA}가 되고자 하는 젊은이나 여성들에게 어떠한 충고를 해주시겠습니까?

그레이엄 증권시장의 과거 기록을 연구하고 능력을 키우고 스스로 만족스럽다고 느끼는 투자방법을 찾을 수 있는지 자문해보라고 말해주고 싶습니다. 만약 그렇게 할 수 있다면 다른 사람들이 하거나 생각하거나 말하는 것에 상관하지 말고 그것을 추구하십시오. 자기 방법을 고수하십시오. 그것이 자기 일을 하는 겁니다. 우리는 결코 대중을 따라서는 안 됩니다. 그리고 그것이 젊은 분석가들에게 유리합니다. 만약 《현명한 투자자》를 읽고(두 책 중에서 《증권분석》보다 좀더 유용하다고 느끼는) 수익이 예상되는 어떤 접근방법을 선택했다면 그렇게 하고 그것을 고수하라고 나는 말합니다.

수년 전에 월스트리트에서 시작한 조카가 있는데 하루는 나에게 몇 가지 자문을 얻으러 왔습니다. 나는 이렇게 말해주었습니다.

"딕, 몇 가지 실제적인 충고를 해주마. 너는 폐쇄형 투자회사를 평균 15퍼센트 할인된 가격에 살 수 있다. 네 친구들에게 할인된 폐쇄형 펀드에 매월 일정 금액을 투자하게 해라. 그러면 너는 그 게임을 앞서 시작하게 되고 모든 일이 다 잘될 게다."

딕은 그렇게 했습니다. 그는 그것을 기초로 자기 사업을 시작하는 데 큰 어려움이 없었습니다. 그것은 잘 작동했고 이후에 커다란 강세장이 뒤따랐습니다. 물론 딕은 다른 분야로 옮겨서 나중에 엄청난 규모의 투기 사업을 했습니다. 하지만 적어도 건전한 기초 위에서 시작했다고 생각합니다. 건전한 기초 위에서 시작한다면 절반은 성공한 셈입니다.

버틀러 그레이엄 씨는 월스트리트나 전형적인 분석가, 포트폴리오 매니

저가 'Go-Go' 펀드, 성장주 열풍, 평생주식, 시장 양극화 등에서 교훈을 얻었다고 생각합니까?

그레이엄 아닙니다. 사람들은 부르봉 왕가에 대해 잊은 것도 없고 배운 것도 없다고 말합니다만, 월스트리트 사람들은 그야말로 배운 것도 없고 모두 잊어버리기만 하는 사람들입니다. 나는 앞으로 월스트리트 사람들의 행동은 무엇이든지 믿지 않을 겁니다. 나는 이 탐욕의 세계가(과도한 욕망과 두려움 등) 사람이 있는 한 우리와 함께할 것이라고 생각합니다. 영국의 경제학자 월터 배젓Walter Bagehot의 유명한 글이 있습니다. 그는 공황이 어떻게 발생하는지 설명합니다. 사람이 돈을 가지면 잃어버리기 쉽습니다. 더구나 '투기'를 하면 틀림없이 손해를 볼 겁니다. 또한 투기는 공황이 어떻게 끝나는지도 보여줍니다. 나는 월스트리트에 대해 아주 회의적입니다.

버틀러 월스트리트에 대해 독립적인 이론가들이 있습니다. 국내에서 누가 가장 잘합니까? 그런 사람이 있습니까?

그레이엄 월스트리트에서 성공하기 위한 두 가지 필요조건이 있습니다. 하나는 올바르게 생각하는 것이고, 다른 하나는 독립적으로 생각하는 것입니다.

버틀러 네. 올바르고 독립적으로. 지금 여기 라호야에 태양이 떠오르려 하고 있습니다. 월스트리트의 햇살은 무엇이라고 보십니까?

그레이엄 시장이 바닥에 도달했던 1974년 중반 이후에 많은 햇살이 비추었습니다. 나의 추측은 월스트리트가 전혀 변하지 않았다는 겁니다. 현재의 낙관주의는 곧 끝날 테고, 그 다음 비관주의도 끝날 것이며, 여러분은 계속 회전 관람차(당신이 부르고 싶은 대로), 시소, 회전목마 등을 타게 될 겁니다. 지금 당장 전체 주식은 고평가되지 않았다고 생각합니다. 그렇지만 1970년과 1973년부터 1974년까지 기간이 향후 5년 이내에 반복될 가능성이 얼마인지 어느 누구도 걱정하는 것 같지 않습니다.

버틀러 이번 탐방은 가장 유쾌한 자극이 되었습니다. 우리는 샬롯트빌에서 당신의 회고록 원고를 기다리겠습니다. 대단히 감사합니다, 그레이엄 씨.

■역자후기

　나는 몇 년 전《현명한 투자자》를 번역하면서 워런 버핏이 왜 그토록 "벤저민 그레이엄을 배워라"고 강조했는지 알게 되었다. 그리고 그레이엄의 인간적인 매력에 끌리게 되었다. 그레이엄은 투자의 개념을 투기에서 분리하고 증권분석을 과학의 수준으로 끌어올렸다. 그리고 시류에 흔들리는 일반 투자자들이 투자의 기본자세로 돌아갈 수 있도록 안내해 주었다. 그는 탁월한 투자자이면서 동시에 학자로서 현실과 이론을 두루 아우르는 과학적이고 일반적인 투자 원리를 추구했다. 그는 격변하는 증권시장의 한가운데에서 증권시장을 관조하는 객관적인 입장을 견지했다. 그레이엄은 정직하면서 성실함은 물론 냉철함까지 갖춘 투자자였다. 그는 일반 투자자들에게 미스터 마켓의 변덕에 놀아나지 말고 안정적으로 투자할 것을 권했다. 탐욕스런 투기꾼이 아니라 현명한 투자자로서 정당한 대우를 받기를 바란 것이다.

　《증권분석》과《현명한 투자자》를 읽은 독자라면 그레이엄의 투자이론을 알고 있을 것이다. 그러나 이 책들에서는 그의 인간적인 면을 발견하긴 어렵다. 또한 그의 생각과 이론의 미묘한 뉘앙스를 느끼기도 쉽지 않다. 그레이엄이란 인물과 직접 대면하고 그의 생각을 잘 이해하기 위해서는 그가 남긴 많은 기고문과 인터뷰를 통할 수밖에 없다. 그레이엄은 미국 자본시장이 중대한 고비에 있을 때마다 많은 기고문을 내고 인터뷰를 했다. 이를 통해 투자자들에게 때로는 희망을 주고, 때로는 경고를 해왔다. 그는 1932년에 현금자산 이하로까지 평가된 기업가치의 난센스를 지적하고 1974년에는 많은 저평가주식들을 판단하여 오랜 강세장의 기반을 제공하였다. 1959년에는 고평가된 주식가치에 대한 경고로 이후 폭락에 대비하도록 하였다.

이 책은 그레이엄의 기고문, 연설문 그리고 인터뷰 등을 모은 것으로 총 6부로 구성되어 있다. 1부 기업과 금융윤리에서는 기업의 시장가치에 대한 경영자의 책임을 다루었다. 1932년 대공황의 충격으로 제정신이 아닌 투자자들이 기업 가치를 그 기업의 현금자산보다도 낮게 평가하는 것을 비판하면서 투자자들에게 희망과 자신감을 가질 것을 역설하였다. 또한 정부의 자유방임정책이 결국 대공황을 초래했다는 점을 들어 시장상황에 따른 적절한 정부의 간섭이 필요하다는 점을 역설했다.

2부 주식과 주식시장에서는 투자와 투기, 가격변동과 가치변화, 적정주가수준 등에 대해 다루었다. 1959년경 주식평가에 있어서 미래 예측이 투기적 요소로 작용하여 주식을 고평가하고 있다고 경고했고 1974년에도 가격변동과 가치변화의 차이를 강조하면서 증권분석가의 기본자세에 대해 조언했다. 그리고 PER과 채권수익률의 관계로 적정주가수준을 설명하였다.

3부 직업적 투자자에서는 과학적 증권분석, 증권분석가에 대한 평가,

증권분석가에 대한 신뢰와 지위 문제를 다루었다. 특히 1955년 미국상원 은행 및 통화 위원회 진술에서는 적정가치 평가, 투기 통제, 증권시장의 발전 등 다양한 문제에 대해 이야기하면서 특수상황에서의 시장 변화에 대해서도 서술하였다.

4부 투자전략에서는 1946년부터 1947년까지 뉴욕금융연구소에서 강의한 내용으로 구성되어 있는데 증권분석과 투자에 관련된 다양한 주제를 풍부한 비교사례와 문답을 통해 생생하게 다루었다.

5부 상품비축계획에서는 기초상품들을 비축하여 준비금과 같은 통화기능을 부여하는 제도에 대한 그레이엄의 기발한 아이디어를 설명하였다.

6부 벤저민 그레이엄과의 인터뷰에서는 그레이엄이 80세를 넘은 만년에 자신의 인생과 생각들을 정리한 1974년부터 1976년까지의 인터뷰를 다루고 있다.

이 책은 개별적인 기고문과 인터뷰를 모은 것으로 연대순으로나 내용상 일관성은 없다. 그리고 미국 자본시장의 역사 및 시대적 상황과 관련해서 때로는 진부하거나 독자들에게 친숙하지 않고 난해할 수 있다. 따라서 이 책을 읽기 전에 《현명한 투자자》를 먼저 읽어 보기를 권한다. 《현명한 투자자》를 읽은 독자라면 이 책을 통해 그레이엄의 철학과 이론을 보다 생생하게 접할 수 있을 것이다.

2008년 하반기 이후 세계경제는 금융위기가 실물경기 침체로 확대되는 복합불황 양상을 보이면서 1929년의 대공황을 연상시키고 있다. 2002년 이후 장기호황에 따른 자산버블이 붕괴되는 과정에서 다시 한번 가격과 가치의 혼란이 재연되는 양상이다. 이제 투자자들은 투기의 광기와 그에 다른 좌절로부터 벗어나야 한다. 그동안 진부한 논리로 치부되던 그레이엄의 가치투자이론을 다시 한번 음미할 시점이 도래했다. 독자는 그레이엄을 통해 희망과 자신감을 배울 수 있을 것이다.

2009년 3월

박 진곤

벤저민 그레이엄의 투자강의

초판 1쇄 발행·2009년 4월 3일
초판 2쇄 발행·2020년 11월 20일

지은이·자넷 로우
옮긴이·박진곤
펴낸이·이종문(李從聞)
펴낸곳·국일증권경제연구소

등　록·제406-2005-000025호
주　소·경기도 파주시 광인사길 121 파주출판문화정보산업단지(문발동)
영업부·Tel 031)955-6050 | Fax 031)955-6051
편집부·Tel 031)955-6070 | Fax 031)955-6071

평생전화번호·0502-237-9101~3

홈페이지·www.ekugil.com
블 로 그·blog.naver.com/kugilmedia
페이스북·www.facebook.com/kugillife
E-mail·kugil@ekugil.com

·값은 표지 뒷면에 표기되어 있습니다.
·잘못된 책은 구입하신 서점에서 바꿔드립니다.

ISBN 978-89-5782-076-6(13320)